Sven Frank

Speedlearning

AF637793

Sven Frank

Speedlearning

Die Erfolgstechniken für Beruf, Schule und privat

REDLINE | VERLAG

Bibliografische Information der Deutschen Nationalbibliothek
Die Deutsche Nationalbibliothek verzeichnet diese Publikation in der Deutschen Nationalbibliografie. Detaillierte bibliografische Daten sind im Internet über http://dnb.d-nb.de abrufbar.

Für Fragen und Anregungen
info@redline-verlag.de

2. Auflage 2020

© 2018 by Redline Verlag, ein Imprint der Münchner Verlagsgruppe GmbH
Nymphenburger Straße 86
D-80636 München
Tel.: 089 651285-0
Fax: 089 652096

Alle Rechte, insbesondere das Recht der Vervielfältigung und Verbreitung sowie der Übersetzung, vorbehalten. Kein Teil des Werkes darf in irgendeiner Form (durch Fotokopie, Mikrofilm oder ein anderes Verfahren) ohne schriftliche Genehmigung des Verlages reproduziert oder unter Verwendung elektronischer Systeme gespeichert, verarbeitet, vervielfältigt oder verbreitet werden.

Redaktion: Katharina Maier, München
Umschlaggestaltung: Marc Fischer, München
Umschlagabbildung: shutterstock.com/NikolayPetrovich
Satz: Carsten Klein, Torgau
Druck: GGP Media GmbH, Pößneck
Printed in Germany

ISBN Print 978-3-86881-720-1
ISBN E-Book (PDF) 978-3-96267-051-1
ISBN E-Book (EPUB, Mobi) 978-3-96267-052-8

Weitere Informationen zum Verlag finden Sie unter
www.redline-verlag.de
Beachten Sie auch unsere weiteren Verlage unter www.m-vg.de

Inhalt

Vorwort von Dr. Claudia E. Enkelmann

Seit meiner Studienzeit suchte ich nach dem Geheimnis des Erfolgs und beherzigte hierbei stets das Prinzip *Lerne immer von den Besten!*

Sven Frank weiß, wovon er spricht. Er wird Sie wachrütteln und dazu motivieren, über sich selbst hinauszuwachsen. In seinem großartigen Buch erläutert er, wie Sie Ihr unglaubliches Potenzial und Ihre Lernleistungen durch das richtige Training voll ausschöpfen können.

Mein Weg führte mich in verschiedene Länder, unter anderem in die USA, wo ich an der Stanford University Psychologie studierte. Ohne fundierte Fremdsprachenkenntnisse wäre das nicht so ohne Weiteres möglich gewesen.

Während des Lesens erinnere ich mich an beeindruckende Persönlichkeiten, die nicht zuletzt wegen ihrer Mehrsprachigkeit ein hohes Maß an Charisma ausstrahlen. In meinen Seminaren verhelfe ich anderen Menschen dazu, durch Charisma noch erfolgreicher zu werden. Eine positive Ausstrahlung und ein gewinnendes Wesen sind auf internationaler Bühne jedoch nur dann möglich, wenn Sie sich mit Ihrem Gegenüber verständigen können. Nur so können Sie Ihr volles rhetorisches und mimisches Potenzial natürlich einsetzen, um den gewünschten Kontakt oder Abschluss zu erzielen. Wer international erfolgreich sein will, der wird in diesem Buch die notwendige Inspiration für seine nächsten Projekte finden.

Ich wünsche Ihnen, dass Sie bei dem nächsten Meeting oder Kongress ans Rednerpult gehen und mit Ihrem Charisma das internationale Publikum begeistern. Ich bin davon überzeugt, dass

Sie durch optimierte Gedächtnisleistung Ihren Wert auf dem internationalen Markt maximieren werden. Und ich weiß, dass Sie spätestens nach der Lektüre dieses Buches dieselbe Begeisterung für einen reichen Wissensschatz entwickeln, wie es meine Familie seit jeher tut.

Mit diesem Buch halten Sie einen unschätzbaren Schlüssel in Ihrer Hand! Es wird Ihnen ein wertvoller Begleiter in eine noch erfolgreichere Zukunft sein.

Herzlichst
Ihre
Dr. Claudia E. Enkelmann
www.enkelmann.de

Einleitung

Stellen Sie sich vor, Sie könnten innerhalb von zehn Wochen all das erlernen, was Sie schon immer lernen wollten – eine Fremdsprache, ein Musikinstrument, den Inhalt eines komplexen Fachbuches oder irgendetwas anderes.

Was würde das für Sie und Ihr Leben bedeuten?

Für die meisten Menschen werden die Tipps und Techniken, die ich in diesem Buch beschreiben werde, ein Quantensprung des Lernens sein. Für mich selbst ist es immer wieder erstaunlich, wie viel wertvolle Lebenszeit manche Menschen mit Lernen vergeuden, um anschließend festzustellen, dass sie sich die Lerninhalte am Ende noch nicht einmal dauerhaft merken können.

Mit *Speedlearning* werden Sie einen anderen Weg beschreiten.

Seit über 30 Jahren beschäftige ich mich mit den effektivsten Techniken und Arten des Lernens. Angefangen hat das Ganze im Alter von 12 Jahren, als ich ein Buch geschenkt bekam, in dem Tipps für bessere Noten in der Schule beschrieben waren. Ich erinnere mich noch an meine Lieblingstechnik: *Diktate rückwärts Korrektur lesen*. Meine Deutschlehrerin machte sich damals über diese Technik lustig und erklärte mich für nicht ganz normal. Dieses »Nicht-ganz-Normal-Sein« hat mir aber im Leben vieles erleichtert.

Ich war in der Schule stets ein guter Schüler mit schlechten Noten und schaffte am Ende ein Abitur mit 2,8. Für jemanden, der seine ganze Jugend damit zubrachte, Bücher über das Lernen, das Unterbewusstsein und Selbsthypnose zu lesen, ist das vielleicht nicht das beste Ergebnis. Allerdings lernte ich in dieser Zeit vieles von Bedeutung, das in der Schule aber weder gefragt noch gelehrt wurde.

Heute bin ich froh, dass ich mich dem klassischen Schulsystem nicht vollkommen unterworfen habe. Der Erfolg des Lernens hängt nicht nur von der Technik ab, sondern auch von der Motivation und der Begeisterung des Lehrenden. Meine Lehrer vermittelten in der Schule keinerlei Lerntechniken, weckten nur selten meine Lernmotivation und bis auf meinen Musiklehrer Herrn Mozart und meinen Lateinlehrer Herrn Augustus war niemand wirklich von seinem eigenen Unterrichtsfach begeistert.

Doch nur wer selbst für den Lernstoff brennt, kann das Feuer beim Lernenden entzünden.

Als Erwachsener müssen Sie Lehrender und Lernender zugleich sein. Sie brauchen die richtigen Techniken, sollten sich über Ihre Motivation im Klaren sein und sich für das, was Sie lernen möchten, begeistern.

In diesem Buch werde ich Ihnen alles Wissenswerte zu diesen drei Aspekten vermitteln. Bereits nach dem ersten Teil werden Sie nie wieder so lernen wie bisher. Am Ende des Buches werden Sie auch nicht mehr »normal« sein, sondern Sie werden verstehen, wie Sie innerhalb kürzester Zeit jeden nur denkbaren Lernstoff dauerhaft behalten können.

Hierbei wünsche ich Ihnen viel Spaß!
Ihr Sven Frank

Speedlearning – Ihr Gehirn hat Leistung verdient

Der magische Moment

Im Oktober 2016 war ich zu einer Hochzeit eingeladen. Timo, mein bester Freund seit über 25 Jahren, lernte zwei Jahre zuvor eine wundervolle Frau aus Polen kennen und beide entschieden nun, sich das Jawort zu geben und den Rest ihres Lebens als Ehepaar miteinander zu verbringen.

Die Hochzeit fand in Polen statt und all das, was man in Deutschland über polnische Hochzeiten zu wissen glaubt, stimmt auch. Es wird viel getanzt, es wird sehr viel gegessen und es wird noch mehr Wodka getrunken – und das alles auf Polnisch.

Gemeinsam mit meiner Frau Stephanie und acht weiteren Freunden aus Deutschland stand ich nun einer Gruppe von gefühlt 200 Gästen aus Polen gegenüber. Die kirchliche Trauung wurde zu 80 Prozent auf Polnisch und zu 20 Prozent auf Deutsch abgehalten und man konnte in der Kirche nicht nur eine räumliche Trennung der Gäste, sondern auch eine emotionale Distanz spüren. Das lag mit großer Wahrscheinlichkeit daran, dass die meisten Polen unter den Gästen weder Deutsch noch Englisch sprachen, die Deutschen ihrerseits die polnische Sprache nicht beherrschten, und dass wir einander deshalb vollkommen fremd waren.

Wie allseits bekannt, verbindet unsere beiden Nationen darüber hinaus eine grausame Vergangenheit. Die Großmutter der Braut erlebte als junges Mädchen den Einmarsch der Deutschen in ihr Land. An diesem Tag kam wieder ein Deutscher. Diesmal um ihre Enkeltochter mitzunehmen – wenn auch auf eine deutlich angenehmere Art und Weise.

Die Krönung war aber die symbolträchtige Erscheinung eines Panzers aus dem Zweiten Weltkrieg – einem Denkmal, platziert vor dem Hotel, in dem die Hochzeitsfeier stattfand, das an diese schicksalhafte Zeit erinnern soll.

Kaum war die Hochzeitsgesellschaft nach der kirchlichen Trauung in besagtem Hotel eingetroffen, wurde dem Brautpaar zu Ehren sogleich das traditionsreiche polnische Lied »*Sto lat*« gesungen. Wieder eine sehr deutliche Ausgrenzung der deutschen Gäste, wobei die polnischen Gäste dem Brautpaar mit unglaublich viel Freude und Liebe zu ihrem Glück gratulierten.

Die Verunsicherung unter den deutschen Gästen war deutlich zu spüren und so bildete sich wohl aus dieser Unsicherheit heraus ein kleines deutsches Ghetto auf einer polnischen Hochzeit.

Dann kam der Moment, an dem der Bräutigam seine Rede halten sollte. Meinem Freund Timo gelang es aus verschiedenen Gründen in diesen 24 Monaten nicht, die polnische Sprache bis zur Perfektion zu erlernen. Als er nun vorne auf der Tanzfläche stand, um seine Rede zu halten, schienen die polnischen Gäste wenig interessiert, wohl in der Annahme, dass er seine Ansprache auf Deutsch halten würde und sie ohnehin nicht verstehen würden, was dieser junge Mann ihnen zu sagen hat.

Doch wer die Sprache spricht, dominiert die Party und so hatte Timo mich, seinen Trauzeugen, gebeten die Rede auf Polnisch vorzubereiten und ihn dabei zu unterstützen das, was er im Herzen trug, über meine Zunge an seine Schwägerschaft weiterzugeben. Er begrüßte die anwesenden Gäste in seiner Muttersprache Deutsch und ich las die polnische Übersetzung davon vor.

Was dann passierte war wie ein Urknall der Erleichterung auf Seiten aller Hochzeitsgäste. Ein Gefühl, als würden von einem Augenblick auf den anderen sämtliche Ängste, Vorbehalte, Emotionen, Unsicherheiten und geschichtsträchtigen Erinnerungen auf einen Schlag davongespült.

Alle Hochzeitsgäste erhoben sich und hießen Timo mit tosendem Applaus und begeisterten Gesängen als Bräutigam willkommen. Vonseiten der polnischen Verwandtschaft wurde er damit offiziell in die polnische Familie und Kultur aufgenommen. Alle Mauern zwischen den deutschen und den polnischen Gästen waren nun gefallen. Man war entspannt und kommunizierte mit den anderen. Wir sprachen alle plötzlich die Sprache des Herzens. Um vier Uhr morgens verließen Timo und ich als Letzte die Party, glücklich, erfüllt und dankbar über neue Freunde aus einem Land, in dem sich unsere Vorfahren einst auf unverzeihliche Art und Weise verhalten haben.

Jener Moment zu Beginn der Rede war ein »magischer Moment«. Ein magischer Augenblick, der alle Beteiligten gleichermaßen ergriffen hat. Hierbei geht es um viel mehr als nur darum, etwas zu lernen (in diesem Fall die polnische Sprache), um sich mit Menschen unterhalten zu können. Es geht um Wertschätzung und Vertrauen, um Kontakt, Kultur, Kommunikation sowie Kreativität und es geht um die Kunst aus Fremden Freunde zu machen. Es geht darum, einen Augenblick zu erleben, der allen Beteiligten ein Gefühl der Magie verleiht.

Mit *Speedlearning* eröffnen sich vollkommen neue Möglichkeiten. Machen Sie künftig jeden Fremden zu einem Geschäftspartner, zu einem Bekannten oder sogar zu einem Freund. Erinnern Sie sich an Namen, Telefonnummern und erlernen Sie in kürzester Zeit neue Sprachen. Erleben Sie magische Momente, wie Jens, der für seinen Hochzeitsantrag mal eben schnell Klavierspielen gelernt hat oder Lydia, die für ihren Besuch auf der Kinderkrebsstation die Namen aller Kinder gelernt und behalten hat.

Magische Momente erleben Schüler dann, wenn sie gute Noten schreiben, oder Führungskräfte, wenn sie einen Vortrag fehlerfrei, ohne abzulesen halten können. Wie sehr wünsche ich mir Politiker im Bundestag, die durch ihre rhetorischen Fertigkeiten überzeugen und so magische Momente hervorrufen.

Doch auch Sie haben schon Magisches erlebt. Vielleicht haben Sie sich schon einmal gefragt, warum manche eine Sprache in zehn Wochen erlernen und andere nicht. Vielleicht wunderten Sie sich, weshalb manche Kinder mühelos Musikinstrumente lernen und andere ein Leben lang daran verzweifeln. Vielleicht haben Sie bisher nicht verstanden, warum der eine ein Gedächtnis wie ein Elefant und der andere wie ein Sieb hat, und das, obwohl wir alle dieselben anatomischen und physiologischen Voraussetzungen zum erfolgreichen Lernen haben.

Also worin besteht der elementare Unterschied, der magische Momente dieser Art bedingen kann?

Die Antwort ist ganz einfach: Entscheidend ist die Technik. Werfen wir also zunächst einen Blick darauf, welche Lernmethoden funktionieren und lassen Sie uns gemeinsam verstehen, worin der Unterschied zu Ihren bisherigen Vorgehensweisen besteht.

Lernfrust statt Lernlust – aber warum?

Sie erklimmen endlich die nächste Stufe auf der Karriereleiter nach oben. Sie erhalten die lang ersehnte Beförderung und befinden sich plötzlich in einer Situation, in der Sie international Verantwortung übernehmen sollen.

Vielleicht finden die Meetings jetzt in englischer Sprache statt, vielleicht führen Sie auch Verhandlungen mit Menschen aus anderen Ländern, vielleicht bilden Sie Mitarbeiter von Partnerstandorten im Ausland aus, vielleicht sollen Sie international Kunden akquirieren. Obendrein sollen Sie sich zahlreiche neue Namen und Telefonnummern sowie die dazugehörigen Gesichter merken. Zudem sind Sie jetzt gefordert, sich schnellstmöglich einen Überblick über die verschiedenen Projekte zu verschaffen und Präsentationen in einer Ihrer Position zuträglichen Art und Weise zu halten.

In jedem Fall werden Sie feststellen, dass die Lernstrategien, die Sie in der Schule oder zum Teil auch im Studium erworben haben, hierfür nicht ausreichen werden. Sie brauchen eine Möglichkeit, um innerhalb von zehn Wochen in all den oben genannten Bereichen fit zu sein, ohne dabei Ihr Tagesgeschäft zu vernachlässigen.

Ihr Unternehmen ist vermutlich darauf vorbereitet und wird Sie auf entsprechende Fortbildungen, Sprachkurse, interkulturelle Workshops, Meetings und Überstundencoachings schicken, vielleicht sogar ins Ausland. Und dort lernen Sie dann zunächst die erfolglosen Methoden, die Sie bereits in der Vergangenheit mit wenig beeindruckenden Resultaten gelernt haben, zu vertiefen, zu erweitern, zu optimieren und im Idealfall sogar zu perfektionieren. Zumindest im Rahmen der Laborsituation im Seminarraum.

Meine Empfehlung: Lassen Sie Ihre Konkurrenz die konservativen Methoden anwenden. Sie sollten sich darauf fokussieren, was Sie für Ihr Unternehmen in Zukunft unverzichtbar macht.

Sie benötigen beispielweise Fremdsprachenkenntnisse, um international erfolgreich zu sein. Denn in vielen Fällen reicht es heute längst nicht mehr aus, Englisch in Wort und Schrift zu beherrschen. Französisch, Spanisch, gar Russisch oder Arabisch gehören zu den Sprachen, die für Unternehmer im internationalen Rahmen immer mehr an Relevanz gewinnen. Davon abgesehen werden Sie einen Geschäftspartner aus Italien, Ungarn, Japan oder den Niederlanden immer deutlich mehr beeindrucken, wenn Sie mit ihm in seiner Muttersprache kommunizieren können, als wenn Sie auf Englisch, als den kleinsten gemeinsamen Nenner internationaler Kommunikation, zurückgreifen.

Für gewöhnlich sind Business-Sprachkurse sehr gut geeignet, um das passive Verständnis einer Sprache, also das Lesen und im besten Fall das Hörverständnis zu trainieren. Doch die Vorbereitung auf die Realität im Businessalltag, auf emotional gefärbte Verhandlungen, auf gewiefte Verkaufsgespräche, auf diplomatische Überzeugungsarbeit, auf politische Spitzfindigkeiten, sprich auf die Kultur Ihrer Zielperson und den potenziellen Kunden, Geschäftspartner, Investor oder Influencer – darauf werden Sie in einem herkömmlichen Sprachkurs nur unzureichend vorbereitet.

Doch selbst wenn Sie die Sprache beherrschen, ist noch lange nicht garantiert, dass Sie Frau Adriana Dikancheva von ihrer Assistentin Adriana Kovacheva unterschieden können oder Abdelmoujib El Baste von dem jüngst verstorbenen Abdelrahman Ashour beziehungsweise Zhiwei Shao von seinem härtesten Mitbewerber Zhuang Tao. Was, wenn Przemek Pisiakowski Sie zu einem Essen mit seiner Familie einlädt und Sie den internationalen Knigge nicht beherrschen?

Bei jedem neuen Projekt, das Sie in Angriff nehmen, werden darüber hinaus auch noch die – wie ich sie nenne – Apokalyptischen Reiter, die sogenannten Umwelteinflüsse als »Erfolgsverhinderer«, wirksam, die Sie von Ihrem Ziel, der Lösung Ihrer bevorstehenden Lernaufgabe abhalten. Sie kennen bestimmt Murphys Gesetz, das besagt, das alles, was schiefgehen kann, auch schiefgehen wird, und zwar zum schlechtestmöglichen Zeitpunkt. Die Apokalyptischen Reiter sind so etwas wie Murphys große Geschwister. Es gibt insgesamt fünf Apokalyptische Reiter, denen Sie nur mit einer starken Motivation und einem überzeugten WARUM begegnen können. Sie benötigen also wirklich gute Gründe, weshalb Sie bestimmte Inhalte optimieren, perfektionieren, meistern oder vielleicht sogar von Grund auf lernen möchten. Inhalte, an die Sie vielleicht just in diesem Moment denken, oder die Sie mithilfe dieses Buches erlernen möchten.

Ansonsten werden die Apokalyptischen Reiter Ihnen einen Strich durch die Rechnung ziehen und bei der nächsten Konfrontation mit einer Situation, in der Sie das Gelernte anwenden sollen, werden Sie kapitulieren. Sie werden sich unterlegen oder minderwertig fühlen und vermutlich nie wieder versuchen, den Lerninhalt zu verinnerlichen. Dieses Phänomen kennen wir von Kindern, die tapfer ein Gedicht auswendig lernen, um am Tag des Vortragens ausgelacht oder unter Druck gesetzt zu werden. Kein Wunder, dass viele Schüler mit der Einstellung »*Fuck you Goethe*« ihre Laufbahn als Pennäler beenden.

Die Apokalyptischen Reiter

Ich möchte an dieser Stelle kurz das Phänomen der Apokalyptischen Reiter, der »*Erfolgsverhinderer*«, am Beispiel des Fremdsprachenlernens erläutern, wobei an dieser Stelle angemerkt sei, dass die Apokalyptischen Reiter auch bei allen anderen Projekten, Vorhaben, Zielen oder Lernaktivitäten auftreten können, die Sie sich im Laufe Ihres Lebens vornehmen.

Um aufzuzeigen, wie die Apokalyptischen Reiter uns an der erfolgreichen Umsetzung gesetzter Ziele oder Vorhaben hindern, greife ich auf *Fremdsprachenlernen in drei bis zehn Tagen* zurück, da dieses Lernprojekt mein Steckenpferd auf dem Gebiet des *Speedlearnings* ist.

1. Den ersten Apokalyptischen Reiter bilden **Freunde**, **Familienmitglieder** oder **Bekannte** beziehungsweise **Arbeitskollegen**. Sie nehmen sich beispielsweise vor, abends noch zwanzig Minuten Englisch zu lernen, müssen aber feststellen, dass sich Ihre Frau spontan dazu entschieden hat, Freunde zum Grillen einzuladen. Oder Ihr Chef gibt Ihnen noch etwas zur Bearbeitung mit nach Hause. Oder Ihr Kind stürzt ungeschickt und muss mit einer Kopfplatzwunde vom Arzt genäht werden und Sie verbringen den Abend nicht mit Lernen von Englisch-Vokabeln am heimischen Schreibtisch, sondern in der Notaufnahme der Kinderklinik. Ganz normale Dinge des Alltags, die Ihre Pläne zunichtemachen. Das bedeutet also, dass der erste Apokalyptische Reiter alles unternimmt, was in seiner Macht steht, um Ihnen Ihre zeitliche Planung durcheinanderzubringen. Wenn Ihr WARUM, also die Motivation, die Sie antreibt, die jeweilige Sprache zu lernen (in unserem Fall Englisch) nicht stark genug ist, um diesem Apokalyptischen Reiter zu widerstehen und nach Verabschiedung der Freunde, Bearbeitung des geschäftlichen Projektes oder Rückkehr aus der Kinderklinik doch noch die Motivation und Disziplin aufzubringen, um Ihr Lernvorhaben umzusetzen, dann bleibt der Traum, Englisch zu lernen an dieser Stelle für den Rest Ihres Lebens ein Traum. Ihr soziales Umfeld entscheidet unter anderem darüber, welche Einstellung Sie zum Lernen oder zu Projekten, Erfolgen oder Misserfolgen entwickeln. Als Geschäftsmann sowie als Privatmann haben Sie in den letzten Jahren mit Sicherheit erlebt, dass Sie der Durchschnitt der fünf Menschen sind, mit denen Sie die meiste Zeit verbringen. Das gilt selbstverständlich auch für die Entwicklung Ihrer *Speedlearning*-Fähigkeiten. Sie werden sich vermutlich mit Menschen aus Ihrem Umfeld darüber unterhalten, dass Sie jetzt Ihre Ziel-

sprache endlich auf das von Ihnen seit Langem gewünschte Niveau bringen möchten, Klavierspielen lernen, Vorträge frei halten oder Telefonnummern auswendig lernen werden. Wenn Sie mutig sind, wovon ich ausgehe, denn Sie lesen dieses Buch, in dem es um Geschwindigkeit und Lernen geht, dann werden Sie Ihrem Umfeld auch mitteilen, dass Sie das gesetzte Ziel in zehn Wochen zu erreichen gedenken. Und nun können Sie zwei Reaktionen Ihres Umfeldes erwarten. Die Menschen, die selbst eine unterentwickelte Fähigkeit zum effektiven Lernen besitzen, werden sich über Sie lustig machen, Ihnen erklären, dass dies nicht funktioniert. Sie werden Ihnen erklären, dass man die Sprache selbst nur in dem Land, in dem sie gesprochen wird, lernen kann und am besten mit einem Muttersprachler an der Seite. Sie werden Ihnen erklären, dass die Komplexität der Musik und die Vielzahl der Noten und Akkorde es Ihnen unmöglich machen wird, innerhalb von zehn Wochen das gewünschte Niveau zu erreichen. Sie werden zahllose Argumente dafür hören, weshalb es sinnvoller ist, den Kopf frei von Telefonnummern zu halten (stehen ja alle im Smartphone) und die grauen Zellen besser mit Fußballergebnissen oder Dschungelcampwissen zu füllen. Die andere Gruppe der Menschen, das sind diejenigen, die mehrere Sprache fließend sprechen, mehrere Instrumente spielen, mindestens zehn Telefonnummern auswendig kennen und die aufgrund dessen eine sehr hohe Lernintelligenz entwickelt haben, werden Ihnen ihre Unterstützung anbieten, Sie in Ihrem Vorhaben bestärken und Ihnen aus dem eigenen Erfahrungsschatz erzählen. Es ist sicher unnötig zu fragen, mit welcher Gruppe Sie in Zukunft über Ihre Lernthemen sprechen möchten. Um die oben angeführte Argumentation noch zu entkräften, sei an dieser Stelle nur der Vollständigkeit halber erwähnt, dass ein Muttersprachler Ihnen seine eigene Muttersprache nie so gut beibringen kann wie jemand, der wie Sie beispielsweise Deutscher ist und die andere Sprache selbst gelernt hat. Denn nur wer eine Fremdsprache selbst erlernen musste, kann Ihnen erklären, wo es bestimmte kulturelle und strukturelle Unterschiede beziehungsweise Herausforderungen zu beachten gibt.

2. Der zweite Apokalyptische Reiter sind **körperliche Symptome**. Da haben Sie plötzlich Kopfschmerzen, oder fühlen sich fiebrig, beziehungsweise brüten irgendetwas aus (eine Männergrippe oder Fruchtbarkeitsmigräne). Vielleicht schmerzt auch der Nacken oder Sie sind einfach nur fix und fertig. Fragen Sie sich selbst, ob Ihr WARUM, also der Grund, weshalb Sie Englisch (um bei diesem Beispiel zu bleiben) lernen möchten, stark genug ist, um auch bei körperlichen Symptomen trotzdem intensiv zu lernen. Sollten Sie feststellen, dass Ihr WARUM noch nicht stark genug ist, dann suchen Sie sich auf jeden Fall ein neues und mächtigeres.

3. Der dritte Apokalyptische Reiter sind **Emotionen**. Man wird sich über Ihre Englischkenntnisse lustig machen, oder Sie herausfordern, in dem man Sie bittet, abstruse Sätze von Deutsch nach Englisch zu übersetzen, wie zum Beispiel »*Meine Oma ist beim Spielen mit einer Glaskugel vom Dach gefallen und hat sich dabei ihr linkes Ohrläppchen gebrochen.*« Es ist auch möglich, dass man Sie bittet, besser Deutsch zu sprechen, weil man Ihr Englisch nicht verstehe. Auch hier gilt: Fragen Sie sich selbst, ob Ihr WARUM, also der Grund, weshalb Sie diese Sprache lernen möchten, stark und groß genug ist, um auch diesen Apokalyptischen Reiter zu überstehen. Falls nicht, suchen Sie sich ein mächtigeres WARUM, denn es warten noch zwei weitere Reiter auf Sie.

4. Der vierte Apokalyptische Reiter sind **Probleme**. Plötzlich werden Sie entlassen, oder es gibt Ärger mit den Lehrern Ihrer Kinder. Vielleicht zeigt Sie ein Nachbar an und Sie müssen sich mit Anwälten und Gerichten herumschlagen oder erleben einen Wasserrohrbruch in Ihrer Wohnung. Fragen Sie sich selbst, ob Ihr WARUM mächtig und überzeugend genug

ist, um auch bei starken Problemen immer noch zehn Wochen an Ihrem Lernvorhaben festzuhalten. Denn es gibt kein Problem auf der Welt, das nicht mit fundierten Sprachkenntnissen leichter zu lösen wäre. Und denken Sie stets daran, dass Sie wirklich NUR ZEHN WOCHEN durchhalten müssen.

5. Der letzte Apokalyptische Reiter – und damit der fünfte – sind **Schicksalsschläge**. Plötzlich wird jemand aus Ihrer Familie schwer krank, oder jemand, den Sie lieben, verstirbt. Möglich ist auch, dass Sie plötzlich insolvent werden, oder Ihr Haus abbrennt (verstehen Sie mich bitte richtig, nicht, dass ich Ihnen diese Schicksalsschläge wünsche, aber es gibt sie nun einmal) und jetzt stellt sich für Sie die entscheidende Frage: Ist Ihr WARUM, also der Grund, weshalb Sie das Lernziel, das Sie sich jetzt vorgenommen haben (in unserem Beispiel Englisch zu lernen) stark und groß genug, um auch bei heftigen lebensbeeinträchtigenden Schicksalsschlägen weiterzumachen? Ich weiß, dass ich mich ständig wiederhole (über den Sinn von Wiederholung werden Sie im weiteren Verlauf noch spannende Erkenntnisse erhalten), doch falls nicht, dann suchen Sie sich ein stärkeres und mächtigeres WARUM, denn (um bei unserem Beispiel mit Englisch zu bleiben) es gibt keinen Schicksalsschlag, der mit fundierten Sprachkenntnissen nicht leichter zu meistern wäre.

Das Beispiel des Englischlernens lässt sich nun auf alles andere im Leben übertragen. Ganz egal, ob Sie lernen müssen, wie man erfolgreich ein Unternehmen führt, oder ob Sie lernen möchten, wie man langfristig sein Idealgewicht erreicht und hält. Ob Sie lernen möchten, wie man sich von der Abhängigkeit des Rauchens befreit, oder selbst wenn Sie lernen möchten, wie man eine bestimmte Prüfung bestehen kann, ein Musikinstrument spielt, oder irgendetwas anderes, so verstehen Sie jetzt hoffentlich, dass es nicht ausreicht, sich einfach nur vorzustellen, dass es ganz nett oder schön wäre, wenn man denn beim nächsten Italienurlaub ein bisschen besser Italienisch sprechen könnte oder es ganz nett wäre, wenn im Lebenslauf steht, dass man das Abitur bestanden hat.

Wenn Sie etwas lernen und Projekte, die damit zu tun haben, umsetzen möchten, dann gehen Sie dieses Thema entweder richtig an oder lassen Sie es von Anfang an sein (Im Business sagt man: »*Go big or go home!*«). Denn alles, was Sie in der Vergangenheit wirklich erreichen wollten, haben Sie auch erreicht. Wenn es etwas gibt, an dem Sie bisher gescheitert sind, oder das Sie bisher nicht nach Ihren Wünschen umgesetzt haben, dann lag es einfach nur daran, dass Ihr WARUM zu schwach war und die Apokalyptischen Reiter dafür gesorgt haben, dass dieses Vorhaben beziehungsweise Projekt niemals umgesetzt wird.

Sie merken jetzt vielleicht schon, dass die richtige Umgebung eine wichtige Rolle beim Lernen spielt. Das betrifft insbesondere auch die Menschen um Sie herum.

Warum lernen manche Menschen effektiver als andere?

Diese Frage habe ich mir in den letzten 30 Jahren immer wieder gestellt. Schon als Schüler wollte ich wissen, weshalb manche Mitschüler sich den Lernstoff offensichtlich mühelos merken und selbst kompliziertere Sachverhalte dauerhaft verinnerlichen konnten, wohingegen andere schon an den einfachsten Themen scheiterten. Die Erklärung, dass der eine Schüler einfach intelligenter als der andere sei, stellte mich nicht zufrieden, denn dann kam automatisch die Frage auf: Wie wird man intelligenter als andere?

Über die Jahre sind mir einige wichtige Unterschiede zwischen den Menschen, welche schnell komplexe und neue Themenbereiche lernen können, und denen, die sich mit der Aneignung von Wissen oder Fähigkeiten eher schwertun, aufgefallen. Zum einen habe ich festgestellt, dass die Menschen, die schneller und besser lernen, in der Regel körperlich fitter und gesünder sind. Sie achten auf ihre Ernährung, sorgen für ausreichend Schlaf und vermeiden übermäßigen Stress. Instinktiv tun sie genau das, was notwendig ist, um das Gehirn zu seiner optimalen Leistungsfähigkeit zu bringen (ich werde auf diesem Punkt weiter unten noch genauer eingehen). Zum anderen zeichneten sich beispielsweise diejenigen Teilnehmer meiner *Speedlearning*-Workshops, die die besten Lernerfolge erzielten, auch dadurch aus, dass sie neugierig, »hungrig nach Wissen«, offen für alle Lernthemen und umfassend interessiert waren. Selbst wenn sie auf ein Fachgebiet spezialisiert waren, schränkten sie ihren Interessenshorizont nicht ein, sondern erweiterten ihr vorhandenes Wissen, wo es nur ging. Hinzu kamen Aspekte wie die Tatsache, dass sie gut organisiert waren und den Wert der Zeit zu schätzen wussten, also sinnlose oder zeitraubende Aktivitäten mieden.

So sieht das in der Praxis aus:

Beispiel 1: Michelle ist eine 75-jährige Mathematikerin, die Französisch, Deutsch, Spanisch, Englisch und noch einige andere Sprachen spricht. Außerdem ist sie sehr umfassend auf dem Gebiet der europäischen Geschichte gebildet, ist politisch up-to-date und verfügt über fundiertes Wissen über die aktuellen Forschungsergebnisse aus den Bereichen Biologie, Physik und Medizin. Was macht Michelle anders? Zunächst einmal schaut sie kein Fernsehen, sondern sie liest etwa ein Buch pro Woche, wobei sie sich bei der Auswahl ihrer Lektüre an Empfehlungen von Menschen orientiert, die sie sehr schätzt. Wenn Michelle einen neuen Experten kennenlernt, dann erkundigt sie sich nach den drei wichtigsten Fachbüchern, die er empfehlen kann. Anschließend fragt sie nach einer kurzen Zusammenfassung der Inhalte in drei Sätzen und entscheidet daraufhin, welches der drei empfohlenen Bücher sie lesen wird. Tauchen während ihrer Lektüre eines Fachbuches irgendwelche Fragen auf, die im Buch nicht ausreichend beantwortet werden, dann recherchiert sie weiter und nimmt Kontakt zum Autor auf, um ihre Wissenslücke zu füllen. Michelle liest aber nicht nur Bücher, sondern sie unterhält sich auch sehr viel mit ihren Mitmenschen. Menschen wie sie findet man nicht in den sozialen Netzwerken, dafür bei Buchlesungen oder auf Vernissagen.

Beispiel 2: Justus ist Unternehmer und darauf angewiesen, dass er ständig über die neuesten Entwicklungen in den Bereichen Wirtschaft, Technik, Politik und Unternehmensführung im Bilde ist. Justus liest jeden Tag mindestens drei Tageszeitungen, jeden Monat mindestens fünf Fachzeitschriften und wird darüber hinaus per E-Mail noch von zahlreichen weiteren Informationsquellen mit Nachrichten versorgt. Justus hat sich angewöhnt, den Tag morgens direkt mit zwei Stunden Lesen zu beginnen, bevor er ins Büro fährt. Er stellte für sich fest, dass frühmorgens sein Gehirn noch frisch und unverbraucht ist und so nutzt er die Gelegenheit, um möglichst viele Informationen in diesem Zeitfenster aufzunehmen. Er hat darüber hinaus festgestellt, dass das Gelesene oder Gehörte in seinem Gehirn noch weiter verarbeitet wird, während er anschließend frühstückt und die zwanzig Minuten ins Büro pendelt.

Beispiel 3: Thomas rief mich an und teilte mir mit, dass er in drei Tagen Englisch lernen müsse. Er kam aus Südtirol und sprach Deutsch und Italienisch. Englisch hatte er in der Schule nie gelernt. Auf seine Frage, ob ich ihm eine Erfolgsgarantie geben könnte, antwortete ich, wie ich in solchen Fällen immer antworte: »Wenn du das tust, was ich dir sage, dann gebe ich dir eine Garantie!« Die nächsten drei Tage waren für Thomas die Hölle auf Englisch. Er trainierte gemeinsam mit mir acht Stunden lang Dialoge und Konversationen, die er für seinen Beruf brauchte. Zwei Hypnosen halfen ihm, das Gelernte schneller zu festigen. Er sprach mit jedem Menschen, dem er in diesen drei Tagen begegnete, Englisch und nachts ließ er im Hintergrund den Fernseher laufen und ließ sich im Schlaf mit CNN beschallen. Während unseres Trainings verzichtete Thomas auf den Kontakt zu seiner Familie oder seinen Geschäftspartnern. Er befand sich in einer Art Bootcamp des Englischlernens. Nach den drei Tagen hatte Thomas jedoch sein Ziel erreicht und stand zwei Wochen später in Las Vegas auf der Bühne, um vor 5000 Menschen zu erzählen, wie er es geschafft hatte, mit seiner Firma 1.000.000 Euro Umsatz pro Monat zu erwirtschaften – Thomas war in allen Bereichen seines Lebens hoch fokussiert und extrem diszipliniert.

Wenn ich mich mit Menschen über Lerntechniken unterhalte oder über die Erweiterung von Fähigkeiten, dann stelle ich immer wieder zwei Dinge fest:

Zum einen möchte jeder etwas Besonderes sein und vor allem im Bereich Sport, Musik oder Fremdsprachen aus der Masse herausstechen. Jeder möchte außergewöhnlich sein, aber nur die wenigsten sind bereit, auch außergewöhnliche Dinge zu tun, um dieses Ziel zu erreichen. In den angeführten Beispielen war das anders. Michelle, Justus und Thomas waren bereit, außergewöhnliche Dinge zu tun, um ihre gesetzten Lernziele zu erreichen.

Sie sollten sich also darüber im Klaren sein, wie viel Zeit und Aufmerksamkeit Sie tatsächlich einem speziellen Lernthema widmen wollen.

Wir alle kennen Menschen, die sich in ihrem Leben auf einen Schwerpunkt fokussieren. Solche, die bei einem klassischen Musikkonzert mehr auf die Werbung im Vorraum des Konzertsaals achten als auf die Inszenierung – Marketingexperten mit Leib und Seele. Wir kennen auch die dynamischen jungen Männer und Frauen, die als Fahrradkuriere den ganzen Tag unterwegs sind und so ihr tägliches Trainingspensum für das nächste Radrennen um viele Kilometer pro Tag erweitern, oder wir kennen die Handwerker, die beim Grillabend sofort feststellen, welche dringenden Reparaturen am Haus oder am Carport erledigt werden müssten. Was machen diese Menschen anders? Ich habe festgestellt, dass jeder, der sich ernsthaft für ein Lernthema interessiert, jede sich bietende Gelegenheit nutzt, um seine Fertigkeiten und Kenntnisse zu erweitern. In Bezug auf das Lernen bedeutet das nun, dass man nicht darüber philosophieren sollte, welche Lerntypen es gibt, wie viel Zeit man investieren sollte oder ob man das nötige Talent für das jeweilige Fachgebiet mit sich bringe, sondern dass man stattdessen einfach mit dem Lernen beginnen sollte und so lange seine Aufmerksamkeit auf dieses Ziel richten sollte, so lange es eben dauert, bis eben jenes Ziel erreicht ist.

Wenn ich früher meine Söhne beobachtet habe, als sie laufen und sprechen lernten, so stellte ich fest, dass sie ihre Umwelt ganz genau beobachteten, sämtliche Eindrücke in sich aufsogen und an ihren Blicken konnte ich einen steten Lern- und Wissensdrang erkennen. Ich konnte die vielen Fragezeichen förmlich sehen, die in ihren Köpfen aufploppten, und ich spürte, dass mir die Jungs ständig nonverbale Fragen stellten wie: Erkläre mir, wie du das mit dem Gartenschlauch machst. Erkläre mir, wieso ich manche Blätter im Garten essen darf und manche nicht. Warum darf ich die rote Tomate pflücken und die grüne nicht. Wie machst du das mit dem Löffel und der Suppe, ohne dass du dir alles über dein

T-Shirt kippst. Zeig mir noch mal, wie du das mit dem Schuhebinden machst, und so weiter und so fort.

Je mehr ich darüber nachsinne, desto mehr erhärtet sich mein Eindruck, dass wir mit dem Moment der Einschulung verlernen Fragen zu stellen. Wir warten darauf, dass der Lehrende lernenswerte Inhalte für uns aufbereitet und uns fertig präsentiert. Es ist aber doch von so einer enormen Wichtigkeit, Fragen zu stellen, insbesondere dann, wenn man sein Lerntempo erhöhen möchte.

So lernt unser Gehirn!

Zunächst einmal sollten Sie wissen, dass Ihr Gehirn von sich aus nicht zwischen verschiedenen Lerninhalten unterscheidet. Neurophysiologisch betrachtet ist zum Beispiel das Lernen einer Fremdsprache nichts anderes als die Erweiterung Ihres muttersprachlichen Wortschatzes, weil es für Ihr Gehirn keinen Unterschied zwischen den einzelnen Sprachen gibt.

Zur Veranschaulichung ein Beispiel: Alles auf der Welt hat einen Namen. Wenn Sie zum Beispiel das Bild eines Autos vor Ihrem inneren Auge erscheinen lassen, dann können Sie dieses entweder als Auto bezeichnen oder Synonyme dafür verwenden, wie zum Beispiel Wagen, Kiste, Karre, Fahrzeug, Gefährt und so weiter. Oder aber Sie können ein Auto mit den verschiedenen Markennamen (BMW, Mercedes, Porsche und so weiter) benennen. Das bedeutet: Sie verwenden im Alltag ganz automatisch für das Bild eines Kraftfahrzeugs verschiedene Begriffe, also unterschiedliche Namen. Für Ihr Gehirn sind die Bezeichnungen für Auto in anderen Sprachen wie zum Beispiel *car* (Englisch), *voiture* (Französisch), *coche* (Spanisch – verwandt mit Kutsche), *bil* (Schwedisch), *samochód* (Polnisch) und so weiter nun ebenfalls nur Synonyme für das Wort Auto. Es ist also egal, welchen Namen Sie dem Bild »Auto« geben. Für Ihre Nervenzellen ist die Arbeit dieselbe – und das können Sie jetzt zu Ihrem Vorteil nutzen.

Wenn Sie also eine Sprache lernen, dann tun Sie nichts anderes, als einfach nur allen Dingen auf der Welt einen Namen zu geben, den Engländer, Franzosen, Spanier oder andere Muttersprachler verstehen.

Sie kennen außerdem zahlreiche Situationen aus dem Alltag, in denen Sie auf Deutsch unterschiedliche Namen für ein und dasselbe Bild verwenden. Angenommen, Sie sagen zu einem Kind: »*Kommt dich nachher deine Mama abholen?*«, dann sprechen Sie die Sprache des Kindes. Würden Sie dem Kind jedoch die Frage mit anderen Vokabeln stellen, zum Beispiel: »*Wird bei der Abholung deiner Person Frau Meier zugegen sein?*«, dann wird das Kind nicht verstehen, was Sie ihm sagen möchten, obwohl Sie in beiden Fällen deutsche Wörter verwendet haben, und obwohl dieses Kind (gehen wir von einem Kindergartenkind aus) durchaus in der Lage ist, über einen längeren Zeitraum mit Ihnen in deutscher Sprache zu kommunizieren.

Ebenso verwenden Sie im Alltag unterschiedliche Vokabeln der jeweiligen Zielgruppe entsprechend. Mit Kindern sprechen wir für gewöhnlich ein leichter verständliches Deutsch als zum Beispiel mit Ihrem Ehepartner, mit Arbeitskollegen oder mit Freunden.

Immer wieder erleben wir im Alltag zudem Situationen, in denen sich zwei Menschen, die derselben Berufsgruppe angehören, in deutscher Sprache unterhalten und wir als Zuhörer und Angehöriger einer anderen Berufsgruppe zu Recht den Eindruck haben, dass wir kein Wort von dem verstehen, worüber sich die beiden unterhalten. Was halten Sie zum Beispiel davon, wenn Ihr IT-Berater Ihnen sagt, dass Sie dringend eine API zwischen *Trello* und *Hubstaff* benötigen, weil ansonsten die Datenkommunikation nicht final garantiert werden kann? Oder zu welchen Maßnahmen verleitet Sie Ihr Steuerberater, wenn er zu bedenken gibt, dass die Debitoren nach der Mehrwertsteuer-Saldosteuersatzmethode unter Berücksichtigung der branchenüblichen Saldosätze nach vereinbarten Entgelten abzurechnen sind? Und welches Bild kommt Ihnen bei dem nachfolgenden Satz in den Sinn: Der polyphone Strukturaufsatz dieser Komposition ist instrumentenspezifisch, woraus sich ergibt, dass die Volumina für die Kirchenorgel individuell justiert werden müssen.

Eine Fachsprache verfolgt zweierlei Zwecke. Erstens werden Dinge oder Sachverhalte, die kompliziert umschrieben werden müssten, durch einen brancheninternen Fachbegriff unmissverständlich definiert. Beispiele hierfür sind zum Beispiel das bei Behörden verwendete Wort »Zweitschrift«, welches beschreibt, dass »eine dem Original genau entsprechende zweite Aufzeichnung eines Textes angefertigt wird[1]«, oder der medizinische Begriff »Rekonvaleszenz[2]« steht für eines der letzten Stadien eines Gesundungsprozesses, bei dem Krankheitszeichen wie Fieber, Schwäche, Schwindel oder Schmerzen nach und nach verschwinden. Diese sprachenspezifischen Fachwörter sind oftmals nur einer bestimmten Gruppe bekannt und werden von der Allgemeinheit nicht verstanden. Das gilt vor allem für Behördendeutsch oder juristische Sprachkonstruktionen. Wenn bei einer Bundestagswahl in den Informationsunterlagen zur Briefwahl steht: »*Der Wahlbrief wird im Bereich der Deutschen Post AG für Wählerinnen und Wähler unentgeltlich als Standardbrief transportiert*«, dann bedeutet das nicht, dass der Brief kostenfrei ist, sondern lediglich ohne Bezahlung für den Absender transportiert wird. Die entstehenden Kosten werden ja über die Steuergelder indirekt wieder vom Absender getragen. Ähnlich verhält es sich bei der Beschreibung einer Eintragung in das Grundbuch: »Zur Übertragung des Eigentums an einem Grundstücke, zur Belastung eines Grundstücks mit einem Rechte sowie zur Übertragung oder Belastung eines solchen Rechtes ist die Einigung des Berechtigten und des anderes Teiles über den Eintritt der Rechtsänderung und die Eintragung und die Eintragung der Rechtsänderung in das Grundbuch erforderlich, soweit nicht das Gesetz ein anderes vorschreibt.«[3] Bei der Kommunikation von Juristen untereinander dient die Fachsprache – ähnlich wie bei Medizinern – noch einem weiteren Zweck. Der Laie, also der Nicht-Fachmann, soll den vorliegenden Sachverhalt nicht in Gänze verstehen können. So möchten sich Ärzte im Beisein ihres Patienten über dessen infauste Prognose seines metastasierenden Pankreaskarzinoms unterhalten können, ohne dass der Betroffene unmittelbar versteht, dass er bald sterben wird. Auch in der Schule verwenden Kinder oft schon eine Geheimsprache, indem sie die Wörter nach bestimmten – nur Eingeweihten bekannten – Regeln verändern. Dadurch bildet sich sozusagen eine elitäre Gruppe, die entscheidet, wer in den Kreis der Eingeweihten aufgenommen wird.

Das beste Beispiel liefert hierfür die Finanzbranche, die Ihnen im Internet folgende Angebote als Investitionsmöglichkeit unterbreitet: *»Korrelations-Trendfolge-Breakout-Strategie mit dynamischem Volumen und Stimmungsdaten der verschiedensten Marktteilnehmer in Echtzeit, kombiniert mit Marktdaten des Chicago Future Market. Einzigartige Methoden zur Markt-Datensynthese, um Breakouts, die auf einer Korrelations-Setup-Basis beruhen, bestimmen zu können. Handel verschiedener Breakout-Systeme, von Short-Term/Intraday bis Long-term auf beiden Seiten des buy & short Marktes*[4]*.«*

Sie merken also, dass Sie sich selbst in Ihrer Muttersprache in die Kommunikationsstruktur und das Fachvokabular Ihrer Zielgruppe oder Ihres Kunden einarbeiten müssen, um Ihr Gegenüber sprachlich zu erreichen. Denn wer die Sprache spricht, der gehört zum inneren Kreis.

Doch auch bei anderen Lerninhalten unterscheidet das Gehirn nicht zwischen unterschiedlichen Strukturen. So ist es für unsere Nervenzellen der immer gleiche Prozess, ganz egal ob wir Klavier- oder Saxophonspielen lernen oder aber die Tastatur eines Computers und die Knöpfe an unserer Spülmaschine bestätigen. Wir lernen einfach nur, dass die Betätigung eines Knopfes für sich alleine genommen oder in Kombination mit einem anderen Knopf eine bestimmte Reaktion auslöst. Die Unterschiede entstehen erst in der Komplexität der Abläufe und Kombinationen, mit der die jeweiligen Knöpfe beziehungsweise Tasten gedrückt werden. Kombinieren Sie zum Beispiel verschiedene Tasten auf einem Klavier, so entsteht eine Melodie, ein Akkord oder ein ganzes Lied. Drücken Sie ein bis zwei oder mehr Tasten gleichzeitig auf einer Computertastatur, so ist das vergleichbar mit einem Akkord auf dem Klavier, jedoch entsteht dabei kein akustischer Reiz, sondern lediglich einer Reaktion auf den Bildschirm. Das bedeutet, dass der Unterschied zwischen dem Lernen eines Musikinstrumentes im Vergleich zu dem Erlernen der verschiedenen Funktionen einer Spülmaschine oder einer Computertastatur darin besteht, dass auf der einen Seite mehrere Sinne angesprochen werden (visuell, auditiv) und dass der Körper durch das Verwenden von zwei Händen beziehungsweise dem zusätzlichen Einsatz der Füße beim Klavierspielen mehrere Impulse gleichzeitig an das Gehirn sendet. Unterm Strich ist der Lernprozess aber identisch.

Jeder Lernprozess kann deshalb auf ein und dieselben Lerngrundeinheiten zurückgeführt werden. Mit zunehmendem Beherrschen der neu erworbenen Kenntnisse oder Fertigkeiten verändern sich lediglich die Komplexität und die Erweiterung der Resultate, die aus dem Zusammenspiel des Gelernten entstehen. Ganz einfach gesagt: Jeder Anfänger lernt am Klavier zunächst dieselben Grundkenntnisse wie der Anfänger des Zehn-Finger-Tippens an der Tastatur des PCs. Wenn Sie also auf einer Computertastatur anfangs mit zwei Fingern und später mit zehn Fingern schreiben lernen, dann durchläuft Ihr Gehirn denselben motorischen Lernprozess wie beim Klavierspielen. Lediglich der akustische Reiz, der durch das Anspielen der Tasten auf dem Klavier entsteht, macht von Anfang an den scheinbar elementaren Unterschied.

Das Gleiche gilt für körperliche Fähigkeiten. Es ist unerheblich, ob ich meinem Gehirn beibringe, wie ich einen Ball aufhebe und werfe, oder ob ich ihm beibringe, wie ich Tennis spiele. Auch hier besteht am Ende der Unterschied lediglich in der Komplexität der Lernprozesse.

Das bedeutet zusammenfassend: Zu Beginn eines neuen Lernprozesses sind die Grundelemente des Lernens sehr einfach und in den meisten Bereichen ähnlich. Mit fortschreitendem Lernerfolg nimmt die Komplexität zu. Somit unterscheidet sich der begnadete Pianist Ludovico Einaudi tatsächlich nur durch eine größere Aneinanderreihung von Lernprozessen, die sich in der Komplexität seiner Kombinationsmöglichkeiten der Tastenverwendung am Klavier äußern, von einer siebenjährigen Klavierschülerin der ersten Stunde.

Was ich mit dieser doch recht komplizierten Beschreibung der Lernprozesse eigentlich nur sagen möchte, ist Folgendes: *Es gibt kein Talent für Sprachen, Musik oder Sport – lediglich die richtige Lerntechnik, die am Ende zur höchstmöglichen Komplexität führt (und auf dem Weg dorthin die Motivation lebendig hält), unterscheidet den Dummkopf vom Genie.*

Nun ist es so, dass unser Gehirn 80 Prozent des Lernens eigenmächtig für uns erledigt. Das liegt daran, dass wir über einen angeborenen Lerninstinkt verfügen. Dieser hat unter anderem dafür gesorgt, dass alle Sprachen im Laufe der Entwicklung nach einer vergleichbar logischen Struktur aufgebaut sind, Töne der Musik bestimmten Gesetzen folgen, Schriften an verschiedensten Orten der Welt parallel entstanden sind oder Kinder von alleine Krabbeln lernen, ohne dass man es ihnen zeigen muss. Auf der Mittelmeerinsel Malta leben ca. 400 gehörlose Menschen. Dort gab es lange Zeit keine Gebärdensprache, sodass die Betroffenen eine eigene Gebärdensprache entwickelten (ja, auch die Gebärdensprachen sind von Land zu Land unterschiedlich). Tatsächlich wies diese Gebärdensprache dieselben grammatikalischen Strukturen wie andere Gebärdensprachen auf und wurde schließlich am 16. März 2016 vom Maltesischen Parlament offiziell anerkannt.

Bleiben wir also für einen Moment beim Thema Sprachen, nicht nur, weil es mein absolutes Steckenpferd ist, sondern weil Sie anhand des Lernens von Fremdsprachen am besten verstehen, wie das Gehirn lernt. Alle Sprachen sind nach dem Prinzip »*wer tut was*« aufgebaut. Wenn wir also in einer anderen Sprache sprechen, dann werden wir immer wieder erklären, wer etwas tut oder womit etwas getan wird.

Um Ihnen Ihren Sprachinstinkt einmal praktisch zu verdeutlichen, schauen Sie sich bitte den nachfolgenden deutschen Satz an.

Die kründliche Rumpfe hat den Struften gezwöchert und frindet das Strüftlein, weil der Struften vormals judlich mogste und sonst blanetten wird.

Dieser Nonsens-Satz klingt zu 100 Prozent deutsch. Wird jedoch zu 50 Prozent nicht verstanden. Das bedeutet, auch wenn Sie spüren, dass dieser Satz deutsch ist, entsteht in Ihrem Kopf kein Bild, während Sie diesen Satz lesen.

Jetzt lösen wir einmal diesen Satz in seiner Struktur auf und schauen uns an, welche Informationen Sie instinktiv abrufen können, ohne den Inhalt zu verstehen. Sie wissen zunächst einmal, dass die *Rumpfe* weiblich ist, denn es heißt die Rumpfe. Gleichzeitig ist erkennbar, dass es keine normale Rumpfe ist, sondern eine *kründliche* Rumpfe. Kründlich ist ein Adjektiv, dass die Rumpfe näher beschreibt. Die kründliche Rumpfe hat etwas getan, sie war also eine Akteurin in der Vergangenheit. Sie hat den *Struften gezwöchert*.
Vom *Struften* wissen wir, dass er männlich ist, denn es heißt den Struften, den sie gezwöchert hat. Zudem entsteht bei dem Wort *zwöchern* ein Bild in unserem Kopf, weil das Wort zwöchern eine Stimmung hervorruft, die eine bestimmte Handlung vermuten lässt. Dazu werden wir später im Buch noch kommen. Die Rumpfe hat aber nicht nur in der Vergangenheit (konkret im Perfekt) gehandelt, sondern sie tut auch aktuell etwas, nämlich sie *frindet das Strüftlein*.
Das Strüftlein *frindet* sie also in der Gegenwart. Es passiert jetzt gerade in diesem Moment. Das Strüftlein ist sächlich, denn es heißt das Strüftlein und es ist so etwas Ähnliches wie ein Struften, nur kleiner, das ergibt sich aus der Endung »-lein«. Und sie tut dies aus einem ganz bestimmten Grund, nämlich weil der Struften vormals *juglich mogste*.
Er tat also was in der Vergangenheit (dieses Mal im Imperfekt). Das bedeutet im vorliegenden Fall war der Struften der Akteur. Er mogste, aber nicht einfach nur so, sondern er mogste judlich.
Judlich ist ein Adverb, das das Wort mogsen näher beschreibt und wenn wir nun dieses Wort *mogsen* deklinieren wollten, dann kämen wir automatisch zu folgenden Formen: ich mogse, du mogsest, er/sie/es mogst, wir mogsen, ihr mogst, sie mogsen, ich habe gemogst, ich mogste, ich bin gemogst worden, ich werde mogsen, ich würde mogsen und so weiter Hinzu kommt eine Bedingung, nämlich dass wenn die kründliche Rumpfe den Struften nicht zwöchert, dann wird er etwas tun, und zwar in der Zukunft: Er wird *blanetten*.

Wir wissen also immer noch nicht, was genau passiert, aber wir kennen die zeitlichen Zusammenhänge sowie die Akteure, und wir können die Zugehörigkeit der Adjektive, Adverbien sowie der Geschlechter der beteiligten Subjekte und Objekte zuordnen.

Übertragen Sie diese Erkenntnis nun wieder auf andere Bereiche, so werden Sie sehr schnell feststellen, dass Sie zum Beispiel – sobald Sie einmal verstanden haben wie, ein Musikinstrument Töne erzeugt – in der Lage sind, jedes beliebige Musikinstrument zu spielen, vor allem wenn Sie gelernt haben, nach Gehör zu spielen (das sollten Sie im Übrigen immer dem Spielen nach Noten vorziehen).

Wenn Sie einmal gelernt haben, wie eine Schrift Wörter und Sätze bildet, dann können Sie jedes beliebige Buch lesen und jede andere Schrift ebenfalls lernen. Das gilt auch für die chinesischen Schriftzeichen, denn wenn Sie einmal den Aufbau und die Entstehungsgeschichte der chinesischen Schrift verstanden haben, dann können Sie die entsprechenden Wörter logisch herleiten. Für Geschäftsleute ist diese Erkenntnis insofern interessant, als dass sie ihnen klarmacht, dass sie als Verkäufer jedes beliebige Produkt dieser Welt verkaufen können. Sobald Sie einmal verstanden haben, wie Verkauf funktioniert (also was bei den Menschen zu einem Kaufverhalten führt), ist es vollkommen egal, ob Sie ein Auto, einen Staubsauger oder Haarimplantate verkaufen. Auch nach der erfolgreichen Gründung des ersten Unternehmens wissen Sie hoffentlich, worauf es ankommt, um eine Firma profitabel zu betreiben und ein skalierbares Business aufzubauen, denn dann ist es völlig egal, mit welchem Unternehmen Sie starten – mit diesem Wissen werden Sie jede Ihrer Firmen zu einer Gelddruckmaschine transformieren.

Und das Gleiche gilt auch im Sport: Wenn Sie Ihren Körper optimal in den Bereichen Ausdauer, Geschicklichkeit, Kraft, Beweglichkeit, mentale Stärke und so weiter trainieren (was im Übrigen am schnellsten und effektivsten durch Kampfsporttraining funktioniert), dann können Sie in jeder beliebigen Sportart innerhalb kürzester Zeit ansehnliche Erfolge erzielen. Zwar werden Sie niemals mit einem Spezialisten mithalten können, aber Sie werden im oberen Mittelfeld eine gute Figur abgeben. So sagte man zum Beispiel dem berühmten Formel-1-Rennfahrer Michael Schumacher nach, dass er auch ein hervorragender Skifahrer oder Fußballer sei, Ivan Perisic macht sich nicht nur als Profifußballer einen Namen, sondern ist auch ein ausgezeichneter Beachvolleyballspieler und Sven Hannawald stieg nach der Vierschanzentournee von den Skiern ins Auto, um seiner Passion für den Motorsport zu frönen. Also setzen Sie Ihr Kind so früh wie möglich verschiedenen Sportarten aus, anstatt es mit einer einzigen Disziplin in seiner Potenzialentfaltung zu verlangsamen. Babyschwimmen, Krabbelgruppe, Bobbycar, Laufrad, Spaziergänge, Abenteuerspielplätze, Skifahren, Radfahren, Inlinern, Skateboarden, Eislaufen (nicht nur Eisessen), Volleyball, Basketball, Klettern, Tauchen, Kampfsport, Bogenschießen, Gokartfahren und so weiter. Seien Sie kreativ, damit es Ihr Kind auch werden kann.

Ein letztes Beispiel: Wenn Sie die Grundlagen der griechischen Mythologie einmal verstanden haben, dann können Sie auch den Aufbau des Universums nachvollziehen, dadurch die Elemente der Mathematik und die wichtigsten physikalischen Phänomene sowie alle daraus heraus resultierenden Wissenschaften.

Es mag sich für einen Akademiker, der viele Jahre an einer Universität verbracht hat, um Dinge zu lernen, die man im Wesentlichen in Büchern nachlesen kann, nun etwas befremdlich anhören, dass ich hier behaupte, dass jeder Mensch zu einem Universalgelehrten werden kann, aber am Ende des Tages stellt sich immer wieder heraus, dass die Absolventen von Universitäten nicht immer die erfolgreichsten Menschen unserer Gesellschaft sind und Autodidakten ihnen oftmals haushoch überlegen sind, weil sie ihren persönlichen Weg zu mehr Lernleistung optimiert haben.

Es gehört in der heutigen Zeit trotz aller Spezialisierung auch noch sehr viel umfassende Allgemeinbildung dazu, um auf dem Markt der Möglichkeiten magische Momente hervorzurufen. So kann es zum Beispiel sein, dass Sie einen für Ihr Unternehmen wichtigen Abschluss nur deswegen erzielen, weil Sie sich bei der

Dinnerparty Ihres Geschäftspartners spontan ans Klavier setzen und die Titelmelodie von *Forrest Gump* auf diesem wunderbaren Musikinstrument zum Besten geben können.

Ich beobachte auch in meinen Sprachtrainings immer wieder, dass der wesentliche Teil des Trainings nicht nur daran besteht, meinen Kunden die Zielsprache innerhalb von drei bis zehn Tagen zu vermitteln, sondern dass es vielmehr darum geht darzustellen, wie man sein volles Potenzial erkennt, nutzt und stetig erweitert.

Für unser Gehirn ist jeder Lernvorgang immer derselbe Prozess. Am Beispiel der Sprachen kann man das ganz praktisch feststellen: Wann immer Sie ein neues Wort lernen, erweitern Sie Ihren muttersprachlichen Wortschatz und dabei ist es unerheblich, ob es sich bei diesem neuen Wort um einen Fachbegriff aus Ihrer Branche, um den Namen eines Spielers aus der Lieblings-Fußballmannschaft oder um ein Verb der Zielsprache handelt. Während des Lernens muss in Ihrem Gehirn eine synaptische Verknüpfung entstehen, also die Hardware im Gehirn gebildet werden, damit ein Wort beispielsweise in Zukunft für Sie abrufbar bleibt. Nun nimmt unser Gehirn tagtäglich Hunderte von Eindrücken auf und kann und soll auch gar nicht alles speichern. Aus diesem Grund verfügt unser Gehirn über einen sehr cleveren Spamfilter-Mechanismus. Dieser arbeitet sehr effektiv – und zwar auch wieder bei allen Lernvorgängen.

Während Sie dieses Buch lesen, nehmen Sie um sich herum Geräusche wahr, Gerüche, sonstige Sinneseindrücke, wie zum Beispiel die Temperatur des Raumes. Es kreisen andere Gedanken durch Ihren Kopf und bei jedem Impuls, bei jeder Information, die über Ihre fünf Sinne an Sie herangetragen wird, entscheidet Ihr Gehirn, ob diese Information wichtig und deswegen merkwürdig im Sinne von erinnerungswürdig ist. Je merkwürdiger eine Information, desto eher werden wir sie uns auch merken.

In diesem Buch erhalten Sie zahlreiche merkwürdige Informationen, die bei Ihnen eine Verknüpfung zu bereits erlebten Ereignissen und Erfahrungen herstellen werden, sodass es für Ihr Gehirn leichter und attraktiver ist, sich diese neuen merkwürdigen Aspekte des *Speedlearnings* zu merken.

Schauen wir uns also diesen wirklich ausgefeilten Bio-Spamfilter unseres Gehirns einmal genauer an: Unser Gehirn entscheidet nach zwanzig Sekunden zum ersten Mal, ob eine Information für uns sinnvoll, also merkwürdig ist. Merkwürdige Informationen sind Umweltimpulse oder Einflüsse, die entweder wiederholt auftreten oder uns über einen längeren Zeitraum emotional berühren. Die Anzahl der Autos sowie die entsprechenden Nummernschilder oder die Farben, die Anzahl der Insassen, die geschätzte Reisegeschwindigkeit, die Sie auf einer Fahrt von Ihrem Wohnort zu Ihrem Arbeitsplatz jeden Tag erleben und wahrnehmen, ist für Ihr Gehirn keine merkwürdige Information. Aus diesem Grund wird nach zwanzig Sekunden entschieden, dass Sie diese Information nicht mehr benötigen. Es wird keine synaptische Verknüpfung hergestellt.

Das Gleiche passiert mit Informationen im Rahmen des Lernens. Stellen Sie sich vor, dass Sie bei einem Gespräch, im Rahmen eines Meetings, eine Formulierung auf Englisch hören, die Sie für äußerst elegant und smart halten, sodass Sie beschließen sich diese Redewendung oder Formulierung zu merken. Vor Ablauf dieser zwanzig Sekunden bittet man Sie jedoch um Ihre Stellungnahme zu diesem Thema, und indem Sie nun aktiv sprechen, entscheidet Ihr Gehirn, dass diese Redewendung, die Sie sich eben noch merken wollten, nicht mehr relevant ist und deswegen keine Nervenverknüpfung hergestellt wird, die diese Redewendung abrufbar macht. Der nächste Spamfilter wird nach zwanzig Minuten aktiv und hier wird klar, weshalb wir in der Schule oder bei langen Meetings nicht die Lern- oder Gedächtnisleistungen erzielen können, die wir uns wünschen. Doch dazu werden wir zu einem späteren Zeitpunkt in diesem Buch kommen. Es folgen die nächsten Spamfilter nach vier Stunden, dann nach einem Tag, nach einer Woche, nach einem Monat, nach sechs Monaten, schließlich nach einem Jahr und zuletzt nach fünf Jahren.

Versuchen Sie jetzt einmal, sich an die Adressen Ihrer bisherigen Wohnstätten zu erinnern. Sie werden feststellen, dass Sie sich an jede Wohnung, jede Wohnadresse und jede Telefonnummer erinnern können, in der Sie länger als fünf Jahre gelebt haben. Kurzfristige Aufenthalte von ein bis drei Jahren hingegen haben in ihrer Intensivität nicht ausgereicht, um die Adresse samt Telefonnummer dauerhaft zu memorieren.

Diese Abfolge der Spamfilter verdeutlicht, wie Sie die Wiederholungssequenzen beim Lernen – nicht nur von Fremdsprachen, sondern im Allgemeinen – planen müssen, um Ihrem Gehirn das Lernen zu erleichtern.

Informationen, Redewendungen, Satzbausteine, Grammatikregeln, Inhalte von Gedichten, körperliche Abläufe im Sport oder beim Lernen von Musikinstrumenten müssen zunächst zwanzig Minuten lang auf das Gehirn einwirken, um die ersten synaptischen Reaktionen zu erzeugen. Dann folgen Wiederholungen derselben Inhalte nach vier Stunden, nach einem Tag, nach einer Woche und so weiter. Mit der richtigen Anwendung von Wiederholungen sparen Sie also Zeit und lernen effektiver.

So sieht das in der Praxis aus:

Der Chef der Drogeriemarktkette »Mayer« in Wörth hatte früher ein Meeting-Konzept, das zuverlässig dafür gesorgt hat, dass die Mitarbeiter immer im richtigen Fokus blieben. Bevor der Laden morgens öffnete, standen alle Mitarbeiter zu einem Zwanzig-Minuten-Meeting zusammen und alle wichtigen Informationen wurden ausgetauscht. Vier Stunden später – nach der Mittagspause gab es wieder ein Zwanzig-Minuten-Meeting, bevor der Laden für die zweite Runde eröffnet wurde. Die perfekte Nutzung der Spamfilter. Der Erfolg der Drogeriekette gab ihm recht.

Als diese dann verkauft wurde, entfielen die Meetings dieser Art und die Mitarbeiter verloren die Fokussierung. Eine Filiale nach der anderen wurde geschlossen. Sicherlich war einer der Gründe dafür die seither fehlende Fokussierung der Mitarbeiter, die auch für die Kunden spürbar war.

Machen Sie es also Ihrem Gehirn leicht – nicht nur in Bezug auf das Lernen, sondern auch in Bezug auf Ihre persönlichen und beruflichen Ziele, Träume und Visionen.

Übrigens bilden sich Synapsen in der Ruhephase und nicht während des Lernprozesses. Lernpausen machen also schlau![5]

Nutzen Sie alle Sinneskanäle

Nehmen Sie ein Lernthema Ihrer Wahl, zum Beispiel ein Fachbuch oder den Sportbootführerschein und sprechen Sie die Inhalte, das Wissen, dass Sie sich aneignen sollen, auf ein Tonband auf, um sie anschließend beim Autofahren, zum Einschlafen oder in anderen Situationen (beispielsweise morgens im Bad) anzuhören. So können Sie Inhalte, die Ihnen nur in schriftlicher Form vorliegen, auch in akustischer Art wiederholen. Sie erhöhen die Zeit, in der Sie sich mit Ihren Lernthemen beschäftigen. Fragen Sie sich außerdem bei allem, was Sie neu lernen, in welcher Situation Sie das Gelernte anwenden möchten und schaffen Sie sich Situationen, in denen Sie das tun können.

Angenommen, Sie möchten die verschiedenen Baustile europäischer Gotteshäuser lernen, dann stellen Sie sich vor, wann und wem Sie Ihr Wissen preisgeben könnten. Sie können beispielsweise zu Hause Ihrer Yucca-Palme oder Ihrem Hund einen Vortrag halten, oder aber Sie können eine Stadtführung besuchen und mit dem Guide versuchen zu fachsimpeln beziehungsweise einen Workshop an der Volkshochschule anbieten, der das Thema, in das Sie sich derzeit einarbeiten, abdeckt.

Nutzen Sie also alle möglichst alle Sinne, um sich den Lernstoff anzueignen. Handelt es sich um etwas, das Sie riechen, fühlen oder sogar schmecken können, dann lernen Sie mit diesen Sinnen. Als Arzt oder Koch können Sie sich niemals nur durch reines Bücherlesen Ihr Wissen aneignen. Der Arzt muss lernen, welche Gerüche ein Patient mit bestimmten Erkrankungen über seinen Atem oder seinen Schweiß absondert, um eine eindeutige Diagnose stellen zu können und jeder Koch ist auf einen ausgeprägten Geruchs- und Geschmackssinn angewiesen, wenn er in der Gastronomie erfolgreich und auf lange Zeit arbeiten möchte.

Ihre Sinne können beim Lernen aber auch noch eine ganz andere Rolle spielen, als Sie es vielleicht bisher für möglich gehalten haben.

Nehmen wir an, Sie möchten gerne Saxophon spielen lernen: Der Musiklehrer wird Ihnen eine Methode zeigen, die sich für ihn als besonders effizient erwiesen hat. Tatsächlich sehen, hören, riechen, schmecken und fühlen Sie völlig anders, als Ihr Lehrer dies tut. Verinnerlichen Sie deshalb die Lerninhalte mit all Ihren Sinnen – riechen Sie, sehen Sie, hören Sie, fühlen Sie und schmecken Sie, vergessen Sie aber überdies nicht, auf Ihre Intuition, Ihre innere Stimme und Ihr Bauchgefühl zu vertrauen. Seien Sie sich also zu jeder Zeit im Klaren darüber, dass alles, was Sie lernen, von Ihnen ganz individuell erfahren und aufgenommen wird und Sie deswegen auch die Möglichkeit haben, das Lerntempo und die Lerneffektivität massiv zu erhöhen.

»Lerndemenz« statt Lernintelligenz

Bevor das World Wide Web für jeden zugänglich wurde, gestaltete es sich für den Einzelnen deutlich schwieriger, sich Wissen anzueignen. Ich erinnere mich, dass lange Zeit meine einzigen Zugangswege zu schnellem Wissen der *Brockhaus* in meinem Kinderzimmer, mein Vater, meine Mutter oder meine Großeltern waren. Für manche Themen gab es auch noch die Nachbarn, die ab und an zurate gezogen werden konnten. Dennoch war ich während meiner Jugend oft von dem Wissen einiger weniger Personen abhängig und musste darauf vertrauen, dass deren Aussagen korrekt waren.

In der heutigen Zeit verfügen wir über ganz viele unterschiedliche Möglichkeiten, um an Wissen zu gelangen. Es gibt gedruckte Bücher, E-Books, Zeitungen, APPs auf dem Smartphone, Internetseiten, die als unabhängige Quellen zurate gezogen werden können, sowie Hörbücher und Podcasts, Berichte im Fernsehen, Reportagen auf DVD und nach wie vor Gespräche mit unseren Mitmenschen. Letzteres sollte man trotz aller Technik nicht unterschätzen, da manches Wissen bis heute nicht in gedruckter Form existiert. Wenn Sie beispielsweise einmal die Möglichkeit haben, sich mit einem Medizinmann eines Stammes in Afrika oder Südamerika zu unterhalten, werden Sie verstehen, was ich meine.

Wie haben Sie in der Vergangenheit eine fremde Sprache gelernt? Vermutlich kamen Sie erstmalig in der Schule bewusst mit Fremdsprachen in Berührung. Mittlerweile wird an sämtlichen Grundschulen und zum Teil auch schon an den Kindergärten die englische Sprache gelehrt, und das obwohl Deutschland keine direkte Außengrenze zu England hat. Es werden Lieder gesungen, Reime gebildet, die Kinder lernen Farben, Zahlen und diverse Fingerspiele. Innerhalb des nach außen abgeschotteten, künstlichen Rahmens der öffentlichen Bildungseinrichtungen Grundschule und Kindergarten gilt das als eine kindgerechte Art und Weise, eine Sprache zu vermitteln.

Allerdings werden die Kinder hierbei wie kleine Doofies unterrichtet, denen man nicht zutraut, eine Sprache durch Neugier und Experimentierfreude zu erfassen. Die Schüler brauchen von der ersten Schulstunde an eine Situation, in der sie die Sprache aktiv außerhalb des Unterrichtes mit Freude und Spaß anwenden können. An meiner früheren Schule gab es beispielsweise unter anderem ein Sprachlabor, das wir in neun Jahren aber **nie** nutzten.

Spätestens in der 5. Klasse treffen dann die Kinder aus den umliegenden Grundschulen und verschiedenen Bundesländern aufeinander, die im Verlauf ihrer bisherigen Schullaufbahn bereits mit unterschiedlichsten Unterrichtskonzepten konfrontiert wurden und sollen jetzt auf Basis des kleinsten gemeinsamen Nenners mit dem Englischunterricht fortfahren. Aus diesem Grund müssen die Lehrenden in diesen Fällen leider mit allen Kindern meist wieder bei null starten. Die Kinder in Deutschland haben also vier Jahre lang Energie und Zeit in eine schulische Aktivität verschwendet, die am Ende keinerlei Sinn ergeben hat. Da stellt sich einem manchmal die Frage, ob ein bisschen mehr Sportunterricht oder Kochunterricht zur Heranführung an eine gesunde Ernährung in einer Grundschule nicht sinnvoller wäre als Englischunterricht – doch das ist eine Diskussion, die den Rahmen dieses Buches sprengen würde. Mit einer der *Natur des kindlichen Gehirns gerechteren Methode* hätten die Kinder jedenfalls bereits in der Grundschule schon die Möglichkeit, im täglichen Alltag vier Sprachen fließend zu sprechen.

In der Schule lernen wir nun die Sprache auf die Art und Weise, wie sie uns präsentiert wird. Zunächst werden wir mit komplizierter Grammatik konfrontiert, die wir in unserer Muttersprache bis dato zwar angewendet, aber nie bewusst gelernt haben. Das bedeutet, dass das Lernen mit Eintritt in die Schule aus dem Körper herausgenommen und in den Kopf gesetzt wird. Sechs Jahre unseres Lebens lernten wir mit dem Körper auf eine höchst wirksame Art und Weise. Mit Eintritt in das Schulalter erwartet man von uns rein kognitiv zu lernen und das ist gerade bei einem so lebendigen Thema wie einer Fremdsprache schwierig.

Wir lernen nun also die Sprache kognitiv so anzuwenden, dass wir die Aufgaben unseres Lehrers während der Klassenarbeiten richtig beantworten können. Wir lernen jedoch nicht die Sprache draußen in der »freien Wildbahn« anzuwenden und selbst wenn wir es theoretisch könnten, meiden wir es meist aus Scham tunlichst.

Ich vergleiche dieses Phänomen gerne mit einem Selbstverteidigungskurs. Da ich selbst Träger eines schwarzen Gürtels bin und in fünf verschiedenen Kampfkünsten ausgebildet wurde, kenne ich diese Reaktionsmuster nur zu gut. Menschen trainieren in einem Dojo (so nennt man die Trainingshalle im Kampfsport), wie man sich im Angriffsfall wehrt und verteidigt. Geht man anschließend jedoch mit diesen Menschen auf die Straße und inszeniert, ohne deren Wissen, durch einen Komplizen ein Überfallszenario, so reagieren alle wieder mit denselben Verhaltensmustern wie vor dem Training. Sie haben nie gelernt, das Wissen vom geschützten Rahmen des Dojo auf die offene Straße zu bringen.

Das Gleiche passiert mit Schülern, sobald sie eine Fremdsprache außerhalb des schulischen Rahmens anwenden sollen. Sie erstarren oder flüchten, aber sie werden niemals zu spontanen aktiven Sprechern werden, wenn sie nicht durch innovative Unterstützung der Eltern, zum Beispiel im Rahmen von Schüleraustauschprogrammen, die Sprache anzuwenden erlernen.

Betrachten wir nun den zeitlichen Rahmen, in dem der schulische Fremdsprachenunterricht stattfindet. In der Schule habe ich sieben Jahre Latein gelernt und verfüge somit über das große

Latinum, könnte mir heute jedoch noch nicht einmal ein Bier bestellen und wüsste auch nicht bei wem. Nehmen wir als Beispiel einen Durchschnittsschüler, der auf einem Gymnasium neun Jahre Englisch lernt. Dieser mutige junge Mensch sitzt mit 23 Mitstreitern in einer Klasse und verfügt über 45 Minuten Zeit, um sich der englischen Sprache zu widmen. Würden nun alle Schüler der Reihe nach in diesen 45 Minuten aktiv sprechen, bedeutete das eine aktive Sprechzeit pro Schüler von zwei Minuten. Wir wissen jedoch aus eigener Erfahrung, dass Lehrende sich am liebsten selbst sprechen hören und so kommen wir im besten Fall auf eine Minute pro Kopf pro Unterrichtsstunde.

Bei einer Unterrichtsstunde pro Tag und täglichem Englischunterricht ergibt das insgesamt fünf Minuten pro Woche an aktivem Anwenden der englischen Sprache. Ich nehme die Hausaufgaben hier bewusst nicht mit auf, weil die Hausaufgaben auch wieder nur aus Übungen bestehen und nicht aus lebendigen Gesprächen in der freien Wildbahn. Bei 40 Wochen pro Schuljahr kommen wir in Summe auf 200 Minuten aktivem Englischunterricht in einem Schuljahr. Multipliziert mit neun Schuljahren ergibt das am Ende 1800 Minuten aktiven Englischunterrichts in einem gesamten Schülerleben von der fünften Klasse bis zum Abitur. Teilen wir diese Zahl wiederum durch 60, dann bleiben lediglich 30 Stunden aktiven Englischunterrichts. Man muss nicht besonders intelligent sein, um zu verstehen, dass hier unglaublich viel Potenzial verschwendet wird.

Als erwachsener Mensch können Sie innerhalb von drei Tagen dieses zeitliche Volumen aufbringen und kommen am Ende vermutlich auf dasselbe Ergebnis hinsichtlich der aktiven Anwendung der Sprache. Und seien wir ehrlich: In den wenigsten Unterrichtsstunden kommt wirklich jeder Schüler mindestens eine Minute zu Wort. Somit sieht das Ergebnis in der Realität noch nüchterner aus.

Wir betrachten hier nur eine einzige Sprache, die ein Schüler über neun Jahre seines Lebens lernen soll. Nun kommt an den meisten Schulen noch eine zweite Sprache dazu, manchmal sogar noch eine dritte oder vierte. Es verwundert nicht, dass Schüler in einem Jahr mit einer Unterrichtsstunde Spanisch pro Woche in einer Gruppe von fünf Personen diese Sprache besser lernen, als in drei Jahren Französisch in einer Gruppe von 30 Schülern mit drei Wochenstunden. Das Schlimmste an dieser Erkenntnis ist aber, dass sie auf alle Schulfächer übertragen werden kann.

Der Mensch lernt am effektivsten, wenn er etwas aktiv anwendet oder selbst erarbeitet. Passivität, die der Frontalunterricht eines Lehrers unweigerlich mit sich bringt, ist das Ineffektivste, was wir einem Schülergehirn antun können. Tagtäglich verschwenden wir also an den Schulen unseres Landes das Potenzial unseres Nachwuchses.

Es kann also konstatiert werden, dass das klassische Unterrichtsmodell in den Schulen nicht zielführend ist, wenn es um die Förderung der Lernintelligenz geht. Sie bedingt und befördert sogar eher »**Lerndemenz**«. Abgesehen davon kommt es oftmals noch zu blockierenden Suggestionen seitens der Lehrer, wenn diese mit den Resultaten einzelner Schüler unzufrieden sind. Diese Suggestionen brennen sich so tief in das Unterbewusstsein der jungen Menschen ein, dass sie selbst im Erwachsenenalter noch einen signifikanten Einfluss auf das Selbstbewusstsein und das Lernverhalten haben können.

Als wäre das alles noch nicht genug, so muss an dieser Stelle außerdem darauf hingewiesen werden, dass das Unterrichtskonzept von sechs unterschiedlichen Schulstunden à 45 Minuten pro Tag das ausreichende Bilden von synaptischen Verbindungen im Gehirn verhindert. Der Lernstoff der ersten Stunde wird von den Inhalten der zweiten Stunde überschrieben – dafür sorgen die Spamfilter, die alle zwanzig Minuten überprüfen, welche Informationen wiederholt aufgenommen und somit als merkwürdig eingestuft werden.

Deutlich effektiver wäre ein Schulunterrichtskonzept, das pro Woche ein bestimmtes Thema abhandelt. Stellen Sie sich vor, die Kinder hätten in der ersten Woche jeden Tag vier Stunden Mathematik und anschließend noch zwei Stunden Sport, Musik oder Kunst. Dann könnte am Montag das kindliche Gehirn in Zwanzig-Minuten-Sequenzen und jeweils zehnminütigen Pausen dazwischen die

Inhalte des Mathematikunterrichtes als besonders merkwürdig beurteilen. Die anschließende Doppelstunde eines Unterrichtsfaches mit entspannter kognitiver Lernleistung hilft die Inhalte des Mathematikunterrichtes entsprechend zu verarbeiten. Im Idealfall würden der Sport-, Musik- oder Kunstunterricht sogar die Inhalte der Mathematik des Vormittages aufgreifen, zum Beispiel die Geometrie in der Kunst. Dienstags wird dann das Wissen vom Vortag gefestigt und weiter vertieft. Das Gehirn wird maximal am Vergessen gehindert. Nach der ersten Woche wechselt das Unterrichtsfach, zum Beispiel auf Deutsch. Ebenfalls vier Stunden von Montag bis Freitag plus zwei Stunden kognitiv-entspannte Inhalte oder Sport. Auf die zweite Woche folgt dann wieder eine Woche, die den Stoff der ersten Woche wiederholt (in unserem Fall wäre das Mathematik). In der vierten Woche wiederholen wir die Inhalte in Deutsch. Woche fünf und sechs geht es dann in die nächste Disziplin wie Englisch oder Geschichte. Sie können davon ausgehen, dass ein derartig strukturiertes Unterrichtskonzept den Stoff eines Schuljahres in deutlich kürzerer Zeit mit nachhaltigeren Resultaten bearbeiten würde.

So sieht das in der Praxis aus:

Bevor Sie sich nun daran machen, Ihr Lernthema innerhalb kürzester Zeit und auf eine sehr wirkungsvolle Art zu verinnerlichen, sollten Sie sich erst einmal in die richtige mentale Stimmung versetzen. Das bedeutet, dass Sie sich (gerade bei Themen die Ihnen eher unangenehm sind, weil Sie vielleicht nicht freiwillig, sondern gezwungenermaßen lernen müssen) zunächst einmal klarmachen, was Sie an diesem Thema besonders interessiert. Folgende Fragen sollten Sie sich stellen, bevor Sie sich einem Lernthema widmen:

- Was weiß ich bereits über dieses Thema?
- Wie fühle ich mich bei dem Gedanken, mich mit diesem Thema zu beschäftigen?
- Was interessiert mich besonders?
- Wie viel Zeit möchte ich zum Erlernen der Fähigkeit oder zum Aneignen des Wissens aufwenden?
- Was sind die geeigneten Lernunterlagen, Lehrer, Tutorials, Kurssysteme?

- Welches Ziel verfolge ich, also welche Wirkung in meinem Leben soll spürbar sein?
- Welches Ergebnis erwarte ich?
- Wer kann mir helfen, zum Beispiel als Lernpartner oder als Mentor?
- Was bin ich bereit zu investieren, um diesen Lernerfolg noch weiter zu beschleunigen?
- Warum widme ich mich in den nächsten zehn Wochen voll und ganz diesem Thema?
- Welche Techniken haben in der Vergangenheit die besten Ergebnisse beim Lernen erzielt und wie kann ich diese Techniken auch auf das neue Wissensgebiet anwenden?

Machen Sie sich immer wieder bewusst, dass Fleiß stets Talent schlägt. Zumindest habe ich das in der Vergangenheit bei meinen Trainings immer wieder festgestellt. Selbst wenn jemand aus einer Ärztefamilie kommt und über alle Möglichkeiten verfügt, um ein hervorragender Mediziner zu werden, so kann es dennoch sein, dass der Nachbar, dessen Eltern Handwerker sind, aufgrund seines Fleißes den ersten im Medizinstudium um Längen überholt und ihm fachlich deutlich überlegen ist.

Lassen Sie sich bei Ihrem Vorhaben auch niemals von inneren Dialogen, wie zum Beispiel »ich verstehe das nicht, ich brauche das nicht, ich habe keine Zeit, ich habe kein Geld, ich habe keine Lust, ich mache das morgen, ich delegiere das oder Ähnlichem« abhalten.

Ein weiterer Irrtum, der mir beim Training seit über 20 Jahren immer wieder begegnet, ist dieses Gefühl mancher Lernender, dass man erst ein bestimmtes Niveau einer Fertigkeit erlangen oder einen bestimmten Wissensstand erreicht haben muss, bevor man sein Wissen oder seine Fähigkeit der Öffentlichkeit präsentieren kann. Ich habe das bei der Ausbildung von Hypnosetherapeuten erlebt, die erst ab dem Zeitpunkt der abgeschlossenen Ausbildung mit der Hypnose anderer beginnen wollten, oder bei Musikern, die erst ein bestimmtes Repertoire an Liedern spielen können wollten, bevor sie vor einem Publikum auftreten würden. Ganz typisch ist das Denken auch beim Lernen von Fremdsprachen. Die meisten Kursteilnehmer kommen in der Annahme zum Training, dass man diese Sprache erst einmal fließend sprechen können müsse, bevor man sie überhaupt anwendet. Das ist ein Irrtum, der leider immer noch sehr weit verbreitet zu sein scheint, und meine Erfahrung zeigt, dass diejenigen, die einfach loslegen und sprechen, deutlich bessere Erfolge erzielen.

Sie werden ein Musikinstrument, eine Sprache oder ein Fachgebiet niemals zu 100 Prozent beherrschen können. Es wird immer jemanden geben, der besser ist als Sie, und immer sehr viele Menschen geben, die weniger gut sind. Aus diesem Grund wenden Sie das Gelernte oder die Fertigkeit so bald wie möglich an, denn nur so können Sie ein unmittelbares Feedback bekommen und wissen, wo Sie noch Entwicklungspotenzial haben. Und denken Sie daran: Auch ein Fußball-Weltmeister trainiert jeden Tag, obwohl er ja eigentlich schon das größte Ziel erreicht hat, das er in seiner Karriere erreichen kann. Aber er trainiert trotzdem jeden Tag weiter, um sein Fitnesslevel zu erhalten und seine Leistung stetig zu verbessern.

Fremdsprachen – die Königsdisziplin des Lernens

Fremdsprachenlernen hat es in sich!

Das Lernen von Fremdsprachen ist die Königsdisziplin des Lernens, denn es gibt kaum einen anderen Bereich des Wissenserwerbs, der dem Lernenden derart viel Engagement abverlangt. Möchten wir eine Fremdsprache erlernen, so müssen wir mit allen Sinnen in den Lernprozess eintauchen, das bedeutet, wir müssen sowohl in der Fremdsprache lesen, hören und fühlen.

Darüber hinaus kann ein und derselbe Satz an unterschiedliche Personen gerichtet ganz verschiedene Reaktionen hervorrufen. Nehmen wir als Beispiel den Satz *Ich liebe dich*. Wenn Sie diesen Satz Ihrer Frau sagen, dann wird das eine andere Reaktion hervorrufen, als wenn Sie diesen Satz Ihrem Chef gegenüber oder in dessen Beisein an seine Frau gerichtet äußern.

Spaß beiseite: Kein anderer Lernprozess auf dieser Welt ist so anspruchsvoll wie das Lernen von Fremdsprachen, denn Sie lernen nicht nur mit allen Sinnen, sondern Sie sind durch die ständige Interaktion mit den Mitmenschen während des Anwendens einer Fremdsprache in einem Zustand erhöhter emotionaler Anspannung, die aus dem natürlichen Bedürfnis resultiert, dem anderen sympathisch erscheinen zu wollen. Selbst das Musizieren vor Publikum ist weniger emotional, weil die Zuhörer trotz allem passiv bleiben und nicht mit Ihnen interagieren. Aber jede Lerntechnik, die Sie auf einem anderen Wissensgebiet anwenden können, hilft Ihnen auch, Ihre Fremdsprachenkenntnisse zu verbessern. Das Lernen von Fremdsprachen ist also tatsächlich die Königsdisziplin des Lernens und aus diesem Grund empfehle ich Ihnen,

Fremdsprachen als Trainingsfeld für Ihre *Speedlearning*-Erfahrung zu nutzen. Sie lernen nämlich nicht nur einfach Vokabeln oder grammatikalische Regeln zu behalten und aktiv anzuwenden, sondern Sie lernen auch zuzuhören, sich angemessen zu artikulieren, selbstbewusst auf Menschen zuzugehen und andere Kulturen zu verstehen sowie von ihnen zu lernen. Sie erhalten dadurch Zugang zu Wissen, das Ihnen aufgrund Ihres kulturellen Hintergrunds bislang verschlossen blieb. Nicht umsonst waren die Universalgelehrten aus früheren Zeiten auch Reisende, die sich in fremden Ländern und anderen Kulturen Inspiration und fachlichen Austausch holten. Das Erlernen einer Fremdsprache verhilft Ihnen außerdem dazu, künftig Ihre Muttersprache besser verstehen und händeln zu können.

Darüber hinaus ist es wissenschaftlich erwiesen, dass Menschen, die mehrere Sprachen sprechen, auf der einen Seite seltener an psychischen Krankheiten wie beispielsweise Depressionen, Panikattacken oder Demenz erkranken und auf der anderen Seite privat und beruflich erfolgreicher sind als Menschen, die nur ein, zwei oder gar keine Fremdsprachen beherrschen. Der Grund hierfür liegt auf der Hand:

Durch das Lernen und die beständige Anwendung von Fremdsprachen werden die Gehirnzellen trainiert (wie ein Muskel) und für eine gute Durchblutung Ihres Gehirns gesorgt. Das Gehirn steuert alle wichtigen Abläufe im Körper. Somit ist klar, dass sich das Fremdsprachenlernen positiv auf Ihre Gesundheit auswirkt. Durch die positivere innere Einstellung gegenüber anderen Kulturen, die Sie automatisch entwickeln, wenn Sie sich umfangreich mit Fremdsprachen beschäftigen, erscheinen Ihnen andere Kulturen weniger fremd, sodass sich grundsätzlich Ihre Anspannung, die Sie möglicherweise in Bezug auf andere Kulturen, aus welchen Gründen auch immer haben, löst und sich in Neugier und Freude über die gewonnenen Erkenntnisse, Eindrücke und Freundschaften verwandelt.

Die Funktion einer Sprache

Jede Sprache verfügt über vier **Funktionen**:

- Kontaktaufnahme,
- Kommunikation,
- sie dient dem Ausdruck des inneren Erlebens
- und schafft Kulturverständnis.

Wenn Sie eine Sprache aktiv anwenden wollen, müssen Sie mit Menschen in Kontakt treten. Gehen Sie auf die Straße und begrüßen Sie jeden Tag mindestens fünf wildfremde Menschen in der Sprache, die Sie aktuell gerade lernen. **Nehmen Sie Kontakt auf!** Denken Sie einmal an eine Mutter, die sich nur wenige Minuten nach der Geburt mit ihrem neugeborenen Kind unterhält. Sie spricht mit dem kleinen Wesen wohlwissend, dass dieses wundersame Geschöpf inhaltlich kein Wort von dem versteht, was die Mutter zu ihm sagt. Dennoch tut sie es, um Kontakt aufzunehmen, um dem Kleinen ein Gefühl der Geborgenheit zu geben und um beruhigend auf es einzuwirken, denn durch Stimme vermittelt man nicht nur Inhalt, sondern auch Stimmung und Emotion.

Je besser Ihr Selbstvertrauen entwickelt ist, desto mehr positive Stimmung und dem Gespräch zuträgliche Emotionen werden Sie an Ihre Zuhörerschaft übertragen. Aus diesem Grund ist es von großer Bedeutung, dass Sie von Anfang an den Kontakt zu den Menschen suchen, um mit Ihnen in der Zielsprache zu sprechen, damit Sie sich sehr bald immer wohler mit dieser Sprache fühlen.

Kommunikation findet überall statt! Überall da, wo Sie etwas zu fragen oder zu erzählen haben, zum Beispiel bei einer Hotelreservierung oder im Rahmen von Smalltalk. Beispielsweise, wenn Sie jemanden in der Muttersprache begrüßen und Ihr Gegenüber fragen, ob er Ihre Zielsprache spricht. Dann erkundigen Sie sich nach dem Weg zu Ihrem Hotel oder zu einem Restaurant. Erweitern Sie die Gespräche schrittweise um für Sie relevante Themen.

Sobald Sie sich in der Kommunikation der Zielsprache wohlfühlen, sind Sie bereit für die dritte Funktion einer Sprache: **der Ausdruck inneren Erlebens**. Hier beginnt es nun emotional zu werden! Das ist der Punkt, an dem die meisten Lernenden, die eine Sprache ausschließlich in der Schule, im Studium oder in Sprachkursen gelernt haben, scheitern. Denn jetzt werden ganz wunderbare biochemische Abläufe in Ihrem Gehirn freigesetzt, die entweder zu einem angenehmen oder zu einem weniger angenehmen Gefühl führen. Man könnte diese Zustände auch als Trance bezeichnen und Sie können diese Tranceprozesse in Ihrem Körper entweder dem Zufall überlassen oder sie kontrollieren.

Trance meint in diesem Zusammenhang eine Fokussierung, also eine Einschränkung Ihrer Aufmerksamkeit. Stellen Sie sich zum Beispiel vor, dass Sie im Ausland in einem Restaurant sitzen und gerade Ihr Essen bekommen haben und jetzt feststellen, dass die Austern irgendwie merkwürdig schmecken. Nun möchten Sie dem Kellner gerne mitteilen, dass Sie der Meinung sind, dass diese Austern ungenießbar sind. Wenn es Ihnen nun an Fremdsprachenkenntnissen fehlt, so mangelt es Ihnen an Fähigkeit, sich elegant und trotzdem auf den Punkt gebracht in Ihrer Zielsprache auszudrücken oder sogar zu beschweren. Ihnen bleibt ausschließlich die Option, durch aggressives Kommunizieren Ihrem Missfallen Ausdruck zu verleihen. Professionell hingegen ist es, durch Ausdruck inneren Erlebens auf wertschätzende und doch eindeutige Art und Weise Ihre Beschwerde vorzutragen und so Ihrem Gegenüber die Möglichkeit zu geben, ebenso professionell und in Ihrem Sinne darauf zu reagieren. Viele Menschen, welche die Stufe des inneren Erlebens meistern, kommunizieren auch in ihrer Muttersprache in emotional aufreibenden Situationen anders, als es ihre lebensunerfahreneren Mitmenschen tun. Es ist somit vollkommen unerheblich, welche Sprache Sie sprechen. *Sobald Sie Ihre Fremdsprachenintelligenz weiter entwickeln, verbessert sich auch die Sprachkompetenz in Ihrer Muttersprache.*

Die vierte Funktion von Sprache ist das **Kulturverständnis**. Kulturverständnis meint die Fähigkeit, Ironie, Sarkasmus, Humor,

Redensarten, Sprichwörter, Moral und kulturelle Besonderheiten zu erkennen und für sich zu nutzen. Erinnern Sie sich an die polnische Hochzeit meines besten Freundes Timo. Nun ist uns klar, dass es in Polen eine Selbstverständlichkeit zu sein scheint, als Gast einer Hochzeit das traditionelle Lied »*Sto lat*« auswendig zu lernen, um bei diesem wirklich wichtigen kulturellen Ereignis ein Teil der Hochzeitsgesellschaft sein zu können. Für alle Leser, denen in absehbarer Zeit die große Ehre zu Teil wird Gast auf einer polnischen Hochzeit zu sein, hier kurz der wichtigste Teil des Liedes:

»Sto lat, sto lat,
Niech żyje, żyje nam.
Sto lat, sto lat,
Niech żyje, żyje nam,
Jeszcze raz, jeszcze raz, niech żyje, żyje nam,
Niech żyje nam!«

Die Struktur einer Sprache

Jede Sprache folgt einer bestimmten Struktur.

Diese setzt sich zusammen aus der **Grammatik**, dem **Vokabular** und der **Phonetik** (Lehre von den sprachlichen Lauten). Dass Sie die Grammatik instinktiv erfassen, wenn Sie eine neue Sprache lernen, habe ich Ihnen anhand des Beispiels mit der kründlichen Rumpfe oben ausgiebig erörtert.

Die **Phonetik** einer Sprache trainieren Sie am besten durch Imitation ausländischer Slangs, wie Sie es vermutlich während der Schulzeit schon das ein oder andere Mal getan haben. Überraschen wird Sie jetzt vermutlich aber, dass 80 Prozent des Sprachverständnisses in Bezug auf das **Vokabular** ebenfalls instinktiv erfolgen. Schauen Sie sich hierzu einmal nachfolgende Wörter an:

Hotel, Bar, Cocktail, Mutter, Kind, Strand, Meer, Hai, Blut, Schrei.

Wenn Sie diese Wörter auf sich wirken lassen, dann entsteht in Ihrem Kopf eine Geschichte. Bei den meisten Menschen lautet diese in etwa: *Eine Mutter sitzt an der Hotelbar und trinkt einen Cocktail, während ihr Kind am Strand spielt und plötzlich im Meer von einem Hai angegriffen wird, und als die Mutter das ganze Blut sieht, stößt sie einen Schrei aus.*

Tatsache ist jedoch, dass das dort nicht steht. Diese Geschichte könnte auch so aussehen, dass eine Haimutter einen Schrei ausstößt, weil ihr Kind gerade an der Hotelbar geschlachtet wird, um aus dessen Blut einen Cocktail zuzubereiten. Allerdings entscheidet sich das Gehirn aufgrund bisheriger Lernerfahrungen spontan für die wahrscheinlichere Version der Geschichte. Es wird also ein Text, den wir zum ersten Mal lesen, mit Informationen aus der Vergangenheit abgeglichen und daraus die wahrscheinlichste, logischste und sinnvollste Geschichte konstruiert. Nehmen Sie zum Beispiel den nachfolgenden Satz, der so in der Zeitung stehen könnte:

Soldaten zwöchern in Syrien.

Im Moment des Lesens entsteht ein bestimmtes Bild in Ihrem Kopf und es werden unterschiedliche Möglichkeiten aufgezeigt, wofür das Wort *zwöchern* in diesem Zusammenhang stehen könnte. Wenn man nun den Satz etwas ändert in: *Soldaten zwöchern im Vatikan*, dann wird das Bild ein völlig anderes sein. Sie entwickeln ein bestimmtes Bild, das Sie mit Syrien (zumindest während Publikation dieses Buches im Jahr 2018) verbinden. Mit dem Vatikan wiederum verbinden Sie andere Dinge. Würden Sie hingegen ein sechsjähriges Kind fragen, was *zwöchern* in diesen beiden Sätzen bedeutet, dann bekämen Sie in beiden Fällen dieselbe Antwort. Also lassen Sie Ihren natürlichen Sprachinstinkt für sich arbeiten, wenn es darum geht, neue Wörter in einem bekannten Zusammenhang zu verbinden.

Sie kennen solche Lernphänomene auch bei Reisen in fremde Länder. Maria, eine italienische Freundin von mir, kam für eine

Woche nach Frankfurt, um ihre Sprachkenntnisse zu verbessern. Aufgrund ihres geringen Budgets buchte sie ein Hotel in einer Gegend, in der viele Frankfurter Frauen abends nur sehr angespannt auf die Straße gehen würden. Maria fragte mich, ob sie sich abends alleine in Frankfurt bewegen könne, denn sie habe gehört, dass die Stadt sehr gefährlich sei. Ich antwortete ihr, dass Frankfurt die Stadt der Banken sei und es keine Stadt in Deutschland gebe, wo die Menschen besser aufeinander und auf Gäste aufpassen würden – vor allem auf Frauen – als dort. Ich prophezeite ihr, dass sie während ihres Aufenthaltes ständige Hilfsbereitschaft durch weltoffene und wunderbare Menschen erfahren würde. Abschließend sagte ich ihr, sie sollte die Zeit in Deutschland genießen und wenn sich irgendetwas Unerwartetes ereignen sollte, dann reicht eine WhatsApp und ich würde sie aus jeder nur denkbaren misslichen Lage befreien. Wie Sie sich denken können, verbrachte Maria eine wundervolle Zeit in Frankfurt und erlebte durchweg positive Erfahrungen mit unseren Mitbürgern. Sie schrieb jeden Tag, wie begeistert sie sei, wie freundlich und hilfsbereit die Menschen seien und wie sehr sie Deutschland liebe. Was Sie im Leben erwarten, wird Ihnen widerfahren. Also achten Sie besser darauf, mit welchen Gedanken Sie Ihr Gehirn füttern – egal was Sie tun!

Über die Bedeutung der Verben

Jede Sprache ist nach dem Prinzip: *Wer macht was*? aufgebaut. Das heißt, das Verb ist der wichtigste Baustein eines Satzes, denn es beschreibt, wer etwas macht und in welchem Tempus dieses Geschehen stattfindet. Also ist es zum Führen der ersten Gespräche in einer neuen Sprache sinnvoll, sich mit den 80 wichtigsten Verben einer Sprache zu beschäftigen. Daraus bilden Sie dann sogenannte **Mastersätze** als Grundlage für Ihre Gespräche.

In meinem YouTube-Kanal[6] finden Sie einen Link zu einem Video, in dem ich erkläre, wie Sie sich die 80 wichtigsten Verben einer Sprache innerhalb von 60 Minuten mit einer speziellen, gehirngerechten Lerntechnik merken können. In dem entsprechenden Video finden Sie eine kleine Geschichte zur Memorisierung der ersten acht Verben. Diese Verben lauten: *Ich entspanne, ich möchte, ich suche, ich finde, ich nehme, ich habe, ich trinke* und *ich bin.*

Nehmen wir jetzt also an, Sie möchten gerne von der Stufe der **Kontaktaufnahme** als Funktion der Sprache auf die Stufe der **Kommunikation** aufsteigen, dann gehen Sie nicht einfach nur in die Stadt und begrüßen fünf wildfremde Menschen in Ihrer Zielsprache, sondern Sie erweitern das Gespräch: *Ich möchte ein Brot. Ich möchte ein Kilogramm Tomaten. Ich möchte dieses Paar Schuhe in braun.* Gleichzeitig können Sie mit dem Zusatz anderer Verben experimentieren: *Guten Tag, ich suche das Hotel Merian. Guten Tag, ich suche ein Schuhgeschäft. Guten Tag, ich suche das Kongresszentrum. Guten Tag, wo finde ich eine Bücherei? Guten Tag, wo finde ich den Bahnhof? Guten Tag, wo finde ich einen Taxistand?*

Im ersten Schritt gilt es einen **Mastersatz** zu kreieren, den Sie ziemlich schnell anwenden können. Anschließend weiten Sie diesen Satz aus. *Guten Tag, ich möchte dieses Paar Schuhe in braun* oder *Guten Tag, ich möchte dieses Paar Schuhe in braun, weil ich zu Hause schon viele schwarze Schuhe habe* oder *Guten Tag, ich möchte dieses Paar Schuhe in braun, weil ich zu Hause schon viele schwarze Schuhe habe, ich jetzt einen blauen Anzug gekauft habe und der Meinung bin, dass braune Schuhe besser dazu passen als schwarze.*

Somit ziehen Sie den Mastersatz »*Ich möchte Schuhe*« immer weiter in die Länge. Sie erweitern, was Sie schon kennen, mit Neuem.

Nehmen wir ein weiteres Beispiel: Setzen Sie sich entspannt zu Hause in einen Sessel und sagen sich in Ihrer Zielsprache: *Ich entspanne mich.* Dann gehen Sie in die verschiedenen Räume Ihres Hauses und sagen Sie sich: *Ich entspanne mich im Flur, ich entspanne mich in der Küche, ich entspanne mich im Wohnzimmer* und so weiter.

Sobald Sie das beherrschen, spielen Sie mit den Tempora. *Heute entspanne ich mich im Garten, gestern entspannte ich mich im Park. Morgen werde ich mich im Theater entspannen.*

Diese Mastersätze bilden die Grundlage für die Gespräche, die Sie im Alltag in der »freien Wildbahn« mit den Menschen führen.

In 20 Minuten zum Ziel

Sie sollten nie länger als 20 Minuten für eine Lerneinheit aufwenden. Bereits nach 20 Minuten beginnt Ihr Gehirn damit, Gelerntes zu überschreiben.

Worin besteht nun das Geheimnis des Fremdsprachenlernens zur Vorbereitung auf die »freie Wildbahn«? Was machen Menschen mit einer hoch entwickelten Fremdsprachenintelligenz anders als der Durchschnitt?

Die Antwort ist so einfach wie logisch: Sie müssen Ihre Zielsprache von Anfang an praktisch anwenden, also sprechen, denn dafür wurde sie geschaffen. In der Vergangenheit war das geschriebene Wort eine Erfindung der Menschen, die mit dem gesprochenen Wort nicht überzeugen konnten. Man dachte, dass ein Wort, das ausgesprochen wird, im Winde verwehe, wohingegen das, was geschrieben steht, als wahr galt. Diesem Irrtum unterliegen wir unbewusst heute noch. Unter anderen deshalb bitte ich Sie hiermit ausdrücklich all das, was Sie in diesem Buch lesen, auf Wahrheit und Effektivität zu überprüfen. Setzen Sie die Handlungsimpulse in diesem Buch aktiv um und überzeugen Sie sich davon, dass das, was hier geschrieben steht, Ihre Fremdsprachenintelligenz enorm verbessern wird.

Gestalten Sie aus dem Lernen, Verbessern oder Optimieren Ihrer Zielsprache ein Projekt mit einer Deadline, so wie Sie es aus der Schule, dem Studium oder dem Arbeitsleben kennen. Ein Projekt, das innerhalb einer bestimmten Frist abgeschlossen sein muss. Setzen Sie sich unbedingt für Ihr Fremdsprachentraining einen zeitlichen Rahmen. Dieser sollte **zehn Wochen** nicht überschreiten, besser sind jedoch **zehn Tage in Vollzeit**. Je mehr Zeit Sie sich zur Verfügung stellen, desto länger werden Sie brauchen. Das Parkinsonsche Gesetz besagt: »*Arbeit dehnt sich in genau dem Maße aus, wie Zeit für ihre Erledigung zur Verfügung steht.*[7]« Sie werden im Laufe der Zeit ein Gefühl dafür entwickeln, wann Ihr Gehirn eine Pause braucht und wann es besonders aufnahmebereit ist, um auch anspruchsvollere Texte in Ihrer Zielsprache zu bearbeiten.

Sie benötigen maximal zehn Wochen, um jede Sprache der Welt zu 80 Prozent in allen für Sie relevanten Situationen anwenden zu können. Für die restlichen 20 Prozent benötigen Sie im Übrigen den Rest Ihres Lebens. Auch in Ihrer Muttersprache verfügen Sie über kein 100-prozentiges Sprachverständnis, denn wenn Sie heute mit einem Fachartikel zu einem Thema konfrontiert werden, das Sie bislang beruflich oder privat nicht berührt hat, dann finden Sie darin mindestens drei Wörter, die Sie bis dato noch nicht kannten.

Nachdem Sie sich also entschieden haben, sich mit der Fremdsprache intensiv zu beschäftigen, an die Sie schon die ganze Zeit denken, während Sie dieses Buch lesen, tun Sie es richtig und verschwenden Sie keine Zeit.

Als ich im Jahr 2012 den inzwischen verstorbenen bulgarischen Sprachwissenschaftler und Übersetzer Petyo Angelov, der über 20 Sprachen beherrschte – sieben davon akzentfrei – fragte, welches die ersten drei Bücher waren, die er beim Studium der deutschen Sprache gelesen habe, so antwortete er mir: »*Also sprach Zarathustra*« von Friedrich Nietzsche, »*Kritik der reinen Vernunft*« von Immanuel Kant und »*Die Welt als Wille und Vorstellung*« von Arthur Schopenhauer.

Als ich ihn dann fragte, warum er nicht ein Kinderbuch, die Bildzeitung und einen Comic gelesen hätte, um sich auf einfachere Art und Weise in die Sprache einzufinden, antwortete er nur nüchtern: »*Ich hatte keine Zeit zu verlieren. Wenn ich eine Sprache lerne, dann innerhalb weniger Tage. Sobald ich Nietzsche, Kant und Schoppenhauer gemeistert hatte, konnte ich auch die Märchen, die Comics und die Bildzeitung verstehen – aber umgekehrt funktioniert das nicht.*«

Nehmen Sie sich dieses Prinzip zu Herzen. Verschwenden Sie keine Zeit und nutzen Sie die kommenden zehn Wochen nach Ihren Möglichkeiten, um sich und Ihre Fremdsprachenkenntnisse optimal auszubilden. So bringen Sie Ihre Zielsprache auf das für Sie optimale Niveau.

Wenn Sie international mitreden wollen, dann entwickeln Sie Fremdsprachenintelligenz und entwickeln Sie eine Liebe zu den Menschen, denen Sie begegnen werden. Bedenken Sie darüber hinaus, dass Sie mit der Verbesserung Ihrer Sprachkenntnisse und mit jedem neuen Begriff, den Sie lernen und aktiv anwenden, gleichzeitig auch Ihr deutsches Ausdrucksvermögen verbessern, sodass es sich in doppelter Weise lohnt, das Niveau der Zielsprache täglich zu steigern!

Eine Fremdsprache in 10 Wochen lernen

Nun möchte ich Ihnen konkret erklären, wie Sie eine Fremdsprache in zehn Wochen lernen können. Hierfür ist es zunächst wichtig zu wissen, welche Kriterien ein Sprachkurs, der im gewöhnlichen Buchhandel erworben werden kann, erfüllen muss, um Sie in zehn Wochen auf das von Ihnen angestrebte Sprachniveau zu bringen.

- **Texte**, die für den Sprachkurs verwendet werden, müssen sowohl in Deutsch als auch in der zu erlernenden Zielsprache abgedruckt sind. Es reicht nicht aus, nur die ersten sieben oder acht Kapitel als komplette Übersetzung vorliegen zu haben.
- Zudem ist ein **Grammatikteil** als integrierter Bestandteil des Kurses obligat, in dem Sie jederzeit gezielt nachschlagen können.
- Und schließlich müssen alle Textdialoge des Kurses zusätzlich als **Audioformat** vorliegen, damit Sie die Aussprache und das Hörverständnis trainieren können. Auf meiner Internetseite www.sven-frank.com habe ich eine Reihe von Kursen verlinkt, die ich empfehlen kann.
- Außerdem empfehle ich unterstützend **Bildwörterbücher** für die jeweiligen Sprachen. Diese sind wunderbar geeignet, um Vokabeln zu einem speziellen Thema mithilfe von Mindmaps innerhalb von kürzester Zeit zu lernen. So haben Sie mit der richtigen Motivation die Möglichkeit, neben Ihrem regulären Arbeitstag bis zu 70 Wörter pro Tag zu lernen. Auf meiner Internetseite www.sven-frank.com habe ich im

Shop eine Reihe von Onlinekursen zu verschiedenen Sprachen im Angebot.

Seien Sie jedoch etwas vorsichtig, wenn Sie zwei ähnliche Sprachen parallel lernen möchten, wie beispielsweise Spanisch und Italienisch oder Schwedisch und Norwegisch. Es ist sinnvoll, nach dem Erlernen einer Sprache aus einer bestimmten Gruppe (romanische Sprache, germanische Sprache, slawische Sprache) vor der Beschäftigung mit einer weiteren Sprache aus dieser Familie eine Sprache aus einer anderen Sprachenfamilie zwischenzeitlich zu lernen.

Das könnte wie folgt aussehen:

Sie starten mit einem Englischkurs für Fortgeschrittene, um Ihre bereits aus der Schulzeit vorhandenen Englischkenntnisse für den Einsatz in der »freien Wildbahn« aufzufrischen. Nach zehn Wochen strukturierten Trainings lassen Sie Ihrem Gehirn eine Ruhephase von ca. drei Monaten. Dann besorgen Sie sich einen Französischkurs für Engländer und lernen damit in den kommenden zehn Wochen Französisch. Es folgt eine weitere Pause von drei Monaten. Dann lernen Sie mit einem Russischkurs für Franzosen die nächste Sprache.

Apropos Russisch: Jetzt fragen Sie sich vielleicht, wie Sie am besten die Schrift einer Sprache lernen, die keine lateinischen Buchstaben verwendet? Grundsätzlich unterscheidet man zwischen zwei Arten von Schriften. Zum einen gibt es Schriften, die einem Alphabet folgen. Zu dieser Gruppe gehören unter anderem die lateinische, die russische, die griechische oder die arabische Schrift. Dann gibt es die Schriften, die keinem Alphabet folgen, wie zum Beispiel die chinesische Schrift. Bevor Sie sich die Mühe machen, eine Schrift zu lernen, die keinem Alphabet folgt, sollten Sie sich vorab Gedanken darüber machen, wie groß die Wahrscheinlichkeit ist, dass Sie wirklich in dieser Schrift schreiben müssen. Die meisten Sprachkurse, die sich mit derartigen Schriften beschäftigen, verwenden für das Erlernen der gesprochenen Sprache eine Lautschrift als Unterstützung. Im Gegensatz zu den alphabetischen Schriften, bei denen Sie nicht umhin kommen, diese zuerst zu lernen, weil auch in den Sprachkursen die Texte ausschließlich in dieser abgedruckt sind. Das Erlernen ausländischer Schriften, die einem Alphabet folgen, ist jedoch innerhalb von einer Stunde machbar und sollte daher kein Grund sein, sich gegen eine solche Sprache bei der Auswahl Ihrer nächsten Lernprojekte zu entscheiden. Nehmen Sie einfach einen deutschen Text und schreiben Sie ihn in der Schrift Ihrer Zielsprache ab. Das machen Sie dreimal 20 Minuten mit jeweils mindestens 60 Minuten Pause. Voilà, und schon haben Sie eine neue Schrift gelernt.

So sieht das in der Praxis aus:

Gehen wir das Fremdsprachenlernen ganz konkret an:
Nehmen Sie Ihren Sprachkurs und hören Sie sich dann in den ersten 20 Minuten die Tonaufnahme des gesprochenen Textes Ihres ersten Kapitels an. Schreiben Sie den Text auf und zwar so, wie Sie glauben, dass er geschrieben wird. Dabei geht es nicht darum, dass Sie den Text richtig aufschreiben, sondern dass Sie sich an die Laute und die Schrift gewöhnen. Nachdem Sie den Text nach Gehör geschrieben haben, vergleichen Sie ihn mit dem Originaltext.
Jetzt nehmen Sie einen Textmarker und markieren in dem fremdsprachlichen Text alle Wörter und Textpassagen, die Sie zu verstehen glauben. Als Nächstes lesen Sie sich die deutsche Übersetzung des Textes durch und markieren darin alle Wörter, Sätze oder Formulierungen, die Sie zukünftig in Ihren aktiven Sprachgebrauch übernehmen möchten.
Für den Rest des Tages nehmen Sie eine Liste von drei bis fünf Sätzen oder Formulierungen, die Sie mindestens fünfmal im Laufe des Tages aktiv anwenden. Angenommen, Sie hätten die Begrüßung »*Guten Tag, wie geht es Ihnen?*« in Ihrer Zielsprache als merkwürdig im Sinne von des Merkens würdig angestrichen, dann begrüßen Sie im Laufe des Tages noch mindestens fünf Menschen in Ihrer Zielsprache mit den Worten »Guten Tag, wie geht es Ihnen?« Praktizieren Sie diese Übungen in den vorgegebenen 20 Minuten so weit, wie Sie kommen. Sorgen Sie dafür, dass Sie am Ende der 20 Minuten mindestens ein Wort oder einen Ausdruck herausgeschrieben haben, den Sie im Laufe des Tages noch mindestens fünfmal auf der Straße im Gespräch mit anderen Menschen anwenden möchten.

Wenn Sie abends Ihre 20-Minuten-Einheit absolvieren, dann wiederholen Sie zunächst durch lautes Lesen den Text, den Sie vormittags gehört haben und fahren Sie dann fort, wie oben beschrieben. Arbeiten Sie sich so von 20-Minuten-Einheit zu 20-Minuten-Einheit, von Tag zu Tag, durch Ihren Kurs, ohne dass Sie die Übungen, die Ihnen in dem Lehrbuch vorgeschlagen werden, durchführen, und ohne dass Sie die Grammatikregeln auch nur eines Blickes würdigen. Sobald Sie eine Regelmäßigkeit oder ein Muster erkennen oder sich Ihnen Fragen aus Neugier auftun, zum Beispiel wie man über die Vergangenheit spricht, oder wie man ein Wort in den verschiedenen Personen dekliniert, dann schlagen Sie diese Information gezielt in dem Grammatikteil Ihres Buches nach. Denn nur so gewährleisten Sie, dass Sie sich diese grammatikalische Regel auch merken, weil Sie das Wissen von sich aus einfordern.
Machen Sie es sich ansonsten zur Gewohnheit, jeden Abend, bevor Sie einschlafen, noch einmal 15 bis 30 Minuten laut zu lesen. Gemeinsam mit einem Sprachpartner (dazu später mehr) gehen Sie nun die Situationen Ihres Alltags durch, denn Sie möchten ja das Vokabular in Ihrer Zielsprache erwerben, das Sie benötigen, um alle beruflichen und privaten Situationen zu meistern. Sobald Sie einen Satz in Ihrer Zielsprache gemeistert haben, erweitern Sie ihn um zusätzliche Bestandteile. Nehmen wir beispielsweise folgenden Satz: »*Ich suche ein Hotel.*« Jetzt erweitern Sie diesen Satz wie folgt:

»Ich suche ein Hotel im Stadtzentrum.«
»Ich suche ein attraktives Hotel im Stadtzentrum.«
»Guten Tag, ich suche ein attraktives Hotel im Stadtzentrum.«
»Guten Tag, können Sie mir bitte kurz helfen? Ich suche ein attraktives Hotel im Stadtzentrum.«
»Guten Tag, können Sie mir bitte kurz helfen? Ich suche ein attraktives Hotel im Stadtzentrum, weil ich völlig neu in dieser Stadt bin, mich deshalb noch nicht so gut auskenne und glaube, dass ein Hotel im Stadtzentrum eine gute Möglichkeit ist, um von dort aus alle Sehenswürdigkeiten und interessanten Lokalitäten der Region zu besichtigen und außerdem der optimale Zugang zu den öffentlichen Verkehrsmitteln gewährleistet ist.«

Sie merken: Dieser ewig lange Satz, den ich am Ende beschrieben habe, geht zurück auf den Mastersatz: »*Ich suche ein Hotel.*«

Es gibt neben dem Diktat und dem Markieren der Ihnen bekannten Textpassagen noch das laute Lesen und das aktive Sprechen als entscheidende Faktoren für das schnelle Erlernen einer Sprache. Sprache kommt von »sprechen« und deshalb sollten Sie von Anfang an Situationen in Ihrem Alltag provozieren, in denen Sie diese Sprache anwenden können. Egal, ob diese Wörter richtig ausgesprochen werden, egal, ob die Grammatik stimmt, und egal, ob Ihr Gegenüber Sie anfangs versteht. Wenn Sie sagen, dass Sie eine Sprache verstehen, dann bedeutet es nicht, dass Sie diese auch sprechen können. Wenn Sie behaupten, dass Sie eine Sprache sprechen, dann bedeutet es nicht automatisch, dass Ihr Gegenüber versteht, was Sie sagen. Dennoch können Sie nur dann dafür sorgen, dass Ihr Gesprächspartner versteht, was Sie sagen, wenn Sie diese Sprache aktiv sprechen, und wie bei allem, was man neu lernt, ist auch das Anwenden einer Sprache etwas, das von einer sehr zarten Pflanze zu einem Urwald heranwachsen muss, und am Anfang wird die Sprache einfach holprig unsicher und in manchen Punkten auch amüsant klingen.

Dieses Stadium des Lernens überwinden Sie dann in kürzester Zeit, wenn Sie die Sprache möglichst ständig anwenden. Es ist wie beim Sport oder beim Lernen eines Musikinstruments: Die Übung macht den Meister und deswegen sprechen Sie bitte unbedingt vom ersten Lernmoment an mit mindestens fünf Menschen am Tag in dieser Sprache. Und dabei muss es Ihnen vollkommen egal sein, ob diese Menschen Sie verstehen oder nicht. Wenn ich in Köln am Hauptbahnhof mein Sushi kaufe, dann begrüße ich die Verkäufer dort immer auf Japanisch und ich weiß, dass sie mich nicht verstehen, weil sie aus Vietnam kommen. Aber das ist mir egal! Die Jungs verkaufen Sushi – der kommt aus Japan, also spreche ich Japanisch mit denen. Und wenn ich einen China-Imbiss betrete, dann grüße ich freundlich mit »*Ni hao*« und es juckt mich nicht, ob mich der türkische Besitzer versteht.

Sobald Sie den kompletten Sprachkurs auf die Art und Weise, die ich oben beschrieben habe, durchgearbeitet haben, beginnen Sie Texte aus Bereichen, die Sie interessieren zu lesen. Das können Einträge bei Wikipedia sein oder aber Zeitschriften, Fachartikel oder Bücher in Ihrer Zielsprache.

Lesen Sie auch hier wieder 15 bis 30 Minuten (besser ist eine Stunde) pro Tag vor dem Zubettgehen laut und trainieren Sie ansonsten 20 Minuten zweimal pro Tag Ihren aktiven Wortschatz. Wenden Sie alle neuen Wörter in den Gesprächen mit fünf verschiedenen Menschen pro Tag aktiv an. Auf diese Art und unterstützt mit den anderen Techniken, die Sie in diesem Buch zum Lernen allgemein vermittelt bekommen, werden Sie innerhalb von zehn Wochen diese Sprache sprechen.

Suchen Sie den Kontakt zu Menschen, die mehrere Sprachen fließend sprechen, denn nur die können Ihnen motivierende Tipps geben, wie Sie die Sprache schnell lernen. Menschen, die selbst Probleme mit Fremdsprachen haben, werden Sie bremsen, frustrieren und im ungünstigsten Fall von Ihrem Vorhaben abbringen.

Diese Wörter sollten Sie als Erstes lernen

Haben Sie sich schon einmal überlegt, wie viele Wörter Sie im Alltag benutzen?

Es gibt Statistiken, wonach Sie bis zu Ihrem siebzehnten Lebensjahr mit 60.000 Wörtern in Kontakt gekommen sind, also Wörter oder Begriffe, die Sie jemals gehört oder gelesen haben. Dazu zählen auch Fachbegriffe, Ortsnamen, Vor- und Nachnamen und so weiter. Sie haben also einen passiven Wortschatz von 60.000 Wörtern in den ersten siebzehn Jahren Ihres Lebens erworben. 12.000 Wörter haben Sie in den ersten siebzehn Jahren Ihres Lebens mindestens einmal aktiv angewendet, das heißt selbst ausgesprochen oder selbst aufgeschrieben. Das sind genau 20 Prozent der 60.000 passiven Ausdrücke. In den nächsten siebzehn Jahren werden Sie also vermutlich wieder mit maximal 60.000 Wörtern in Kontakt kommen und Sie werden vermutlich maximal 12.000 Wörter aktiv gebrauchen. Das umfasst aber auch die Wörter, die Sie nur ein einziges Mal geschrieben oder ausgesprochen haben. In den ersten siebzehn Jahren waren Sie jedoch in der Schule und hatten dort

Kontakt zu verschiedenen Themenbereichen. Jetzt sind Sie vermutlich berufstätig und nutzen statistisch betrachtet daher deutlich weniger Wörter im Alltag, da Sie sich spezialisieren mussten.

Wir können uns aber hier dennoch die Statistik und vor allem die Mathematik zunutze machen. Nehmen wir an, dass wir 60.000 Wörter an Wortschatz abdecken möchten. Wenn wir nun das Pareto-Prinzip, die 80/20-Regel des italienischen Wirtschaftswissenschaftlers Vilfredo Pareto[8] zu Hilfe nehmen, dann steht fest, dass wir mit 20 Prozent des Wortschatzes einer Sprache 80 Prozent des Gesamtwortschatzes verstehen können. Das Pareto-Prinzip wird auch in anderen Lebensbereichen wirksam:

80 Prozent Ihrer Telefonate führen Sie mit 20 Prozent Ihrer Kontakte im Telefonverzeichnis.
80 Prozent des Umsatzes macht eine Firma mit 20 Prozent ihrer Maßnahmen. Genau das Gleiche gilt hier auch:
20 Prozent Kenntnis der Wörter eines Textes reichen aus, um 80 Prozent des Textes zu verstehen. Rechnen wir einmal nach:
Um einen Wortschatz von 60.000 Wörtern zu 80 Prozent verstehen zu können, reicht die Kenntnis von 12.000 Wörtern.
Um einen Wortschatz von 12.000 Wörtern zu 80 Prozent verstehen zu können, reicht die Kenntnis von 2.400 Wörtern aus.
Um einen Wortschatz von 2.400 Wörtern zu 80 Prozent verstehen zu können, reicht die Kenntnis von 480 Wörtern aus.

Jetzt eine Aufgabe an die Mathematiker unter den Lesern: Wie viel Prozent des Wortschatzes von **60.000** Wörtern können Sie mit einer Kenntnis von **480** Wörtern verstehen?

Das Ergebnis lautet **51** Prozent!

Das bedeutet, theoretisch reichen Ihnen 480 Wörter aus, um in den nächsten 17 Jahren alle möglichen Texte, mit denen Sie in Kontakt kommen, zu 51 Prozent verstehen oder 51 Prozent aller Aussagen, die Sie in Wort oder Schrift verfassen möchten, formulieren zu können.

Die Frage ist nun: Welche **480** Wörter sind das?

Auch das lässt sich ganz einfach herausfinden, indem Sie Ihre E-Mails durchgehen und sich hieraus die **480** Wörter filtern, die Sie in den letzten sieben Tagen geschrieben oder erhalten haben, denn hierbei handelt es sich um genau die Wörter, die Sie im Alltag benutzen und anwenden. Mit diesen Wörtern fangen Sie an, wenn es um die Erweiterung Ihres Wortschatzes geht.

Das sollten Sie niemals tun!

Es gibt ab heute ein ganz klares **Tabu** für Sie:

Auf die Frage: »*Do you speak English?* « (Sprache ist austauschbar) mit »*No, I don't speak English*« oder auch »*just a little bit*« zu antworten, denn dann geben Sie Ihrem Unterbewusstsein jedes Mal eine Selbstsuggestion, eine sich selbst erfüllende Prophezeiung. Sie beauftragen damit Ihr Unterbewusstsein, alles zu tun, was auch immer notwendig sein möge, diesen Satz zu bestätigen, also zu verhindern, dass Sie diese Sprache jemals auf dem Niveau beherrschen, das Sie anstreben.

Ihre Aufgabe besteht aber nun darin, Ihr Unterbewusstsein dazu zu motivieren, alles das zu tun, was auch immer notwendig sein mag, um innerhalb der nächsten zehn Wochen die Sprache, die Sie erlernen wollen, auf das Niveau zu bringen, das Sie sich wünschen. Ersetzen Sie also die Sätze bei der entsprechenden Frage durch: »*Ja, ich spreche XY und wenn Sie langsam sprechen, dann verstehe ich viel.* « Für den Fall: »*Yes, I do speak English and if you speak slowly, I understand a lot.* «

Wer die Sprache spricht, wird zur Party eingeladen. All das ist nur dann möglich, wenn Sie über ein hohes Maß an Fremdsprachenintelligenz verfügen.

Mit Ankern schneller zum Lernerfolg

Zu einem guten Gespräch gehört die richtige innere Einstellung. Es ist ein natürlicher Impuls unseres Unterbewusstseins, zunächst einmal allem Fremden gegenüber vorsichtig zu sein. So nähern wir uns auch einem neuen Wissensgebiet oder Thema instinktiv mit Vorsicht.

Wie beginnt man nun ein Gespräch in einer neuen Sprache? Zunächst einmal mit der richtigen inneren Einstellung – indem Sie Ankertechniken verwenden. Ein Anker ist ein immer wiederkehrender Reiz, der bei unserem Unterbewusstsein zu einer bestimmten körperlichen Reaktion führt.

Sie kennen diese Anker aus der klassischen Konditionierung von Iwan Pawlow, der jedes Mal, wenn er seinen Hunden Futter gab, eine Glocke ertönen ließ und irgendwann nur noch diese Glocke läuten musste, um den Speichelfluss bei seinen Hunden auszulösen. Sie können sich selbst genauso zu einem konditionierten Hündchen dressieren, das, sobald es Kontakt zur Zielsprache bekommt, reflexartig frohgestimmt, positiv und selbstbewusst in der Zielsprache kommuniziert. Dieser Anker könnte zum Beispiel ein spezielles Getränk sein, das Sie unter normalen Umständen nicht konsumieren würden und immer dann trinken, wenn Sie mit der Zielsprache in Kontakt treten. Eine andere Art von Anker könnte ein bestimmter Ort sein, an dem Sie sich immer mit dieser Zielsprache auseinandersetzen. Oder ein Accessoire beziehungsweise ein bestimmtes Kleiderstück, man denke hier zum Beispiel an eine Uniform oder Trainingsbekleidung, das Sie dazu animiert, in Ihrer Zielsprache zu kommunizieren. Sie können aber genauso gut einen Duftanker verwenden oder aber einen bestimmten Song, den Sie immer dann hören, wenn Sie sich mit dieser Sprache auseinandersetzen.

Jeder von uns kennt solche Anker, die meist zufällig entstanden sind. Dazu gehören der Duft eines bestimmten Parfums, das uns an einen geliebten Menschen erinnert, das Lied, das wir an unserer Hochzeit gehört haben oder ein Souvenir aus dem Urlaub, das uns immer wieder in die entspannte Stimmung versetzt. Gehen wir einmal davon aus, dass Ihr Anker eine Tasse schwarzer Kaffee mit Zucker ist. Normalerweise trinken Sie Ihren Kaffee mit Milch, aber jedes Mal, wenn Sie zum Beispiel Spanisch lernen, trinken Sie einen Kaffee schwarz mit Zucker. Und nun steht ein Telefonat mit einem spanischen Geschäftspartner an. Um sich auf dieses Telefonat einzustimmen, bereiten Sie sich eine Tasse schwarzen Kaffee mit Zucker vor und Ihr Gehirn kommt automatisch in die Trance, die notwendig ist, um sich an die Dinge zu erinnern, die Sie zum professionellen Umgang mit dem Kunden auf Spanisch benötigen.

Ihr Gehirn kommt also automatisch in die richtige Stimmung und Ihr Körper in eine positive Emotion. In einem anderen Fall erhalten Sie einen Anruf von einem Kunden aus Spanien, der, wie es die Spanier so häufig tun, in einer Geschwindigkeit spricht, die im Deutschen kaum zu erreichen ist. Nun setzen Sie einen antrainierten Mauersatz ein: *Un momento por favor. Tengo que ir a buscar una cosa y llamaré usted en cinco minutos* (Einen Moment bitte. Ich muss etwas holen und ich rufe Sie in fünf Minuten an). Dann gehen Sie in die Cafeteria, holen sich einen schwarzen Kaffee mit Zucker und rufen diese Person zurück. An dieser Stelle möchte ich noch zum Verständnis erwähnen, dass Sie natürlich diesen Kaffee auch einige Male im Zusammenhang mit der spanischen Sprache konsumiert haben müssen, um ihn als Anker für das Gespräch zu aktivieren. Die reine Zubereitung reicht vermutlich nicht aus.

Denken Sie bitte auch bei allem, was Sie an Fremdsprachenkenntnissen im aktiven Sprechen lernen, daran, dass die nonverbale Kommunikation ebenfalls internationalen Regeln folgt. Sorgen Sie also dafür, dass Sie in der Lage sind, nonverbal auf Ihre Gesprächspartner einzuwirken, zum Beispiel durch Spiegeln der Körpersprache oder durch die Verwendung von Signalwörtern, die Sie entsprechend in die Gespräche einfließen lassen und somit ein charmantes Kopfkino bei Ihren Gesprächspartnern auslösen.

Nehmen wir beispielsweise folgende Situation. Sie treffen sich mit einem Investor, von dessen Entscheidung es abhängt, ob Ihre Firma Insolvenz anmelden muss oder nicht. Oder formulieren wir das Ganze ein bisschen optimistischer. Von der Entscheidung dieses Investors hängt die Zukunft Ihres Unternehmens ab. Nun können Sie sich sicherlich vorstellen, dass Ihr Gesprächspartner seine Entscheidung für oder gegen Ihre Firma davon abhängig macht, ob er Ihnen vertrauen kann oder nicht. Gelingt es Ihnen nun, ihn von Ihnen zu überzeugen, so ist die Wahrscheinlichkeit groß, dass Sie diesen Investor für Ihr Projekt begeistern. Der Weg zum Ziel umfasst nun hier auch die unbewussten Kommunikationsarten, sodass Sie damit bewusst Einfluss auf die erste Einschätzung Ihres Gegenübers hinsichtlich der Frage, ob man Ihnen vertrauen kann oder nicht, nehmen können.

Unser Unterbewusstsein sucht nach Hinweisen und Informationen, die dem Gehirn vertraut sind. Das bedeutet also, dass Sie von Anfang an vermeiden sollten, auf Ihren Gesprächspartner fremd zu wirken. Nun können Sie das in bestimmten Situationen nicht immer vermeiden, Sie haben jedoch die Möglichkeit, dem Unterbewusstsein durch nonverbale Kommunikation zu suggerieren, dass man sich schon länger kennt und dass man sich vertrauen kann beziehungsweise auf einer Wellenlänge ist.

Wie funktioniert das nun? Ihnen dürfte die Tatsache bekannt sein, dass wir uns am wohlsten in der Gegenwart eines Menschen fühlen, mit dem wir etwas gemeinsam haben. Ein Lachen ist dann ansteckend, wenn wir die lachende Person sympathisch finden. Auf gleiche Weise verhält es sich aber auch mit Mitgefühl. Sie können noch so emotional sprechen, wenn Ihr Gegenüber nicht das Gefühl hat, dass Sie sympathisch sind, dann wird er sich davon kaum beeindrucken lassen.

Nutzen Sie hingegen die nonverbale Kommunikation, indem Sie die Körpersprache Ihres Gegenübers spiegeln, seine Wörter verwenden (nicht nur, indem Sie seine Sprache sprechen, sondern auch indem Sie seinen Ausdruck und die Art, wie er spricht, die Betonung und spezielle Fachbegriffe verwenden) erhöhen Sie die Aufmerksamkeit Ihres Gegenübers und Sie werden es leichter haben, eine vertrauensvolle Atmosphäre zu schaffen.

Es lohnt sich also, sich neben der unmittelbar sprachlichen Kompetenz auch über die nonverbalen Möglichkeiten zu informieren. An dieser Stelle kann ich Ihnen den Podcast zum Thema interkulturelle Kommunikation »Deutschland und andere Länder« von Anna Lassonczyk wärmstens empfehlen.

Nun sprechen Sie die Sprache fließend …

Wie werden Sie also merken, dass Sie eine Fremdsprache fließend beherrschen?

Ganz einfach: Sie beherrschen eine Sprache dann fließend, wenn Sie fünfzehn Minuten lang entspannt zu Ihrem Fachgebiet und Ihrer Kernkompetenz einen freien Vortrag halten können.

Sie kennen mit ziemlicher Wahrscheinlichkeit den Satz: Es gibt keine zweite Chance für den ersten Eindruck. Genau das Gleiche gilt für den Erstkontakt auf internationaler Ebene. In den ersten Sekunden entscheidet Ihr Zuhörer, wo er Sie einzuordnen hat.

- Kategorie »Armes Würstchen« – versteht unsere Sprache nicht.
- Kategorie »Cooler Typ« – spricht unsere Sprache ein bisschen.
- Kategorie »Profi« – Vorsicht, der spricht unsere Sprache fließend.
- Kategorie »Zielperson« – den will ich in meinem Netzwerk haben, weil er international etwas zu sagen hat.

Es ist nicht notwendig, in einer anderen Sprache über die Rolle der Frau während der Französischen Revolution unter besonderer Berücksichtigung des Veganismus im Mittelalter sprechen zu können, wenn Sie auf einem Kongress zum Thema innovative Techniken, moderne Architektur oder Schlüssellochverfahren bei minimalinvasiver Leistenhernien-OP einen Vortrag halten sollen. Aber es ist wichtig, dass Sie Ihr Fachgebiet beherrschen und denken Sie bei Ihren Vorbereitungen immer daran: Wer die Sprache spricht, wird zur Party eingeladen.

Bekanntlich werden die wirklich wichtigen Geschäfte außerhalb des Protokolls getätigt. Also sorgen Sie auch dafür, dass Sie Smalltalk halten können, unter anderem zu Themen, die Ihr Leben betreffen, Ihre Familie, Ihre Hobbies, ein bisschen von Ihrem Privatleben. Absolute Tabuthemen hingegen sind für Sie als Geschäftsmann die Bereiche Politik, Religion, Gesundheit und Fußball.

Stellen Sie sich nun vor, dass Sie es geschafft haben: Der Vortrag auf einem Kongress steht unmittelbar bevor. Es ist nun Ihre Aufgabe, diesen Vortrag in Ihrer Zielsprache vorzubereiten. Hierbei stellt sich als Erstes die Frage, wie viele Wörter Sie wohl benötigen werden, um diesen Vortrag zu halten, anschließend im Rahmen einer Podiumsdiskussion Rede und Antwort zu stehen, darauf beim Sektempfang über Ihr Thema und artverwandte Bereiche diskutieren zu können und nach Ende der offiziellen Veranstaltung im privaten Bereich mit den Menschen reden, Smalltalk und eventuell auch Gespräche abseits des Protokolls führen zu können.

Erinnern wir uns daran, dass der Mensch in den ersten 17 Jahren seines Lebens mindestens 60.000 Wörter einmal gehört oder gelesen hat. Das ist auch das Vokabular, das Sie in den herkömmlichen, altmodischen Print-Wörterbüchern an Einträgen vorfinden. Nehmen wir nach Vilfredo Pareto weiter an, dass wir mit 20 Prozent unseres Wissens 80 Prozent von der Gesamtheit aller Texte abdecken können, dann kommen wir auf eine Zahl von 12.000 Wörtern.

Das bildet die Anzahl an Vokabeln, von der man annimmt, dass Sie sie in den ersten 17 Jahren Ihres Lebens mindestens einmal selbst geschrieben oder ausgesprochen, also aktiv angewendet haben. Nehmen Sie davon erneut 20 Prozent, so landen Sie bei 2.400 Wörtern. Jetzt verfügen Sie über einen hinlänglichen Wortschatz, um über alle relevanten Themen Ihres beruflichen und privaten Lebens zu sprechen. Weil Sie nicht mehr in der Schule sind und kein so umfangreiches Themenspektrum wie damals mit Fächern wie Erdkunde, Chemie, Sozialkunde und anderen Fächern mehr abdecken müssen, sondern auf einen bestimmten Fachbereich im Beruf und eine gewisse Anzahl an Hobbys im Privatleben fokussiert sind, können Sie tatsächlich davon ausgehen, dass Ihnen 2.400 Wörter ausreichen.

Wenn Sie sich, wie oben erwähnt, nicht mit der französischen Revolution auseinandersetzen, dann werden Sie das Vokabular, das Sie benötigen, um über die Rolle der Frau während der Französischen Revolution, unter besonderer Berücksichtigung des Veganismus im Mittelalter sprechen zu können, nicht benötigen. Und wenn Sie nie Campingurlaub machen, brauchen Sie das Vokabular, das auf einem Campingplatz verwendet wird, nicht als Ihre vorrangige Priorität einzustufen.

Nehmen wir nun diese 2.400 Wörter, von denen wir wissen, dass sie uns befähigen, über alle privaten und beruflichen Belange zu sprechen und schauen uns an, was passiert, wenn wir ein weiteres Mal 20 Prozent abziehen. So landen wir bei 480 Wörtern. Und mit diesen 480 Wörtern können Sie nun 80 Prozent aller Gespräche Ihres beruflichen und privaten Lebens abdecken. 480 Wörter sind innerhalb von drei Tagen zu meistern.

Nur der Vollständigkeit halber möchte ich an dieser Stelle nochmals erwähnen, dass Sie mit 480 Wörtern von dem anfangs erwähnten Wortschatz von 60.000 Wörtern 51 Prozent abdecken können. Ergo sind Sie mit einem Wortschatz von 480 Wörtern in der Lage, jeden Text, der Ihnen in den nächsten 17 Jahren in Ihrer Zielsprache begegnet, zur Hälfte zu verstehen. Vorausgesetzt, Sie leben in dem Land, in dem die Sprache gesprochen wird und Sie werden so umfangreich mit verschiedenen Gesprächsthemen konfrontiert wie in der Schule. Da Sie aber mit an Sicherheit grenzender Wahrscheinlichkeit einen kleineren Themenbereich zu meistern haben, liegt der Prozentsatz natürlich deutlich höher.

Nun gilt es herauszufinden, welche 480 Wörter gelernt werden müssen? Das ist relativ einfach. Es gibt ein Wortzählprogramm namens TextStat, das Sie sich kostenlos aus dem Internet herunterladen können und über das Sie Texte oder Internetseiten einlesen können. So finden Sie heraus, welches die am häufigsten verwendeten Wörter in den eingelesenen Texten sind. Sie haben nun die Möglichkeit, Ihre komplette E-Mail-Korrespondenz oder Fachartikel, Internetzeitschriften, E-Books und Ähnliches in dieses Textprogramm einzulesen und dadurch die für Sie relevanten Wörter zu filtern. Abgesehen davon finden Sie im Internet zusätzlich Listen mit den häufigsten deutschen Wörtern, die aufgrund von Literatur oder Filmuntertiteln erstellt wurden.

Eine weitere Möglichkeit, um an Fachwissen in der Zielsprache zu kommen, während Sie sich auf den besagten Vortrag vorbereiten, ist die Internetenzyklopädie **Wikipedia**. Geben Sie einen für Ihren Vortrag relevanten Suchbegriff ein und ändern Sie die Sprache, in der Sie Wikipedia verwenden, in Ihre Zielsprache.

Angenommen, Sie halten einen Vortrag über die Französische Revolution, dann tippen Sie diesen Begriff bei Wikipedia ein. Nach Bestätigung der Eingabe wird der deutsche Text über die Französische Revolution erscheinen und nun haben Sie die Möglichkeit, die Sprache, in der Wikipedia angezeigt werden soll, in eine große Anzahl von Sprachen zu ändern. Sie gelangen nicht zu der Übersetzung des deutschen Artikels, sondern zu dem Eintrag zu Ihrem Suchbegriff in der jeweiligen englischen, französischen, spanischen oder anderen Version der Internetenzyklopädie.

Informieren Sie sich zusätzlich über **Redewendungen** in der jeweiligen Sprache, denn im Rahmen eines Vortrages bieten sich Redewendungen als Zeichen von Kulturverständnis und Interesse an Ihren Zielgruppen auf jeden Fall an. Oftmals reicht es auch im Erstkontakt aus, wenn Sie auf eine Frage mit einem Sprichwort reagieren, um bei Ihrem Gegenüber einen positiven Eindruck zu hinterlassen und einem eventuellen kritischen Hinterfragen von Thesen beziehungsweise von Aussagen den Wind aus den Segeln zu nehmen.

Werden Sie während einer Podiumsdiskussion dann mit Fragen zu Ihrem Thema konfrontiert, bietet sich eine Technik an, die international als **Ping-Pong-Technik** bekannt ist. Hierbei verwenden Sie die Aussage des Fragenden, um Ihre Antwort zu formulieren. Werden Sie beispielsweise gefragt: »Glauben Sie, dass die Rolle der Frau während der Französischen Revolution, unter besonderer Berücksichtigung des Veganismus im Mittelalter, eine andere war als heute?« So nehmen Sie diese Wörter auf und antworten, wenn Sie dieser Aussage zustimmen mit: »Ja, ich glaube, dass die Rolle der Frau während der Französischen Revolution, unter besonderer Berücksichtigung des Veganismus im Mittelalter, eine andere war als heute.« Wenn Sie dieser Aussage nicht zustimmen, lautet die Antwort entsprechend: »Nein, ich glaube nicht, dass die Rolle der Frau während der Französischen Revolution, unter besonderer Berücksichtigung des Veganismus im Mittelalter, eine andere war als heute.« Mithilfe dieser Ping-Pong-Technik ermöglichen Sie es Ihrem Gesprächspartner, in seinem smarten und eloquenten Ausdrucksvermögen zu bleiben, ohne dass er die Notwendigkeit empfindet, in ein für Sie vereinfachtes Ausdrucksvermögen zu wechseln. Gleichzeitig können Sie sicher sein, dass Sie diese Frage angemessen beantwortet haben, man Sie als eloquent und sprachgewandt wahrnehmen wird und Ihr Gegenüber sicher sein kann, dass Sie die Frage auch richtig verstanden haben. Im Übrigen empfiehlt es sich, diese Ping-Pong-Technik auch in Ihrer Muttersprache anzuwenden. Therapeuten, die nach den Methoden von Carl Rogers arbeiten, beherrschen die Ping-Pong-Technik auf fast schon beeindruckende Art und Weise. Beim Militär sorgt die Ping-Pong-Technik zur Vermeidung von Missverständnissen bei der Vergabe von Anweisungen und Kommandos.

Mit Sicherheit werden Sie nach einer solchen Podiumsdiskussion im Rahmen des »Socializings« (der Kontaktpflege, dem Netzwerken oder einfach nur während der Party) von den Entscheidern beziehungsweise Ihrer Zielgruppe umschwärmt. Jeder möchte gerne mehr Kontakt zu Ihnen, möchte mit seinen Ohren an Ihren Lippen kleben und Ihr Wissen aufsaugen.

Außerdem möchte Ihnen jeder erzählen, was für ein toller Typ er ist. Ja, auf der Party beginnt das Ego-Gebalze. Man erkannte Sie während des Protokolls als das Alphatier und nun möchte sich jeder für Ihr Rudel bewerben. Stellen Sie also außerhalb des Protokolls auf jeden Fall Ihren Gesprächspartner in den Mittelpunkt. So werden Sie mehr Sympathiepunkte sammeln als mit weiterer Präsentation von Fachwissen.

Das ist vollkommen normal und sollte Sie an dieser Stelle nicht überraschen. Sie werden als ausländischer Redner auf einer großen Bühne, wenn Sie ohne Übersetzer auskommen, wie ein Guru gefeiert. Denken Sie nur an vergangene Entertainer wie Rudi Carell, der in unserem Land einen bemerkenswerten Bekanntheitsgrad erreicht hat, und das trotz oder gerade wegen seines hörbaren Akzents. An diesem Beispiel zeigt sich auch hier wieder einmal mehr: Wer die Sprache spricht, dem stehen international mehr Türen offen als anderen.

So beginnen Sie in einer Fremdsprache zu denken

Um eine neue Sprache in ihren Grundzügen zu lernen, sollten Sie maximal drei Tage benötigen. In zehn Tagen können Sie eine Sprache bereits in allen für Sie relevanten Bereichen so fließend anwenden, dass Sie im Kopf nicht mehr zu übersetzen brauchen. Anschließend reichen acht Wochen aus, um das praktische Anwenden der Sprache zu automatisieren.

Das Hin- und Herübersetzen im Kopf ist eine der größten Unarten, die Sie sich durch konservative Sprachlernmethoden angewöhnen können. Die Antwort auf die Frage »How are you« sollte in Ihrem Kopf nicht »Wie geht es dir?« lauten, sondern ebenfalls »How are you«. Anstatt also das Gehörte immerzu im Kopf zu übersetzen und dann auf Deutsch nach der Antwort zu suchen, diese wiederum zu übersetzen, um dann erst zu antworten, sollte die Reaktion auf eine Aussage oder Frage Ihres Gesprächspartners automatisch in derselben Sprache kommen.

Im Kampfsport spricht man von »Mizu no Kokoro« (ein Geist wie das Wasser). Darunter versteht man einen Geisteszustand der Ruhe, in dem man sich sofort jeder Situation anpassen kann. Dieser Geisteszustand bildet die Basis gelebter Fremdsprachenintelligenz.

Eltern können ihre Kinder schon von Anfang an dabei unterstützen, das Übersetzen im Kopf zu vermeiden. Anstatt dem Nachwuchs zu Beginn der Sprachentwicklung beizubringen, dass ein Hund bellt oder eine Katze maunzt, sollten Kinder sinnvollerweise zum Beispiel erlernen, wie sich die Menschen in Polen oder in Frankreich begrüßen. Denn in der Regel werden die Kinder mit unseren Nachbarn informativere Unterhaltungen führen als mit Hunden oder Katzen. Hierzu gibt es ein praktisches Holzpuzzle, das die Karte Europas zeigt und anhand dessen Sie bereits zweijährigen Kindern Geografie und Fremdsprachen spielerisch beibringen können.

Sobald Sie in der Zielsprache zu denken beginnen, sind Sie auf dem Weg zu einer verbesserten Fremdsprachenintelligenz. Ist Ihnen schon aufgefallen, dass Sie selbst im Traum Ihre Sprache dem Gesprächspartner anpassen? In einem Restauranttraum in Italien sprechen Sie mit Ihrer Frau vermutlich Deutsch und mit dem Kellner italienisch. Nur nebenbei gesagt wird auch im Traum der Kellner die Zielsprache besser beherrschen als Sie. Daraus folgt, dass unbewusst weitaus mehr Sprachkenntnisse abrufbar sind, als Sie sich bewusst sind.

Apropos Träume: Haben Sie sich auch schon einmal überlegt, wie Sie Ihren Schlaf nutzen können, um Ihre Fremdsprachenkenntnisse zu entwickeln? Es ist erwiesen, dass das Gehirn sich im Schlaf mit den Themen beschäftigt, die es in den letzten 20 Minuten vor dem Einschlafen bearbeitet hat. Wenn Sie nun vor dem Einschlafen einen Text in Ihrer Zielsprache lesen oder mit Entspannungsmusik in den Schlaf finden und im Anschluss über eine automatisierte Playlist in moderater Lautstärke Texte in Ihrer Zielsprache als Hintergrund zu Ihrem Schlaf laufen lassen, dann werden Sie am nächsten Morgen spüren, dass Texte, die Sie an dem Tag davor bearbeitet haben, gefestigt wurden.

Das Schlaflernen als solches erläutere ich im Verlauf des Buches aber noch genauer.

Mit Fremdsprachenintelligenz von sich überzeugen!

Haben Sie sich schon einmal gefragt, warum Ihr Chef möchte, dass ausgerechnet Sie ein ganz bestimmtes Projekt übernehmen? Den Aufbau oder die Leitung einer Niederlassung in Rom, die Ausbildung der Mitarbeiter in Schweden oder die Verhandlung mit den Investoren in Fernost. Der Grund, weshalb Ihr Chef Ihnen diese

Aufgabe übertragen möchte, ist, weil er der Meinung ist, dass Sie am besten dafür geeignet sind.

Wie stehen Sie dieser Herausforderung gegenüber? Die Entscheidung Ihres Chefs ist getroffen und Sie können diese Entscheidung akzeptieren oder aber eine Reihe negativer Selbstsuggestionen starten, die dazu beitragen, dass Sie sich überfordert fühlen oder im ungünstigsten Fall sogar glauben vorgeführt beziehungsweise gemobbt zu werden. Fakt ist jedoch, dass Sie als die Person, deren Aufgabe es in Zukunft sein wird, in einer anderen Sprache mit Kunden, Geschäftspartnern, Mitarbeitern, Investoren oder sonstigen Kontakten Ihrer Firma zu sprechen, über Macht verfügen, denn wer über das Wissen verfügt, der hat Einfluss im Unternehmen. Aus diesem Grund sollten Sie jede Herausforderung, die damit zu tun hat, dass Sie international Kontakte knüpfen können, annehmen. Denn hinter jedem einzelnen Kontakt, dem Sie begegnen werden, steht ein Mensch aus Fleisch und Blut mit einem interessanten Hintergrund, der Ihnen aber ohne adäquate Fremdsprachenintelligenz verschlossen bleiben würde.

Von besonderer Bedeutung ist, beruflich wie privat, wie Sie selbst auf andere wirken. Denn jedes Mal, wenn Sie ins Ausland gehen, wirken Sie repräsentativ. Gehen Sie geschäftlich ins Ausland, so stehen Sie synonym für Ihre Firma. Sobald Sie sich in einem Hotel, in dem Sie beispielsweise privat Ihren Urlaub verbringen, schlecht benehmen, wird hinterher gesagt werden, dass die Deutschen sich im Ausland nicht zu benehmen wissen. Treffen Sie für Ihre Firma einen Investor und verprellen ihn, dann wird man nicht sagen, der Hans Wurst von Underground Enterprices war inkompetent, sondern man wird sagen: Die Firma Underground Enterprices hat es verbockt.

Aber wenn Sie im Rahmen Ihrer Firma ein Meeting in der Zielsprache leiten oder einen brillanten Vortrag in der Sprache oder den Sprachen Ihrer Zuhörer halten, dann wird es hinterher heißen, dass der Hans Wurst bei uns der richtige Mann an der richtigen Stelle ist. Oder man wird sagen, er sei genau der Richtige für diese neue anspruchsvolle Herausforderung.

Eines Tages wird man das auch über Sie sagen können: Wir verdanken Ihnen den größten Coup in der Geschichte unseres Unternehmens! Überlegen Sie sich gut, wie Sie nach außen erscheinen möchten, wofür Sie stehen möchten und wofür Sie eintreten möchten – als Mensch, als Individuum oder als Global Player – und fragen Sie sich, wie es Ihnen gelingen kann, möglichst viele Türen zu öffnen, die anderen Menschen ein Leben lang verschlossen bleiben. Sobald Sie herausgefunden haben, wer Sie sein wollen und wofür Sie stehen, können Sie entscheiden, was die Menschen erleben sollen, wenn Sie Ihnen begegnen. Welchen Eindruck sie von Ihnen haben werden, wenn sie sich wieder verabschieden, und woran sie als Erstes denken werden, wenn sie Ihren Namen hören.

Haben Sie eigentlich eine Idee davon, wie sehr die deutschen Tugenden international geschätzt werden? Pünktlichkeit, Ordnung, Disziplin und Durchhaltevermögen machen deutsche Geschäftsleute zu zuverlässigen und kalkulierbaren Partnern. Die Tatsache, dass die Deutschen hingegen keinen Sinn für Mode haben, wird im Gegenzug als unwichtig eingestuft. Im internationalen Business haben sich die 13 Tugenden von Benjamin Franklin als nonverbale Erkennungszeichen erfolgreicher Geschäftsleute durchgesetzt. Wenn Sie diese Tugenden leben, können Sie Ihre Rotarier-Nadel zu Hause lassen:

- **Mäßigkeit:** Essen Sie nicht bis zum Stumpfsinn und trinken Sie nicht bis zur Berauschung.
- **Schweigen:** Sprechen Sie nur aus, was anderen und Ihnen selbst nützen kann. Vermeiden Sie unbedeutende Unterhaltung.
- **Ordnung:** Lassen Sie jedem Ding seine Stelle und jedem Teil Ihrer Geschäfte seine Zeit haben.
- **Entschlossenheit:** Nehmen Sie sich vor, durchzuführen, was Sie müssen und vollführen Sie unfehlbar, was Sie sich vornehmen.
- **Sparsamkeit:** Tätigen Sie keine Ausgabe, außer um anderen und sich selbst etwas Gutes zu tun, das heißt vergeuden Sie nichts.

- **Fleiß:** Verlieren Sie keine Zeit, seien Sie immer mit etwas Nützlichem beschäftigt und entsagen Sie aller unnützen Tätigkeit.
- **Aufrichtigkeit:** Bedienen Sie sich keiner schädlichen Täuschung, denken Sie unschuldig und gerecht und reden Sie entsprechend.
- **Gerechtigkeit:** Schaden Sie niemandem, indem Sie ihm Unrecht tun oder die Wohltaten unterlassen, die Ihre Pflicht sind.
- **Mäßigung:** Vermeiden Sie Extreme, hüten Sie sich davor, Beleidigungen so übel aufzunehmen, wie Sie es nach Ihrem Dafürhalten verdienen.
- **Reinlichkeit:** Dulden Sie keine Unsauberkeit am Körper, an Kleidung oder in der Wohnung
- **Gemütsruhe:** Beunruhigen Sie sich nicht über Kleinigkeiten oder über gewöhnliche oder unvermeidliche Unglücksfälle.
- **Keuschheit:** Üben Sie den geschlechtlichen Umgang selten, nur um der Gesundheit oder der Nachkommenschaft wegen, niemals bis zur Stumpfheit oder zur Schädigung des eigenen oder fremden Seelenfriedens, beziehungsweise des guten Rufes.
- **Demut:** Ahmen Sie Jesus und Sokrates nach[9]. Es ist davon auszugehen, dass ein jeder gleichermaßen in der Lage ist, in jeder Sprache von sich zu überzeugen.

Sobald Sie also die erste Fremdsprache gelernt haben, das Zehn-Wochen-Projekt also erfolgreich abgeschlossen haben, empfiehlt es sich, nach einer Pause von höchstens drei Monaten mit dem Erlernen der nächsten Sprache zu beginnen. Mit einem kleinen, aber entscheidenden Unterschied: Hatten Sie im ersten Projekt Kursunterlagen auf der Basis des Deutschen, so organisieren Sie sich jetzt Kursunterlagen in Ihrer Zielsprache.

Mit *Speedlearning* wecken Sie Ihr inneres Genie

Die richtige innere Haltung

Bisher waren Sie in Ihrem Fach der Experte, aber in Bezug auf den neuen Aufgabenbereich sind Sie Novize und als solcher lernen Sie am schnellsten durch Nachahmung. Das gilt auch für unternehmerisches Fachwissen oder interkulturelle Kommunikation.

Sie wissen bestimmt, wie sich zum Beispiel Amerikaner oder Franzosen anhören, wenn sie Deutsch sprechen. Nehmen Sie deren Slang beziehungsweise Akzent und ahmen Sie ihn nach. Dann ersetzen Sie die deutschen Wörter durch englische oder französische. So trainieren Sie die notwendigen Muskeln Ihrer Mundhöhle, um möglichst nah an die muttersprachliche Phonetik heranzukommen.

Dabei ist es wirklich wichtig, dass Sie die richtige innere Einstellung besitzen und damit meine ich eine vorurteilsfreie, offene, wertschätzende und neugierige Art, andere Menschen und andere Kulturen kennenzulernen. Denn je mehr Menschen und andere Kulturen Sie kennen, desto besser wird Ihre Fähigkeit, eine Fremdsprache als Ihre Muttersprache zu empfinden und umso mehr Lernbereiche eröffnen sich Ihnen.

Ich weiß nicht, ob Sie sich im Klaren darüber sind, was Sie alles von Menschen anderer Kulturen lernen können. Die Gastfreundschaft von den Arabern, die Disziplin und Höflichkeit von den Japanern, die Liebe zur Natur von den Skandinaviern, hochwirksame Lernmethoden von den Russen, den Umgang mit der Zeit von den Afrikanern, den Stellenwert der Familie von den Südländern und die Liebe zur eigenen Kultur von all unseren europäischen Nachbarn.

Lange Rede, kurzer Sinn: Je mehr andere Kulturen Sie erleben (und die Vereinigten Staaten von Amerika haben keine Kultur – die einzigen, die nicht als Flüchtlinge oder Importgüter in das Land gekommen sind, leben heute in Reservaten), desto mehr erleben Sie und spüren Sie, was Ihre Heimatkultur ausmacht, wo sich Ihre Wurzeln befinden und mit welchen Werten Sie sich identifizieren. Solange Sie jedoch Ihre eigene Kultur (auch die Unternehmenskultur) für die überlegene halten, werden Sie sich international immer ins Abseits stellen.

Vor Kurzem prahlte zum Beispiel ein US-amerikanischer Geschäftsführer damit, dass er jeden internationalen Gerichtsprozess gewann. Welch ein Armutszeugnis. Er hätte mich deutlich mehr beeindruckt, wenn es erst gar nicht zu solchen gerichtlichen Auseinandersetzungen hätte kommen müssen. Sein Problem war nämlich bisher immer, dass er bei einer Geschäftsbeziehung das Geschäft über die Beziehung stellte. Mit dieser Einstellung sind die Amerikaner allerdings weltweit so ziemlich die einzigen – wobei die Deutschen aufgrund ihres Effektivitätsgens aufpassen müssen, nicht in dieselbe Schiene zu geraten. Alle anderen Kulturen stellen die Beziehung in den Vordergrund, auf deren guter Basis dann die Geschäfte gemacht werden. Wie dem auch sei – nach drei intensiven gemeinsamen Tagen und sechs Hypnosen änderte der besagte Geschäftsführer sein Verhalten im internationalen Business und investiert seither das Geld, das er bisher für Anwälte ausgab, in Beziehungsaufbau.

Bei allem Umgang auf internationaler Ebene brauchen Sie Ihre Verbundenheit mit Ihren Wurzeln niemals zu verbergen. Es macht also nichts, wenn man hört, dass Sie kein Muttersprachler sind. Begrüßen Sie an der Rezeption in einem Hotel den Rezeptionisten auf Deutsch und wechseln Sie dann in die Zielsprache. Allerdings sollte Ihr Gegenüber stets merken, dass Sie sich für ihn (oder sie) sowie seine Kultur und sein Land interessieren, um davon für Ihr Leben zu lernen.

Begrüßen oder bedanken Sie sich gerne auch bei Geschäftsleuten in Ihrer Muttersprache. Sagen Sie Dinge wie »wunderbar« oder »fantastisch«, von denen Sie wissen, dass sie international verstanden werden, weil sie einen Teil des internationalen Wortschatzes bilden. Aber sprechen Sie diese Wörter deutsch aus, um in dem Augenblick einen Hauch Ihrer Kultur mit einfließen zu lassen. Das zeigt, dass Sie sich wohlfühlen, dass Sie entspannt sind, und vor allem, dass Sie authentisch sind.

Lernen von anderen: Anpassen und Spiegeln

Etwas, dass Sie sich auf jeden Fall im Umgang mit Menschen, die Meister des Faches sind, das Sie gerade zu lernen im Begriff sind, zunutze machen können, ist die Tatsache, dass sich Ihr Gegenüber Ihnen immer anpassen wird. In der Welt des Lernens nennt man das »Spiegeln«.

Sie kennen das Phänomen des Spiegelns selbst aus dem Umgang mit Menschen, die nur gebrochen Deutsch sprechen. Mit der Zeit fangen Sie an, Ihr sprachliches Niveau auf das Ihres Gesprächspartners zu senken, weil Sie davon ausgehen, dass Ihr Gegenüber Sie dann besser verstehen würde.

Gleichzeitig kennen Sie Situationen, die Sie maßlos überfordern, weil Sie einen Satz in Ihrer Zielsprache perfekt anwenden möchten und dazu tendieren, das möglichst schnell und flüssig zu tun, vergleichbar mit Ihrer Muttersprache.

Nehmen wir zum Veranschaulichen eine konkrete Situation: Sie stehen an einem Ticketschalter und möchten eine Zugfahrkarte von Frankfurt nach Hamburg kaufen. Dann werden Sie zu der Mitarbeiterin am Fahrkartenschalter mehr oder weniger Folgendes sagen: »Guten Tag, ich möchte bitte eine Hin- und Rückfahrkarte für den ICE von Frankfurt nach Hamburg, 1. Klasse, Hinfahrt heute um 15.37 Uhr, Rückfahrt am Sonntag um 21.04 Uhr mit einer Platzreservierung am Fenster mit Tisch im Ruhebereich des Nichtraucherabteils.«

Wenn Sie nun versuchen, diese komplexe Information in einer anderen Sprache, die Sie noch nicht emotional beherrschen, zu formulieren, dann bieten Sie sich selbst eine große Bandbreite an

Möglichkeiten, sich falsch, fehlerhaft oder anders als geplant auszudrücken. So werden Sie am Ende nervös oder verkrampft klingen und wenig souverän im Umgang mit dieser Sprache auf Ihren Gesprächspartner wirken.

Wenn Sie hingegen die Information für die Mitarbeiterin am Fahrkartenschalter aufteilen, dann wird Ihnen der Mitarbeiter nach jeder Teilaussage Fragen stellen, auf die Sie dann mit kurzen Antworten und der wahrscheinlich korrekten Anwendung der Sprache reagieren können.

Auch für andere Fachbereiche gilt das Prinzip des Spiegelns. Je mehr Sie das Fachvokabular Ihres Gegenübers korrekt anwenden können, umso kompetenter wirken Sie. Es reichen in der Regel 20 bis 30 Fachbegriffe, um einem Informatiker, einem Investmentbanker, einem Archäologen oder einem Atomphysiker den Eindruck zu vermitteln, dass er sich mit seinesgleichen unterhält. Das wiederum führt dazu, dass sich der Fachmann oder der Experte in Ihrem Beisein entspannt und sich Ihnen öffnet. Somit gerät er ins Plaudern und wird Ihren Wissenshorizont durch seine fachkundigen Ausführungen erweitern. Nirgends lernt man schneller und besser als in Gegenwart von Fachleuten, die voller Begeisterung von ihrem Spezialgebiet erzählen.

Sie nutzen also hierbei das Pareto-Prinzip, das davon ausgeht, dass Sie nur über 20 Prozent Wissen zu einem Thema verfügen müssen, um sich zu 80 Prozent aller Themen fachkundig äußern zu können.

Nehmen wir zur Veranschaulichung einmal an, dass Sie gerne Klavierspielen lernen möchten. Sie kaufen sich ein E-Piano und abonnieren den YouTube-Kanal »Werdemusiker« von Thomas Forschbach[10]. Dort bekommen Sie anhand anschaulicher Tutorials Klavierspielen nach Gehör vermittelt. Auch ich habe so schneller Klavierspielen gelernt, als es mir ein analoger Lehrer je zu vermitteln vermochte.

Jetzt kommt es auf Ihr persönliches Ziel an. Bei mir war es, beim Klavierspielen zu entspannen und gelegentlich – wenn sich die Situation ergibt – anderen Menschen durch meine Musik eine Freude zu bereiten.

So sieht das in der Praxis aus:

Man beschaffe sich nun ein Klavier, verschaffe sich Zugang zu dem entsprechenden YouTube-Kanal und nehme sich zehn Wochen Zeit für das Projekt »Klavierspielen lernen«. Sie planen durchschnittlich pro Tag 2 x 20 Minuten zum Lernen ein und vereinbaren mit sich selbst feste Zeiten, am besten direkt nach dem Aufstehen (vor dem Frühstück) und nach dem Abendessen (vor dem Einschlafen).
Solange Sie maximal 20 Minuten am Stück lernen, vermeiden Sie, Ihr Gehirn zu überfordern beziehungsweise die Spamfilter zu früh zu aktivieren. Wenn Sie im Anschluss an das Klaviertraining etwas tun, das Sie kognitiv nicht fordert (in diesem Fall frühstücken oder zu Bett gehen), kann der Lernimpuls der Klavierlektion noch im Gehirn nachwirken.

Auf diese Art werden Sie locker fünf bis zehn anspruchsvolle Klavierstücke innerhalb dieser zehn Wochen spielen lernen und zwar so, dass es Zuhörern Spaß macht, Ihrer Musik zu lauschen. In meinem Fall war es so, dass ich die Titelmusik von *Forrest Gump*, *Una Mattina* von Ludovico Einaudi, *Für Elise* von Ludwig van Beethoven, den Soundtrack des Films *Die fabelhafte Welt der Amélie* sowie *The River flows in you* von Yiruma und noch drei weitere Stücke in den zehn Wochen einstudiert hatte und mich morgens und abends herrlich entspannen konnte.

Nun stand eines Tages im Rahmen eines Seminares ein prächtiger Flügel in der Lobby des Hotels und am Abend, als sich alle Teilnehmer an der Bar versammelten, setze ich mich selbstbewusst ans Klavier und spielte die Titelmusik von Forrest Gump. Alle Zuhörer waren begeistert und baten mich, weiterzuspielen. Dem Wunsch kam ich gerne nach. Mit fünf Klavierstücken konnte ich die gesamte Lobby begeistern und man hielt mich für einen begnadeten Pianisten. Der Angestellte des Hotels, der üblicherweise den Flügel des Abends bespielt, gesellte sich zu mir und wir fachsimpelten über die Musik. So viel dazu:

1. Jeder Musiker, der sein Publikum einen ganzen Abend unterhält, trägt maximal 20 bis 25 Stücke vor. Mehr ist nicht notwendig, um den Zweck der Veranstaltung zu erfüllen. Hierbei

bleibt auch jeder seiner Musik treu. Sie werden kaum erleben, dass Herbert Grönemeyer ein Wunschkonzert gibt und ein Lied von Reinhard Mey singt oder Andreas Bourani als Zugabe etwas von Peter Maffay vorführt.

2. Wer die oben erwähnten fünf Stücke auf dem Klavier spielen gelernt hat, der weiß, wie ein Klavier funktioniert, und kann sein Wissen am Klavier entsprechend leicht erweitern und die Lieder sogar auf andere Musikinstrumente übertragen, sobald er deren Lauterzeugungsprinzip verstanden hat. Wichtig ist nur der leichte Start mit schnellen Erfolgserlebnissen und entsprechender Wirkung auf die Zuhörer. Glauben Sie mir, ich erlebte in der Hotellobby einen Magischen Moment. Das Ziel meines Klavierlernens wurde erreicht. Ich entspannte mich und meine Zuhörer genossen das Spiel.

Der zweite Aspekt im Umgang mit Experten ihres Fachs ist der, dass Ihr Gegenüber auf Ihr Sprechtempo sowie Ihre Tonalität reagieren wird. Wenn Sie sich nun also bemühen, so schnell wie möglich zu sprechen, dann wird Ihr Gegenüber Sie für unsicher und nervös halten. Es gibt jedoch keinen Grund, weder auf Deutsch noch in irgendeiner anderen Sprache, schnell zu sprechen, denn wenn Sie einen Satz langsam, deutlich und gut betont aussprechen, dann wird Ihr Gesprächspartner davon überzeugt sein, dass das, was Sie zu sagen haben, extrem wichtig ist.

Eine ruhige, klare und deutliche Aussprache strahlt Kompetenz, Selbstvertrauen und Souveränität aus. Zudem suggeriert es, dass der Inhalt des Gesagten der Wahrheit entspricht.

Doch bevor Sie sich entscheiden, einen Vortrag zu einem Thema Ihrer Wahl zu halten, sollten Sie erst einmal ein gesundes Grundniveau im Wissensschatz erreicht haben, denn ansonsten wird es Frustration geben. Starten Sie mit 20 Prozent und beherzigen Sie die Tipps zum Auftreten im Umgang mit Experten. So werden Sie zehnmal schneller von den Profis lernen, als wenn Sie das Thema an einer Universität studieren würden.

So bereiten Sie Vorträge optimal vor

Einen guten Redner erkennt man daran, dass er mithilfe eines Blattes, auf dem er sich Stichworte aufgeschrieben hat, selbstbewusst und frei Reden halten kann. Einen exzellenten Redner erkennt man daran, dass er eine Rede frei und lebendig ohne Notizzettel und in enger Einbindung der Zuhörerschaft halten kann.
Ich gehe mal davon aus, dass Sie lieber zur zweiten Gruppe gehören möchten. Deshalb erläutere ich Ihnen nun einen Trick. Ich demonstriere diese Technik am Beispiel einer Rede über die Elemente der Chemie. Ich verwende hierzu zehn Symbole (diese werden Ihnen später im Kapitel über Mnemotechniken wieder begegnen): Baum, Zwillinge, Kuchengabel, Auto, Hand, Würfel, Zwerg, Achterbahn, Regenschirm, Bibel. Nun verbinden wir mit entsprechenden Eselsbrücken die ersten zehn chemischen Elemente:

- Das erste Element der Chemie ist Wasserstoff und wir stellen uns vor, dass wir mit Wasser unseren Baum gießen.
- Das zweite Element ist Helium und wir stellen uns vor, dass Zwillinge mit Helium gefüllte Luftballons in ihren Händen halten.
- Lithium ist das dritte Element und wir imaginieren einen Kuchen, der uns zum Lachen bringt, weil Lithiumtherapie in der Medizin unter anderem bei Depressionen eingesetzt wird.
- Beryllium ist das vierte Element der Chemie und der Name ist im Rahmen seiner Onomatopoesie wie das Geräusch eines Motors, der gestartet wird. Somit haben wir die Verbindung zum Auto.
- Das fünfte chemische Element ist Bor und hierbei stelle ich mir vor, dass ich mit einem Finger meiner Hand in der Nase bohre.
- Die Nummer sechs der chemischen Elemente ist Kohlenstoff und hier stelle ich mir vor, dass ich beim Würfelspiel im Casino ganz viel Kohle gewinne.
- Schon kommen wir zum siebten Symbol der chemischen Elemente und verbinden den Stickstoff mit den sieben Zwergen, die Schneewittchen, nachdem es im Sarg liegt, mit flüssigem Stickstoff einfrieren.
- Sollte ich einmal auf einer Achterbahn fahren, die es so richtig in sich hat, dann werde ich am Ende vermutlich Sauerstoff brauchen, und so habe ich schon das achte Element der chemischen Elemente für meine Liste parat.
- Nun kommen wir zum Regenschirm, dem neunten Symbol, den ich, wenn er nass ist, in meinem Flur zum Trocknen aufspanne und somit die Verbindung zum neunten chemischen Element habe, nämlich zum Fluor.

- Zum Schluss habe ich noch das zehnte chemische Element, nämlich Neon, und stelle mir die Heiligen aus der Bibel vor, die alle einen Heiligenschein in Neon tragen.

Somit habe ich jetzt also meine Grundstruktur für die von mir geplante Rede und versetze mich nun in die Rolle meiner Zuhörer. Wichtig ist es, dass sich ein Redner bei der Vorbereitung seiner Rede niemals in seine Rede und deren Inhalt verliebt, sondern immer nur in sein Publikum. Genauso wie ein Unternehmen niemals von Unternehmensberatern lernen kann, sondern immer nur von den Kunden, kann ein Redner immer nur von seinen Zuhörern lernen.
An aufmerksamen Blicken, einer interessierten Körperhaltung und wachen Gesichtern erkennt der Redner, dass er auf dem richtigen Weg ist. Jetzt starten Sie Ihre Rede frei und beginnen über Wasserstoff zu erzählen, als wäre es ein Produkt, das Sie Ihren Zuhörern vorstellen, weil es eine Lösung für ein Problem Ihrer Zuhörer darstellt. Wasserstoff und dessen Eigenschaften im Detail darzustellen und zu beschreiben löst das Problem nach dem Wissensdurst in Bezug auf die chemischen Elemente.
Gleichzeitig kann es sein, dass die Zuhörerschaft bisher noch nicht wusste, dass Wasserstoff die Lösung für ein Problem ist, das sie haben, also ist es wichtig, dass die Zuhörerschaft das erkennt, spürt und erlebt. So entsteht eine emotionale Verbindung zur Rede und dem Redner, ein Energiefluss vonseiten des Redners zu seiner Zuhörerschaft und umgekehrt.
Getreu nach dem Motto »ICH MAG MEINE ZUHÖRER« beginnen Sie nun barfuß laufend in einem Raum, in dem Sie frei und laut sprechen können, ohne dass Sie jemand dabei stört, diese Rede vorzubereiten, so als hinge Ihr Leben davon ab. Wiederholen Sie diese Rede mindestens einmal pro Tag, bis Sie das Gefühl haben, dass Sie die aufregendste Rede über die ersten zehn Elemente der Chemie halten können, die die Bewohner dieses kleinen blauen Planeten jemals erlebt haben.
Wenn Sie abends zu Bett gehen, dann visualisieren Sie Ihre Rede noch einmal und spüren Sie, was Sie in Ihren Zuhörern an Emotionen hervorzurufen gedenken.
Verzichten Sie während sämtlicher Lernprozesse, die hier beschrieben werden, auf den Konsum von Zigaretten, Alkohol oder Kaffee sowie übermäßigem Zucker oder Weißmehl, sofern Sie die maximale Leistungsfähigkeit Ihres Gehirns freisetzen möchten. Unterstützen Sie stattdessen Ihr Gehirn durch den Konsum von Omega-3-Fettsäuren, grünem Tee, Heidelbeeren und Curcuma.

Die Turbotechniken für Ihren Lernerfolg

Warum vergeuden wir so viel Lebenszeit mit wirkungslosen Lernmethoden? Haben wir nichts Besseres zu tun? Und ob! – sagt Tim Ferriss. Der selbstständige Unternehmer erläutert in seinem Blog »How to Learn Any Language in 3 Months[11]«, wie er eine Sprache innerhalb von drei Monaten lernt.

Drei Voraussetzungen muss das Lernen erfüllen: Effektivität, Adhärenz und Effizienz oder einfach gesagt: Was lerne ich? Warum lerne ich es? Wie lerne ich es?

Die Effektivität des Lernens wird maßgeblich vom Unterrichtsmaterial beeinflusst. Der Lernende kann noch so motiviert sein, ohne die geeigneten Kursunterlagen ist das Projekt zum Scheitern verurteilt.

Adhärenz oder Durchhaltevermögen bedeuten, dass die Beschäftigung mit dem Zielthema Spaß machen muss und abwechslungsreich sein sollte. Nur so kann die Motivation dauerhaft am Leben gehalten werden und der relativ kurze Zeitraum von zehn Tagen bis zehn Wochen optimal ausgeschöpft werden. Ferris gibt hier die Empfehlung, sich beim Lernen zu Beginn hauptsächlich Themen zu widmen, die einen persönlich interessieren.

Mit Effizienz meint Tim Ferris den zeitlichen Aspekt. Ein Wissensgebiet über mehrere Jahre zu lernen ist kein effizientes Ziel. Die investierte Zeit muss im Verhältnis zum Ergebnis stehen. So sollte zum Beispiel ein Unternehmen mit der Zeit seiner Mitarbeiter mindestens genauso sorgfältig umgehen wie mit seinen Finanzen. Wenn sich kurzfristig ein neues Projekt im Ausland ergibt, dann ist ein sechsmonatiger Sprachkurs keine Option. Alle Mitarbeiter müssen innerhalb von 14 Tagen über ausreichende Sprachkenntnisse verfügen, um den Kundenauftrag erfüllen zu können. Oder würde Ihnen Ihr Unternehmen sechs Monate Zeit lassen, sich in eine neue Programmiersprache einzuarbeiten?

Tim Ferris propagiert größtmöglichen Nutzen bei minimalstem Einsatz von Ressourcen und zwar in allen Lebensbereichen.

Die Sanduhrtechnik

Zur Steigerung der Effektivität einer Lerneinheit habe ich für mich die sogenannte **Sanduhrtechnik** entwickelt. Hierfür verwende ich Sanduhren, jeweils mit Laufzeiten von 15, 30 oder 60 Minuten. Es fällt mir leichter, mich für die Zeit, die der Sand für seine Reise durch die Sanduhr benötigt, ausschließlich einem Lerninhalt zu widmen. Sie werden sehen, wie dieses kleine, aber feine Hilfsmittel, das bereits für kleines Geld im Internet gekauft werden kann, Ihnen dazu verhelfen kann, Ihre Konzentrationsfähigkeit enorm zu steigern. Probieren Sie es aus: Nehmen Sie eine Sanduhr zur Hand und tauchen Sie ein in Ihr Wissensgebiet.

Weitere Optionen, Ihre Lerneffektivität zu steigern, Ihr Wissen stets zu erweitern oder Ihre Fertigkeiten zu vertiefen, sind:

- Rechnen Sie fortan jeden Einkaufszettel im Kopf nach.
- Berechnen Sie die Flächen von Gebäuden, die Ihnen auf dem Weg zur Arbeit begegnen oder die Sie im Büro finden.
- Holen Sie sich die Mathematik-Schulbücher der ersten Klasse bis zum Abitur und arbeiten Sie diese noch einmal intensiv durch.
- Zur Steigerung Ihrer körperlichen Fitness können Sie fortan mit dem Fahrrad zur Arbeit fahren oder Ihr Auto bewusst weiter weg vom Arbeitsplatz parken. Warum nehmen Sie nicht einfach Ihre Sportbekleidung mit, um nach Feierabend, bevor Sie den Heimweg antreten, noch eine halbe Stunde laufen zu gehen?
- Wiederholen Sie jedes Mal, wenn Sie die Toilette aufsuchen müssen, die unregelmäßigen Verben einer Fremdsprache.
- Lernen Sie beim Autofahren Telefonnummern auswendig oder sortieren Sie die größten deutschen Städte nach Einwohnerzahl.
- Zur Verbesserung Ihrer Fähigkeiten im Bereich Buchhaltung und Rechnungswesen können Sie sich sämtliche YouTube-Videos sowie Podcasts, E-Books und Literatur zu diesem Thema in einer Buchhandlung anschauen.

- Nehmen Sie sich einmal pro Woche Zeit, um sich in eine Buchhandlung zu setzen. Hier finden Sie sämtliche Bücher zu jedem Themenbereich.

Hier noch ein Spezialtipp, wenn Sie sich den Inhalt eines Buches dauerhaft merken möchten:

Nehmen Sie das Buch zur Hand, blättern Sie es einmal komplett durch und verschaffen Sie sich einen Überblick über den Inhalt. Halten Sie zusätzlich einen Textmarker bereit, um alle Passagen zu markieren, die Ihnen interessant erscheinen. Gehen Sie dann weiter zum nächsten Buch aus demselben Themenbereich und markieren Sie ebenfalls alle interessanten und relevanten Passagen des Inhalts. Fahren Sie so fort, bis Sie alle Bücher, die Sie zu diesem Thema bearbeiten wollen, durchgeblättert und die entsprechenden Stellen markiert haben.
Dann nehmen Sie ein Notizbuch zur Hand. Blättern Sie die Bücher erneut durch und übertragen Sie die Kerninhalte der markierten Stellen in das Notizbuch. Nach etwa einer Woche sollten Sie in Ihrem Notizbuch die wichtigsten Inhalte aus all den Büchern gesammelt haben. Beginnen Sie nun damit, sich selbst zu den Inhalten in Ihrem Notizbuch Fragen zu stellen. So erweitern Sie Ihren Wissensstand, da Sie im Internet oder in den Büchern die entsprechenden Antworten nachschlagen werden. Trainieren Sie dann einen fünf- bis 15-minütigen Vortrag zu diesem Fachgebiet ein und überlegen Sie sich hierbei, welche Fragen die Zuhörer an Sie richten könnten, die Sie aktuell noch nicht beantworten könnten. So arbeiten Sie sich peu à peu und innerhalb kürzester Zeit durch alle Bücher und werden Spezialist auf dem Gebiet, das Sie aktuell erlernen wollen.
Meiner Erfahrung nach verfügen Sie nach der Lektüre von zehn Büchern zu einem Spezialthema über mehr Wissen darüber als 80 Prozent der Bevölkerung. Die restlichen 20 Prozent eignen Sie sich dann im Laufe Ihres Lebens an.

Es spricht auch nichts dagegen, **unkonventionelle Wege** zu beschreiten, wenn es um das Lernen bestimmter Wissensinhalte und Fähigkeiten geht. Eventuell assoziieren Sie mit einer bestimmten Musiknote einen Duft, Sie ordnen bestimmten Geräuschen, Farben oder berühmten Persönlichkeiten chemische Elemente (so verbinde ich Paris Hilton beispielsweise mit Wasserstoff) zu. Das ist eine weitere Möglichkeit für Ihr Gehirn, bereits bekannte Lerninhalte mit neuen zu verknüpfen. Denken Sie an Tai-Chi oder Yoga. Hier werden die einzelnen Übungen nach Tieren benannt, wie dem Kranich oder der Kobra.

Ich empfehle darüber hinaus, dass Sie zur Intensivierung Ihrer Fertigkeiten und Kenntnisse immer auch den Kontakt zu Menschen suchen, die als **Experten** auf dem entsprechenden Gebiet gelten. Durch die Imitation dieser Menschen lernen Sie, wie gesagt, noch besser zu werden.

Außerdem sollten Sie Lernerfolge feiern. Feiern Sie Ihre Fortschritte, indem Sie sich eine besondere Freude bereiten oder einen netten Menschen einladen, denn ich habe bei meinen Kursteilnehmern festgestellt, dass Belohnungen wichtig sind, um die Lernmotivation – gerade bei längeren Projekten – am Leben zu halten. Gönnen Sie sich nach jeder bestandenen Klausur ein paar neue Schuhe oder veranstalten Sie eine »My-Next-Song-Party«, zu der Sie Ihre Freunde einladen, um Ihre drei neuesten Stücke auf dem Klavier vorzuspielen.

Ich habe außerdem festgestellt, dass die meisten Menschen Lernprojekte in ihren kompakten Alltag am besten einbinden können, indem sie sie zwischen zwei bereits bestehende Rituale einpacken. Wenn ich zum Beispiel eine neue Sprache lernen möchte, dann beschäftige ich mich damit, nachdem ich morgens geduscht habe, aber bevor ich frühstücke oder nachdem ich zu Abend gegessen habe, aber bevor ich ins Bett gehe. Die Studieninhalte des Jurastudiums könnte man beispielsweise wiederholen, wenn man nach der Uni, aber vor dem Einkaufen noch einmal 20 Minuten intensiv lernt. Eine regelmäßige Routine ist für Ihr Gehirn wichtig und hilfreich, denn das Lernen muss zur Gewohnheit werden, um tatsächlich bessere und effektivere Ergebnisse zu erzielen. Unterstützen können Sie dieses Ritual, indem Sie Ihr Lernprojekt auch noch in überschaubare Etappen, also kleine Schritte einteilen. So werden Sie am Ende des Tages feststellen, ob Ihnen das Lernen Freude bereitet oder ob Sie sich zwingen müssen. Wenn Sie sich beim Lernen gut fühlen, dann machen Sie alles richtig. Wenn Sie sich schlecht fühlen, dann sollten Sie Ihre Lerntechnik ändern. Jeden Tag sollten Sie mit dem Gefühl abschließen, etwas Neues gelernt zu haben, und wenn Sie den Tag beenden und schlafen gehen, sollten Sie stets etwas finden, wofür Sie an diesem Tag dankbar sind, weil es Ihnen entweder so gut gelungen ist oder weil Sie etwas Neues gelernt haben.

Sie sind als Persönlichkeit und als Mensch so individuell wie das Thema, das Sie lernen möchten. Deswegen suchen Sie sich die Techniken und Strategien heraus, die für Sie am besten funktionieren. Es gibt Menschen, die zum Beispiel besonders am Vormittag sehr leistungsfähig und lernbereit sind. Ich treffe immer wieder Manager, die mir erzählen, dass sie um 5:30 Uhr aufstehen und bis 8:00 Uhr schon die ersten und wichtigsten E-Mails und Zeitungen bearbeitet haben. Das ist für diese Menschen eine hervorragende Möglichkeit, um schnell und effektiv in den Tag zu starten und optimal auf das Tagesgeschäft vorbereitet zu sein. Aus diesem Verhalten resultiert das Sprichwort »Der frühe Vogel fängt den Wurm.« Es gibt aber auch Menschen, deren Leistungshoch sich gegen 11:00 Uhr vormittags oder vielleicht erst ab 23:00 Uhr nachts einstellt. Experimentieren Sie für sich selbst, wann Sie am aufmerksamsten und leistungsfähigsten sind, um dann entsprechend Ihren Alltag so zu gestalten, dass Sie in dieser Zeit die besonders wichtigen Lerninhalte einplanen.

Aus Erfahrung weiß ich, dass der Lernprozess nicht bereits während des Lernvorgangs einsetzt, sondern erst während der Pause. Ich vermute, das liegt daran, dass die Synapsen im Gehirn sich erst in den Pausen entsprechend verknüpfen, wohingegen sie während der aktiven Lernphase zu sehr stimuliert werden, um zu wachsen.

Es kann Ihnen zusätzlich helfen einmal zu prüfen, ob Sie ein bestimmter **Lerntyp** sind. In der Psychologie unterscheidet man verschiedene Lerntypen, zum Beispiel den visuellen Typ, den auditiven Typ, den kommunikativen Typ und den kinästhetischen Lerntyp[12].

Der visuelle Lerntyp speichert Informationen am besten, indem er einen Text sorgfältig liest, wohingegen der auditive Typ das gesprochene Wort braucht, um sich am besten Dinge merken zu können.

Der kommunikative Lerntyp benötigt Gespräche, Diskussionen und anregende Konversationen, um sich ein Thema oder eine Fertigkeit anzueignen, und der motorische Lerntyp lernt am besten aus einer praktischen Handlung heraus.

Die meisten Menschen sind meiner Erfahrung nach eine Mischung aus allen Lerntypen, von daher sorgen Sie am besten dafür, dass Sie sowohl über das Sehen, das Hören, das aktive Tun und die Interaktion mit anderen Menschen lernen und sich Wissen aneignen.

So lernen Sie im Schlaf

Egal wie tief Sie nachts schlafen, Ihre Ohren nehmen während der ganzen Zeit Geräusche aus Ihrer Umgebung war, damit Ihr Gehirn und hier insbesondere Ihr Unterbewusstsein beurteilen kann, ob sich in der Umgebung eine gefährliche Situation auftut, zum Beispiel ein Sturm, ein Gewitter oder ein Einbrecher beziehungsweise ein wildes Tier, sofern Sie gerne unter freiem Himmel übernachten.

Diese Tatsache können Sie sich beim Lernen zunutze machen, indem Sie den zu lernenden Text in 20-Minuten-Sequenzen aufnehmen und über eine automatisierte Playlist in moderater Lautstärke, so, dass Sie das Gesagte zwar hören, aber hiervon nicht aus Ihrem Schlaf gerissen werden. Ich praktiziere diese Technik regelmäßig, um mich auf Auslandsreisen vorzubereiten.

Wie Sie sicherlich meiner Vita entnommen haben, bin ich bei zahlreichen internationalen Unternehmen als Berater tätig und verbringe so auch regelmäßig Zeit im Ausland. Selbstverständlich bereite ich mich vor jedem Auslandsaufenthalt gründlich auf die jeweilige Sprache und Kultur vor. Das schließt auch mit ein, dass ich vor einer Reise nach zum Beispiel Griechenland, Rumänien oder Ungarn zunächst einmal meine Kenntnisse in dieser Sprache reaktiviere beziehungsweise mir diese Sprache im Vorfeld aneigne, sofern ich sie nicht schon einmal gelernt habe.

Da ich – wie viele von uns – jedoch auch tagsüber über ein Privatleben und einen durchaus gut gefüllten Arbeitstag verfüge, nutze ich die Nächte, um meine Sprachkenntnisse zu optimieren. Ich lasse zunächst 30 Minuten angenehme Entspannungsmusik laufen, die meine Gedanken beruhigt und mich unabhängig von dem, was ich tagsüber erlebt habe, in den Schlaf bringt.

Im Anschluss an diese 30 Minuten beginnt eine Sequenz von 20 Minuten, in denen ich mit Dialogen in meiner Zielsprache konfrontiert werde. Anschließend folgen wieder 30 Minuten der eben erwähnten Entspannungsmusik, gefolgt von 20 Minuten Text. Diese Kombination wechselt über einen Zeitraum von 6 Stunden, und ich stelle fest, dass wenn ich zum Beispiel nachts durch meinen Sohn geweckt werde und er aufgrund eines abenteuerlichen Traumes oder einer zu kompakten Windel Aufmerksamkeit benötigt, ich ihn automatisch in der jeweiligen Sprache beruhige anstatt auf Deutsch.

Auch während meiner Schulzeit habe ich diese Technik des Schlaflernens schon praktiziert und konnte so gerade vor anspruchsvollen Klassenarbeiten durchaus passable Resultate erzielen. Auch beim Lernen von Musikinstrumenten oder im Sport kann diese Technik hilfreich sein. Lassen Sie die Musikstücke, die Sie auf dem von Ihnen auserwählten Musikinstrument üben, während der Nacht noch einmal abspielen und wenn Sie in einer bestimmten Sportart trainieren, dann lassen Sie während des Trainings Ihre Lieblingsmusik laufen, die Sie sich dann ebenfalls im Schlaf wieder anhören.

Schüler können mit dieser Technik hervorragende Resultate erzielen, wenn sie sich selbst oder mithilfe ihrer Eltern Texte aus dem Erdkundebuch, Geschichtsbuch oder anderen Lehrbüchern der verschiedenen Fächer aufnehmen und nachts abspielen. Man könnte sich hier auch einen Lernpartner suchen, der diese Aufgabe für einen übernimmt und man selbst liest im Gegenzug die Texte für diesen.

Um dem Gehirn die Lernleistung noch leichter zu machen, kann das Gesprochene auch wieder mit unterschiedlichen Emotionen ausgesprochen werden. Auch das bezweckt, dass im Schlaf bessere Ergebnisse erzielt werden. Zu beachten ist aber, dass der Lernstoff dreimal 20 Minuten wiederholt werden sollte, das ist die optimale Wiederholungsfrequenz im Schlaf. Die zweiten 20-Minuten-Einheit in der Nacht sollte mit einer Wiederholung der ersten beginnen, darauf sollte dann aufgebaut werden.

Den Text hört man jeweils in sieben bis zehn Nächten und geht dann über zur Fortsetzung, also dem nächsten Kapitel oder der nächsten Lerneinheit.

Das Braintrust-Prinzip – so nutzen Sie Lernpartner

Unser Umgang bestimmt unser Sein und Werden, weshalb für unsere Entwicklung die Gestaltung unseres Umfeldes entscheidend ist. Sie sollten sich also immer fragen: Wer kann Ihnen wie helfen, Ihre gesetzten Lernziele zu erreichen?

Wenn Sie selbstständiger Unternehmer oder Führungskraft in einem Unternehmen sind, dann haben Sie mit Sicherheit schon einmal von dem »Braintrust-Prinzip[13,14] gehört. Für die Leser, die mit diesem Begriff noch nichts anfangen können, möchte ich ihn an dieser Stelle kurz erläutern, da das Prinzip für die nächste wichtige Stufe im Prozess des *Speedlearnings* sehr wichtig ist.

Unter Braintrust versteht man eine Gruppe Gleichgesinnter, die untereinander und gegenseitig ihr Weiterkommen befördern mit dem Ziel, allen Beteiligten dabei zu helfen, das zu werden, was sie sein wollen. Hierbei handelt es sich nicht um ein Netzwerk, sondern um einen Arbeitszusammenhang. Ein Unternehmer-Braintrust besteht nur aus Unternehmern. Es herrscht absolute Offenheit und Wettbewerbslosigkeit. Unter Unternehmern ist beispielsweise das Braintrust-Konzept des *Business-Buddy* sehr verbreitet. Dieser Arbeitszusammenhang könnte sich zum Beispiel dadurch auszeichnen, dass zwischen den Austauschpartnern einmal wöchentlich ein Telefonat oder ein persönliches Gespräch zu einem festgelegten Termin stattfindet. Sie stellen sich gegenseitig hilfreiche Fragen und bieten, wo nötig und möglich, Unterstützung, Anregung oder einfach nur kreative Gedanken an.

Alex S. Rusch, Hörbuchverleger und Europas führender Experte für Erfolgswissen, beschreibt in seinem Erfolgspaket »Das Braintrust Prinzip[15]«, welche Möglichkeiten Sie haben, um mit anderen einen Braintrust zu bilden und so von anderen Menschen im Rahmen eines gemeinsamen Austausches zu profitieren:

- Im **Power-Braintrust** pflegen die Braintrust-Partner intensiven und vertrauensvollen Kontakt. Sie treffen sich mindestens einmal pro Woche für 60 bis 90 Minuten, um über ihre Lernprojekte und Erfolge zu sprechen, sich gegenseitig anzuspornen, Komplimente und konstruktive Kritik auszutauschen, Brainstormings durchzuführen und Spaß zu haben.
- Im **Standard-Braintrust** sehen sich die Mitglieder möglicherweise nur einmal im Monat oder gar nur einmal pro Jahr beziehungsweise telefonieren nur ab und zu. Sie haben zwar gemeinsame Ziele in Bezug auf die Entwicklung ihrer Lernziele oder Projekte, aber die Zusammenarbeit ist nicht ganz so intensiv. Ein Beispiel hierfür sind die *Welt Interlingua Konferenzen.*
- Zum **Forum Braintrust** gehört zum Beispiel die Organisation *Polyglotter Unternehmer.* Hier treffen sich viermal im Jahr Unternehmer aus ganz Europa, die mindestens drei Sprachen oder mehr sprechen, um sich gegenseitig im internationalen Business mit Know-how und Kontakten zu unterstützen.
- Eine stark abgeschwächte Form von Braintrusts sind auch sogenannte **Internet-Foren.** Allerdings sind diese in der Regel sehr wenig effektiv.
- Zahlreiche international tätige Unternehmen verfügen über ein sogenanntes **Advisory Board**, also über einen beratenden Beirat. Dieser gleicht in seiner Zusammensetzung einem

Verwaltungsrat, jedoch haften die Mitglieder des Advisory Boards nicht für ihre Entscheidungen und haben auch nicht die gleichen Befugnisse. Sie erteilen lediglich Ratschläge in Bezug auf Fragen im Rahmen internationaler Entwicklungen, entwickeln Ideen und teilen mit der Geschäftsleitung ihre umfangreiche Erfahrung, ihr Fachwissen und ihre Kontakte. Jedes Unternehmen, das sich auf internationaler Bühne erfolgreich präsentieren möchte, sollte sich Experten für internationale Beziehungen in sein Advisory Board einladen.

- Bei dem **Leads-Club** geht es ausschließlich um das Vermitteln von Business-Kontakten auf internationaler Ebene. Das bekannteste Beispiel hierfür ist ebenfalls die Organisation *Polyglotter Unternehmer*.
- Der **Erfolgs- und Motivations-Club** dient der Lernmotivation und Vermittlung wirksamer Techniken und spornt zum Anwenden des Wissens an. Auch neu entwickelte APPs sind ein Thema für diese Clubs.
- Ein **Einzelcoaching** bei einem Fachmann mit Expertise bietet die individuellste Form des Braintrust. Beim Fremdsprachenlernen spricht der Coach in der Regel selbst mindestens fünf Sprachen fließend und kann sich auf die speziellen Wünsche und Belange des Lernenden einstellen.
- Wenn sich Partner entscheiden, gemeinsam den Sportbootführerschein zu erwerben, ein Musikinstrument, eine Sprache oder eine Sportart zu erlernen, dann spricht man von einem **partnerschaftlichen Braintrust**. Hier bieten sich zahlreiche Möglichkeiten für gemeinsame Lernaktivitäten. Diese müssen jedoch konkret geplant werden und dürfen nicht dem Zufall überlassen bleiben. Das Lernen ist ein Projekt, das nach spätestens zehn Wochen abgeschlossen sein sollte.
- Für Ihre Kinder können Sie eine Art **Eltern-Braintrust** bilden. Ich spreche zum Beispiel mit meinem Sohn, wenn wir alleine sind, jede Woche eine andere Sprache (Englisch,

Interlingua, Französisch und so weiter). Deutsch sprechen wir in Gesellschaft anderer Familienmitglieder. Es ist hierbei nicht wichtig, dass Sie eine Sprache perfekt sprechen (das tun Sie im Deutschen ja auch nicht), sondern es geht darum, dem Kind spielerisch den Zugang zu möglichst vielen Sprachen zu öffnen. Stellen Sie Ihren Kindern auch den Zugang zu verschiedenen Musikinstrumenten her oder zu einer Reihe von Sportarten. Lassen Sie den Nachwuchs verschiedene handwerkliche Tätigkeiten praktisch erlernen und seien Sie selbst ein Vorbild für lebenslanges Lernen.

- Unter den **Einmal-pro-Jahr-Braintrust** fallen Kongresse, Konferenzen und Treffen, die sich inhaltlich mit Ihren Lernthemen beschäftigen. Meistens steht weniger das Anwenden des Wissens im Vordergrund, sondern eher der Netzwerkgedanke.
- Von einem **Telefon-Braintrust** spricht man, wenn Sie sich mit einem Lernpartner telefonisch austauschen.

So sieht das in der Praxis aus:

Ein Beispiel aus einer Heilpraktikerschule: Von sieben Prüflingen bestanden fünf sowohl die schriftliche als auch die mündliche Prüfung. Einer der übrigen zwei fiel durch die mündliche, der andere durch die praktische Prüfung. Sie berichteten von den Gründen ihres Versagens, wobei sie nicht von ihrer unzureichenden Vorbereitung, ihrer eigenen Faulheit oder ihrer fehlenden Intelligenz sprachen, sondern zahlreiche Beweise für fehlende Fairness, Manipulation der Prüfung und so weiter fanden, sodass es ihnen unmöglich war, trotz subjektiv empfundener optimaler Vorbereitung diese Prüfung zu bestehen.
Die Wirkung dieser Aussagen auf den Rest der Gruppe ist wohl leicht vorstellbar. Aus diesem Grund empfehlen die Dozenten dieser Heilpraktikerschule den Schülern immer, sich von allen Schülern, die sich zur Prüfung aufmachen, die Telefonnummer geben zu lassen und nach der Prüfung bei denen anzurufen, die nicht an die Schule zurückkehren, weil sie die Prüfung erfolgreich bestanden haben, um sich von ihnen erklären zu lassen, wie man sich auf die Prüfung so vorbereitet. Dieses Prinzip gilt übrigens für alle Lernbereiche.

So würden Sie Ihr Kind niemals zu einem Tennistrainer schicken, der selbst noch nie ein Tennisturnier gewonnen hat, wenn Sie das Ziel haben, dass Ihr Kind die Deutsche Meisterschaft im Tennis gewinnen soll. Sie würden niemals zu einem Musiklehrer gehen, um Klavierstunden zu nehmen, wenn dieser selbst nur Gitarre und Saxophon spielt und Sie würden niemals bei einem Mann einen Geburtsvorbereitungskurs besuchen, sofern Sie eine Frau sind und wissen möchten, wie Sie am besten mit den Wehen umgehen können. Sie würden vermutlich auch niemals zu einem Eheberater gehen, der selbst geschieden ist, weil Sie den Eindruck hätten, dass er Ihre Ehe nicht retten kann, wenn er es bei seiner eigenen offensichtlich auch nicht geschafft hat.

Wenn Sie demnach lernen möchten, wie man schlank wird, dann müssen Sie sich überwiegend mit schlanken Menschen umgeben. Wenn Sie wissen möchten, wie man reich wird und bleibt, dann müssen Sie sich in der Gegenwart reicher Menschen aufhalten. Wenn Sie wissen möchten, wie man sich vom Rauchen befreit, dann müssen Sie von den Menschen lernen, die erfolgreiche Nichtraucher geworden sind, aber bitte nicht zu viel Zeit mit denen verbringen, die noch dabei sind, gegen ihre Sucht zu kämpfen.

Wenn Sie möchten, dass Ihr Kind lernt, in seiner Freizeit ohne Playstation, Fernseher und Smartphone das Leben zu genießen, dann müssen Sie ihm den Kontakt zu fünf Freunden verschaffen, die das tun. Diese Liste an Beispielen können Sie nach Belieben erweitern. Sie brauchen also für jede ernstgemeinte Lernerfahrung einen Braintrust.

Um den größten Nutzen aus einer solchen Verbindung zu ziehen, sollten Sie sich die Grundregeln, die Alex S. Rusch in seinem Erfolgspaket aufzeigt, beherzigen.

Ein persönlicher Tipp im Umgang mit den Vorbildern oder Braintrusts ist der, dass Sie sich mindestens zehn verschiedene Personen als Lerninspiration suchen. Das sind Menschen, die bereit sind, Ihre Fragen zu beantworten und Ihnen von ihren Erfahrungen zu berichten. Der Grund, weshalb ich empfehle, eine größere Anzahl an Personen anzusprechen, ist der, dass diese Lernpartner oftmals viel beschäftigt sind und Sie ja bei Bedarf schnelle Antworten auf dringende Fragen erhalten müssen.

Je nach Lernthema ist es diese Personengruppe auch nicht gewohnt, für ein gesetztes und zeitlich limitiertes Projekt die Motivation und Disziplin aufzubringen, die Sie schon allein wegen Ihrer Bereitschaft zum *Speedlearning* aufbringen wollen. Es macht es jedoch leichter, wenn Ihr Lernpartner die Inhalte dieses Buches kennt und somit ebenfalls das Ziel von zehn Wochen vor Augen hat. Allerdings wird deren Drive vermutlich dennoch nicht Ihrer Power entsprechen, gerade wenn es um Fremdsprachen oder Musikinstrumente geht, da hier oftmals immer noch die Meinung besteht, dass es Jahre dauert, um passable Resultate erzielen zu können.

Behalten Sie bei den Trainingseinheiten mit Ihrem Lerntandem grundsätzlich die Kontrolle und entscheiden Sie, was bearbeitet wird. Mögliche Themen beim Sprachtraining können zum Beispiel Gespräche im Hotel, über die Familie, Terminvereinbarungen, Telefonate, Gespräche über den Beruf, Stadtbesichtigungen, Einkäufe, Post- oder Bankgeschäfte, verschiedene politische Themen, das aktuelle Weltgeschehen, ein jüngst gelesenes Buch, verschiedene Sportarten, die Wohnungseinrichtung, technische Themen rund um das Kfz, Arztbesuche und allgemeine Themen wie Mathematik, Geschichte, Erdkunde, Kunst, Musik, Naturwissenschaft und Technik sein.

Im fortgeschrittenen Bereich empfehle ich immerzu, fünfminütige Vorträge zu einem vorgegebenen Thema vorzubereiten, sich Geschichten oder Witze zu erzählen, sich Gedichte vorzutragen, diplomatische Verhandlungen zu führen oder Kriseninterventionen zu simulieren.

Wie gesagt, Sie behalten die Kontrolle über das, was inhaltlich abgehandelt wird. Andernfalls bestünde die Gefahr, dass Sie viel zu viel Zeit mit banalem Smalltalk vergeuden würden. Sie sollten zudem immer dafür sorgen, dass Sie das Lernniveau Tag für Tag anheben.

Die Meisterklasse des *Speedlearnings*

In diesem Kapitel widmen wir uns nun den effektivsten Lerntechniken.

Es ist zunächst notwendig zu verstehen, welche neurophysiologischen Vorgänge im Gehirn während des Lernens ablaufen. Hierzu vergleichen wir unser Gehirn und seine Nervenzellen mit einem Apfelkern. Damit dieser Apfelkern den Impuls zur Keimung bekommt, benötigt er eine spezielle Umgebung, bestehend aus dem richtigen Verhältnis von Wasser und Wärme. Das entspricht in unserem Gehirn den Lernimpulsen, die wir mit unseren fünf Sinnen aufnehmen, also Sehen, Hören, Fühlen, Riechen und Schmecken. Kaum beginnt dieser kleine Apfelkern zu keimen, müssen Sie sich um ihn kümmern, denn er kann alleine noch nicht überleben. Sie müssen dafür sorgen, dass er in den richtigen Boden eingepflanzt wird, ausreichend Licht, Wärme und Wasser bekommt. Tag für Tag wächst nun dieser Apfelkeimling und wird langsam größer, bildet zunächst Wurzeln, dann Blätter und entwickelt immer mehr Kraft und Stärke, um auch dann überleben zu können, wenn Sie sich mal ein paar Tage nicht um ihn kümmern können.

Im Gehirn verknüpfen sich beim Lernen Synapsen (Nervenzellen), die ähnlich aussehen wie die Wurzeln eines Apfelbäumchens, und je öfter Sie den zu lernenden Stoff wiederholen (sich also um das Wachstum Ihres Synapsenbäumchens kümmern), desto fester und stärker wird diese Verknüpfung im Gehirn. Sorgen Sie nun zusätzlich für die richtigen Nährstoffe, dann beschleunigt sich das Wachstum. Bei unserem Apfelbäumchen ist das ein hochwertiger Boden oder Dünger und in unserem Gehirn sind das bestimmte Lebensmittel oder starke Emotionen.

Mit der Zeit und regelmäßiger richtiger Unterstützung des Wachstums wird sowohl unser Apfelbäumchen als auch unser Synapsenstrang eine Größe und Stabilität erreichen, die es ihm ermöglicht, zukünftig ohne weitere Unterstützung zu existieren. Der Apfelbaum ist dann bereit für die Umpflanzung in die »freie Wildbahn«, da er nun in jeder Witterung überlebt, und unser Lernstoff ist ab diesem Zeitpunkt in den Synapsen so fest verankert, dass er ein Leben lang abrufbar bleibt.

Ich fasse noch einmal zusammen: Damit wir uns etwas merken oder einen Lernstoff behalten können ist es notwendig, dass sich in unserem Gehirn Synapsen verbinden. Diese bilden sozusagen unsere Hardware, die Lernen – also das Abspeichern der Software – überhaupt erst ermöglicht.

Wann immer wir also unser Gehirn über unsere fünf Sinne mit einem neuen Lernstoff konfrontieren, wird ein Impuls an unsere Nervenzellen ausgesendet, die daraufhin in eine Art Bereitschaftsmodus versetzt werden. Wird dieser Reiz mit einer starken Emotion kombiniert oder tritt er wiederholt auf, dann beginnen die stimulierten Synapsen sich miteinander zu verknüpfen, sodass der neue Lernstoff zukünftig schneller abrufbar wird (die synaptischen Verbindungen werden also quasi durch Emotionen gedüngt).

Je häufiger die Wiederholung oder je intensiver die Emotion, die mit dem zu lernenden Material verbunden ist, desto schneller und desto fester wird die neue synaptische Verknüpfung hergestellt.

So sieht das in der Praxis aus!

Nehmen wir einmal an, dass Sie ein fünfjähriges Kind kennen, das bisher jeden Hund freudestrahlend begrüßt und gestreichelt hat. Nach ungefähr 20.000 positiven Erfahrungen mit Hunden begegnet dieses fünfjährige Kind nun im Ausland während eines Urlaubs einem Straßenhund, der seinerseits schlechte Erfahrungen mit Kindern gemacht hat. In dem Moment, als das Kind freudestrahlend auf ihn zugerannt kommt, um ihn zu streicheln, reagiert der Hund mit einer aggressiven Beißattacke. Von diesem Zeitpunkt an wird das Kind Angst vor Hunden

haben, unabhängig davon, wie viele positive Erlebnisse mit Hunden vorher stattgefunden haben. Der Grund hierfür ist, dass die Emotionen, die mit den positiven Erinnerungen verknüpft sind, weitaus weniger stark sind als die Todesangst, die durch die Beißattacke eines einzigen Hundes ausgelöst wurde. Es kann sogar sein, dass dieses Hundetrauma nie wieder vollkommen verschwindet.
Oder denken Sie doch mal an Ihren Namen! Sicherlich können Sie sich sehr gut an Ihren eigenen Namen erinnern und ihn in jeder denkbaren Situation ins Gedächtnis rufen. Es geht Ihnen demnach wie den meisten anderen Menschen auch. Der Grund, weshalb die überwiegende Anzahl an Menschen sich ihren eigenen Namen bis an ihr Lebensende merken können, ist der, weil er so häufig genannt und gehört wird. Hier haben wir das Phänomen der permanenten Wiederholung, das dazu führt, dass ein Lernprozess zu einer sehr stabilen synaptischen Verknüpfung führt.

Ich habe oben schon dargestellt, dass unser Gehirn den ganzen Tag von zahlreichen Umwelteinflüssen bombardiert wird und sich die Natur zum Selbstschutz vor Überlastung eine sehr clevere Art von Spamfiltermechanismus ausgedacht hat, mit dem unser Gehirn entscheiden kann, welche Informationen tatsächlich wichtig und »merk-würdig« sind und welche getrost wieder vergessen werden können (das bedeutet, die synaptischen Verknüpfungen werden nicht weiter gefestigt).

Da ich davon ausgehen kann, dass auch während des Lesens dieses Buches die entsprechenden Spamfilter bei Ihnen auf Hochtouren arbeiten, gehe ich an dieser Stelle noch einmal ausführlicher darauf ein als bisher, denn das Wissen um die Vermeidung der Spamfilter ist gleichzeitig das elementare Wissen darüber, wie Sie das Vergessen von Gelerntem vermeiden – und am Ende des Tages ist das doch unser Ziel!

Der erste Spamfilter greift nach etwa 20 Sekunden. Dieses Phänomen erleben Sie, wenn Sie in einem Straßencafé sitzen und die Menschen beobachten. Sie nehmen in diesem Moment viel mehr Menschen wahr, als Sie sich hinterher bewusst erinnern können. Das hängt damit zusammen, dass die Personen, an die Sie sich nach diesem Besuch im Straßencafé bewusst erinnern können, Sie emotional berührt haben oder wiederholt in Ihr Blickfeld getreten sind.

Ein ähnliches Beispiel habe ich bereits weiter oben beim Sprachenlernen erwähnt. Sie hören im Gespräch einen Satz in Ihrer Zielsprache, den Sie als besonders elegant empfinden und sich aus diesem Grund gerne merken möchten. Unmittelbar danach klingelt das Telefon und ein Freund ruft an, um sich mit Ihnen zu verabreden. Nach dem Telefonat können Sie sich nicht mehr an den vorher gehörten Satz in Ihrer Lieblingssprache erinnern. Der Reiz und die Informationen, die während des Telefonats auf Ihr Nervensystem eingewirkt haben, überschreiben den Satz, den Sie sich merken wollten.

Wenn Sie also eine Information über den Spamfilter der 20 Sekunden hinaus in Ihrem Gedächtnis speichern wollen, dann ist es wichtig, dass Sie die Information entweder nach etwa einer Minute noch einmal wiederholen, oder Sie sich emotional mit dieser Information beschäftigen. Wie das konkret funktioniert, erkläre ich im weiteren Verlauf dieses Kapitels.

Der zweite Spamfilter setzt nach 20 Minuten ein. Dieses Phänomen kennen Sie aus der Schule. In der ersten Unterrichtsstunde haben die Schüler das Fach Deutsch und in der zweiten Stunde Mathematik. Was nun passiert ist, dass der Mathematikunterricht den Lernstoff des Deutschunterrichtes überschreibt, weil das Gehirn subjektiv den Eindruck vermittelt bekommt, dass die Informationen des Deutschunterrichtes nicht mehr wichtig seien, da sie nicht mehr wiederholt werden und vermutlich auch keine starke emotionale Verbindung zum Lernstoff hergestellt wurde. Geht es dann in der dritten Stunde mit Erdkunde weiter, so wird der Mathematikunterricht im Gehirn des Schülers wiederum überschrieben und so weiter und so fort. Am Ende des Tages fragen Eltern ihre Kinder oft, was sie in der Schule gelernt hätten und diese antworten darauf wahrheitsgemäß, dass sie es nicht mehr wüssten.

Wie das richtige Lernen in der Schule sinnvoller unterrichtet und aufgebaut werden könnte, habe ich bereits weiter oben erklärt und ich bin jederzeit bereit, einen Vergleichstest durchzuführen.

Das Schlimme daran ist jedoch, dass dieses Wissen bereits seit Jahrzehnten bekannt ist. Die Vergessenskurve nach Ebbinghaus[16] kennt jeder Lehrer, jeder Pädagoge, jeder Erzieher und jeder gebildete Schimpanse.

Der dritte Spamfilter begegnet Ihnen nach einem Tag, der vierte nach einer Woche, dann der fünfte nach einem Monat, der sechste nach sechs Monaten, Nummer sieben nach einem Jahr und nach fünf Jahren erfolgt der letzte Spamfilter. Das bedeutet, dass Sie eine Information, die Sie ein Leben lang in Ihrem Gehirn speichern möchten, über einen Zeitraum von fünf Jahren regelmäßig wiederholen müssen (sofern keine starke emotionale Verbindung zu dieser Information hergestellt wurde).

So werden Sie sich vermutlich an alle Adressen und Telefonnummern von Wohnungen erinnern können, in denen Sie mindestens fünf Jahre gewohnt haben, wohingegen Sie sich vermutlich nur schwer an die Adresse einer Wohnung zurückerinnern werden, in der Sie höchstens sechs Monate verlebt haben.

Was bedeutet das nun für die Techniken des *Speedlearnings*?

Bei allem, was Sie lernen möchten, ist es wichtig, diese Spamfilter zu kennen und zu wissen, wann Sie sinnvollerweise den Lernstoff wiederholen sollten. Es ergibt zum Beispiel keinen Sinn, eine Stunde am Stück zu lernen, weil Ihr Gehirn nach 20 Minuten schon wieder anfängt, den Stoff, den Sie zu Beginn gelernt haben, zu überschreiben. Sinnvoller ist es also, Lernen in mehrere Sequenzen à 20 Minuten zu packen und vor dem Lernen neuer Sequenzen zunächst die vorhergehenden Lerninhalte zu wiederholen. Das gilt im Übrigen für alle Arten des Lernens, egal ob es sich um klassischen schulischen Lernstoff handelt, um Fremdsprachen, Vorträge, Musikinstrumente oder anderes.

Sogar für Fitnesstraining gelten diese Vorgaben, denn die Muskeln, ebenso wie die Nervenzellen, stärken sich nicht während der Aktivitätsphase, also während des körperlichen Trainings beziehungsweise während des Lernens, sondern in der Ruhephase. Man könnte auch sagen: Wenn Sie schnellstmöglich lernen wollen, dann machen Sie möglichst viele Pausen.

Ein weiterer Aspekt, der beim Lernen von Bedeutung ist, ist die Tatsache, dass Ihr Gehirn Ordnung liebt und in Bildern denkt. Ordnung erreichen Sie, indem Sie Ihr Lernen strukturieren und es Ihrem Gehirn erleichtern zu verstehen, mit welchem Lernstoff es sich gerade auseinandersetzen soll.

Nehmen wir zum Beispiel an, dass Sie für Ihren Beruf eine Produktpräsentation ausarbeiten müssen, in Ihrer Freizeit Klavierunterricht nehmen und abends einen Volkshochschulkurs Spanisch besuchen. In diesem Fall werden Sie immer vor einem Klavier sitzend Klavier spielen, immer in den Räumen der Volkshochschule Spanisch lernen und Sie werden immer in den Geschäftsräumen Ihrer Firma an der Präsentation arbeiten.

Vermutlich würden Sie niemals auf die Idee kommen, vor Ihrem Klavier sitzend Spanisch zu lernen, im Büro Klavier zu spielen oder die Produktpräsentation im Spanischkurs der Volkshochschule auszuarbeiten. Ihr Körper und Gehirn haben also somit die verschiedenen Räumlichkeiten mit den verschiedenen Lernsituationen sowie den dazugehörigen Umweltreizen (Geruch, Geräusche, Temperatur, Farben etc.) verankert.

Das große Problem ist nun, dass Sie möglicherweise nur an diesem einen speziellen Klavier wirklich gute Ergebnisse erzielen, nur in diesem geschützten Laborraum der Volkshochschule wirklich gut Spanisch sprechen und möglicherweise nur in Ihrer Firma die Produktpräsentation selbstbewusst vortragen können.

Aber was ist mit der »freien Wildbahn«? Was ist, wenn Sie plötzlich Ihre Produktpräsentation auf Spanisch halten sollen oder bei der Weihnachtsfeier Ihrer Firma zufällig ein Klavier im Raum steht? In den meisten Fällen werden Sie dann eine Blockade erleben – es war also irgendwie alles umsonst.

Das soll Ihnen künftig nicht mehr passieren und mit *Speedlearning* wird es das auch nicht.

Lassen Sie uns also mit der ersten konkreten Lerntechnik beginnen. Es handelt sich hierbei um die Mnemotechnik, eine Methode, die bereits in der Antike verwendet wurde. Diese Methode bietet Ihnen zahlreiche Vorteile, wodurch Sie die zu lernenden Inhalte schneller und länger verinnerlichen können. Zum einen nutzen Sie konkrete Bilder, um sich abstrakte Inhalte wie Zahlen oder Formeln zu merken. Das beschleunigt meiner Erfahrung nach bei den meisten Menschen den Lernprozess immens. Außerdem verzichten Sie bei dieser Technik auf das ständige Arbeiten mit Büchern oder Ähnlichem, da sich der Großteil der Mnemotechniken nur in Ihrem Kopf abspielt. So haben Sie den großen Vorteil, dass Sie immer und überall den Lernstoff wiederholen und dann abrufen können. Drittens verwendet die Mnemotechnik amüsante Bilder, die Sie in einen positiven Gemütszustand versetzen, was sich nach meiner Erfahrung ebenfalls als stark lernfördernd herausgestellt hat. Sie brauchen etwa vier bis sechs Wochen, bis Sie diese Technik fehlerfrei beherrschen. Sobald Sie die Mnemotechnik einmal verinnerlicht haben, wird sie zu einem ständigen Begleiter in Ihrem Alltag und wird in allen denkbaren beruflichen und privaten Situationen in Ihrem Leben als Türöffner fungieren.

Darüber hinaus wird sich die Geschwindigkeit, mit der Sie zukünftig Lerninhalte dauerhaft abspeichern, um ein Vielfaches steigern.

Außerdem beugen Sie mit dieser Methode der digitalen Demenz vor, einem modernen Krankheitsbild.

Die Grundlagen der Mnemotechnik

Das Grundprinzip der Mnemotechnik ist ganz einfach erklärt: Hier verbinden Sie die abstrakten Zahlen von 1 bis 1.000 mit konkreten Bildern, die einem logischen Aufbau folgen. So können Sie zum einen Telefonnummern oder andere längere Zahlenfolgen mit einer kurzen Abfolge von drei bis vier Bildern abspeichern, zum anderen aber auch unterschiedliches Spezialwissen schneller und dauerhafter verinnerlichen.

Ich werde Ihnen im Laufe dieses Buches diese Technik immer wieder praktisch demonstrieren, zum Beispiel anhand des Lernens des Periodensystems der Elemente, der chronologischen

Auflistung der Bundespräsidenten der Bundesrepublik Deutschland seit ihrer Gründung, der bedeutendsten Komponisten mit ihren jeweiligen Hauptwerken sowie der Staaten Afrikas in alphabetischer Reihenfolge und viele mehr.

Doch starten wir mit der ersten Übung. Nehmen Sie sich für diese Übung 20 Minuten Zeit. Praktizieren Sie diese Übung darüber hinaus während eines kleinen Spaziergangs. Den Hintergrund für die Lerneinheit von 20 Minuten habe ich Ihnen bereits erläutert. Das Lernen in Bewegung, vor allem bei einem Spaziergang, ist aus folgendem Grund effektiver als das Lernen im Sitzen: Für unser Gehirn gibt es seit Urzeiten nur zwei Gründe, weshalb wir uns bewegen. Entweder wir befinden uns auf der Jagd oder wir befinden uns auf der Flucht.

Wenn unser Körper allerdings in einem Ruhezustand verweilt, zum Beispiel während des Sitzens am Schreibtisch, dann realisiert unser Gehirn, dass es jetzt in eine Art Stand-by-Modus schalten kann. Wenn Ihr Körper also in Bewegung ist, dann sind Ihre Aufmerksamkeit und Ihr Wahrnehmungsvermögen erhöht, sodass Sie lernbereiter sind als sonst.

Wenn Sie diese Aufmerksamkeit noch weiter steigern möchten, dann gehen Sie barfuß spazieren. Dadurch, dass die meisten Menschen es nicht mehr gewohnt sind barfuß zu laufen – vor allem nicht im Freien – untersucht unser Körper bei jedem Schritt den Boden nach möglichen Gefahren oder Verletzungsmöglichkeiten. Also schaltet Ihr Gehirn in einen noch höheren Aufmerksamkeitsgrad als ohnehin schon.

So weit die Vorbereitungen. Kommen wir nun also zu den konkreten Übungen, die Sie im Rahmen Ihres 20-minütigen Spaziergangs durchführen sollen.

Seit der Antike kennen Lernprofis die sogenannte Baumliste, also eine Liste von Symbolen, die stellvertretend für die Zahlen von eins bis zehn stehen. Ich habe diese Liste an manchen Stellen aktualisiert und anderen Stellen die klassischen Elemente verwendet.

Als Symbol für die Zahl 1 ordnen wir das Bild eines Baumes zu, weil ein Baum mit seinem Stamm aussieht wie eine 1.

Die Zahl 2 merken wir uns durch das Bild von Zwillingen, weil Zwillinge immer zu zweit auftreten.

Eine Kuchengabel mit ihren drei Zinken symbolisiert bildlich die Zahl 3.

Das Symbol für die Zahl 4 ist auf meiner Liste ein Auto, weil das Auto vier Räder hat.

Die Hand mit ihren fünf Fingern stellt das Bild für die Zahl 5 dar.

Eine sechs kann man würfeln und so ist es nur logisch, dass der Würfel die Zahl 6 symbolisiert.

Schneewittchen würde uns zustimmen, dass der Zwerg, von dem es bei ihr sieben an der Zahl gab, eine ideale Darstellung der Zahl 7 bietet.

Im Vergnügungspark finden wir die Achterbahn als modernes Bild für die Zahl 8.

Auch bei schönem Wetter zeigt die Form des Regenschirms am Griff das Bild für die Zahl 9.

Die Zahl 10 finden wir schließlich in der Bibel, wo die zehn Gebote abgedruckt sind.

Ich fasse also noch einmal alle bildlichen Symbole für die Zahlen von 1 bis 10 zusammen:

- Eins – der Baum
- Zwei – die Zwillinge
- Drei – die Kuchengabel
- Vier – das Auto
- Fünf – die Hand
- Sechs – der Würfel
- Sieben – der Zwerg
- Acht – die Achterbahn
- Neun – der Regenschirm
- Zehn – die Bibel

Lesen Sie sich jetzt diese Symbole noch einmal genau durch und stellen Sie sich dann diese Bilder vor Ihrem inneren Auge vor. Als Nächstes wiederholen Sie beim Spaziergang oder in Bewegung diese Liste in Gedanken. Führen Sie diese Übung ausschließlich mental durch und schreiben Sie nichts auf! Es ist wichtig, dass Sie sich ab sofort daran gewöhnen, dass Sie in Zukunft immer mehr in Ihrem Gedächtnis abspeichern werden, anstatt es aufzuschreiben. Denn sobald Sie etwas aufschreiben, geht Ihr Gehirn wieder in den Stand-by-Modus.

Also trainieren Sie Ihr Gehirn wie einen Muskel und vermeiden Sie, sich die Dinge aufzuschreiben. Merken Sie sich stattdessen das, was Sie wissen müssen, mithilfe dieser Methoden und Techniken, die Sie in diesem Buch kennenlernen.

Sobald Sie die ersten zehn Symbole dreimal hintereinander fehlerfrei wiederholen konnten, legen Sie eine Pause von etwa 20 Minuten ein und wiederholen Sie diese zehn Begriffe anschließend erneut (ohne aufzuschreiben).

Im Laufe des Tages wiederholen Sie diese Liste dann noch fünfmal und wenn Sie abends ins Bett gehen, rufen Sie sich vor dem Einschlafen diese Liste noch einmal ins Gedächtnis. Am nächsten Morgen können Sie sich dann unter der Dusche diese Liste ein weiteres Mal ins Bewusstsein rufen und sobald Sie alle zehn Bilder fehlerfrei abrufen können, sind Sie bereit für die Symbole der Zahlen von 11 bis 20.

Auch für die nächsten zehn Zahlen gibt es Symbole, die (zumindest im deutschsprachigen Raum) einheitlich verwendet werden. Diese Liste baut sich wie folgt auf:

Das Symbol für die Zahl 11 ist ein Fußball, weil eine Fußballmannschaft aus elf Spielern besteht.

Die Zahl 12 verbinden wir mit einem Geist, da um Mitternacht die Geisterstunde beginnt.

13 gilt als Unglückszahl – vor allem bei abergläubischen Menschen – ebenso wie die schwarze Katze, weshalb wir sie der 13 zuordnen.

Das Bild für die Zahl 14 ist ein Herz, weil am 14. Februar Valentinstag ist.

Der Ritter steht symbolisch für die Zahl 15, denn das 15. Jahrhundert war das Mittelalter.

Die meisten Leser durften mit 16 Jahren schon rauchen, so dass wir die Zigarette als Bild für diese Zahl verwenden (das Gesetz wurde am 1. September 2007 in Deutschland geändert – falls Sie zu den Lesern gehören, die nach dem 1. September 1989 geboren wurden, können Sie an dieser Stelle alternativ eine Bierflasche oder ein Hochzeitskleid nehmen).

Das Symbol für die Zahl 17 ist ein Kartenspiel. Wir denken hierbei an das beliebte Spiel 17 und 4, heutzutage besser bekannt als Blackjack.

Um 18 Uhr beginnt der Feierabendverkehr und wir erleben jede Menge Staus auf den Straßen. Also verknüpfen wir mit der Zahl 18 das Bild einer Straße.

Zu Abend essen wir um 19:00 Uhr und so bietet sich der Teller als Symbol für die 19 an.

Zu guter Letzt kennen wir die heilige Regel der Deutschen, dass man niemanden um 20:00 Uhr anrufen darf, weil um diese Zeit alle Deutschen die Tagesschau ansehen. Welches Bild wäre also für die Zahl 20 besser geeignet als der Fernseher?

Ich fasse die Symbole noch einmal zusammen:

- 11 – ein Fußball
- 12 – ein Geist
- 13 – eine Katze
- 14 – ein Herz
- 15 – ein Ritter
- 16 – eine Zigarette
- 17 – ein Kartenspiel
- 18 – eine Straße
- 19 – ein Teller
- 20 – ein Fernseher

Lesen Sie sich auch diese Symbole genau durch und stellen Sie sich dann diese Bilder genauso wie schon vorher die Zahlen von 1–10 vor Ihrem inneren Auge vor. Wiederholen Sie diese Liste dann wieder beim Spaziergang oder in Bewegung in Gedanken. Führen Sie diese Übung ebenfalls nur mental durch und schreiben Sie nichts auf!

Sobald Sie die zweiten zehn Symbole dreimal hintereinander fehlerfrei wiederholen konnten, legen Sie eine Pause von etwa 20 Minuten ein und wiederholen Sie anschließend die Symbole für die Zahlen von 1–20 (ohne aufzuschreiben).

Im Laufe des Tages wiederholen Sie die komplette Liste dann noch fünfmal und wenn Sie am Abend ins Bett gehen, rufen Sie sich vor dem Einschlafen alle 20 Bilder noch einmal ins Gedächtnis. Am nächsten Morgen können Sie dann wieder unter der Dusche die ganze Liste ein weiteres Mal ins Bewusstsein rufen und sobald Sie alle zwanzig Bilder fehlerfrei abrufen können sind Sie bereit für die fortgeschrittene Stufe der Mnemotechnik.

Fortgeschrittene Mnemotechnik

Ab dem dritten Tag sind die Listen für die Symbole der Zahlen von zunächst 21 – 90 individuell zu erstellen, weil Sie hierfür die Räume Ihrer Wohnung oder Ihres Büros verwenden. Ich stelle Ihnen nachfolgend jeweils meine Liste vor, die Sie theoretisch eins-zu-eins übernehmen können, aber sinnvoller ist es natürlich, wenn Sie Ihre eigene Liste erschaffen.

Für die Zahlen von 21–90 verknüpfen wir im Uhrzeigersinn jeweils zehn Einrichtungsgegenstände in sieben verschiedenen Räumen. In meinem Fall handelt es sich dabei um das Wohnzimmer, das Kinderzimmer, das Büro, die Küche, das Schlafzimmer, das Badezimmer sowie den Keller.

Diese Räume ordne ich folgendermaßen den Zahlen zu:

- 21 – 30: Das Wohnzimmer, weil wir hier abends zu zweit sitzen
- 31 – 40: Das Kinderzimmer, weil wir es erst eingerichtet haben, seit wir zu dritt sind
- 41 – 50: Das Büro, weil ich hier vier Tage pro Woche arbeite
- 51 – 60: Die Küche, weil ich hier mit meinen Händen (fünf Finger) Essen zubereite
- 61 – 70: Das Schlafzimmer, weil ich dort besonders sexy aussehe
- 71 – 80: Das Badezimmer, weil ich hier meine sieben Sachen richte
- 81 – 90: Der Keller, weil ich achtgeben muss, dass er ordentlich aufgeräumt ist

Als Nächstes lege ich jetzt pro Raum meines Hauses zehn Gegenstände fest und verknüpfe sie mit den jeweiligen Zahlen, indem ich diese auf dem Gegenstand visualisiere. Das klingt für den Moment vielleicht etwas kompliziert, aber wenn Sie die Liste komplett erstellt haben, dann werden Sie feststellen, dass diese Technik sehr einfach und vor allem logisch (unser Gehirn liebt Logik) funktioniert.

Der Einrichtungsgegenstand, der für mich symbolisch für die Zahl 21 steht, ist eine massive Holztruhe. Für 22 steht mein Telefon und für 23 ein alter Bauernschrank. Die Zahl 24 verknüpfe ich mit meinem Radio und 25 mit dem Laufstall unseres Sohnes. Für die 26 steht eine orientalische Lampe, für 27 unser Sofa und für 28 das Bücherregal. Zu guter Letzt verbinde ich in meiner Vorstellung die Zahl 29 mit unserem Treppenhaus und die Zahl 30 mit einem Hochzeitsbild.

Damit ich beim Suchen der verschiedenen Zahlen schneller an die entsprechende Stelle in meinem Wohnzimmer gelange, ohne alle zehn Symbole der Reihe nach durchgehen zu müssen, stelle ich mir zusätzlich vor, dass die Symbole auch in irgendeiner Verbindung zur Zahl stehen. So ist der Laufstall mit 25 in meiner Vorstellung etwas, in das ich meinen Sohn mit meinen Händen (jeweils fünf Finger) hineinstelle und so verknüpfe ich die Zahl 25 und den Laufstall zusätzlich mit der Symbolik für die Zahl fünf.

Dass 24 als Zahl mit dem Radio verknüpft ist, merke ich mir durch die Vorstellung, dass das Radio 24 Stunden am Tag läuft. Die 27 als Zahl, die mit der Couch verknüpft ist, visualisiere ich, indem ich die sieben Zwerge auf die Couch setze, also Kindergartenfreunde meines Sohnes, die zu Besuch sind. Beim Bücherregal muss ich regelmäßig achtgeben, dass es nicht umfällt, also weiß ich, dass es für die Zahl 28 steht.

Definieren Sie also jetzt den Raum samt Gegenständen, die für Sie für die Zahlen von 21–30 stehen, im Uhrzeigersinn. Gehen Sie diese dann wieder 20 Minuten in Bewegung durch und merken Sie sich alles genauso, wie Sie es bei den Zahlen von 1–20 getan haben. Alles wieder nur im Kopf merken, drei- bis viermal wiederholen, vor allem vor dem Einschlafen und am nächsten Tag unter der Dusche die Zahlen mit Symbolen komplett von 1–30. Erst wenn Sie diese Liste verinnerlicht haben, sollten Sie sich dem nächsten Raum zuwenden.

Die Symbole für die Zahlen von 31–40 befinden sich, wie erwähnt, in meinem Fall im Kinderzimmer meines Sohnes. 31 ist verknüpft mit Windeln, 32 mit der Wickelkommode, 33 mit einem Mobile, das über der Wickelkommode hängt und an dem drei Plüschtiere vergnügt ihre Kreise ziehen. 34 verbinde ich mit dem Bild eines Heizstrahlers, der vier Röhren hat. Nummer 35 ist verknüpft mit dem Kinderbett und ich nehme in der Vorstellung meine beiden Hände, an denen ich jeweils fünf Finger habe, um meinen Sohn aus dem Bett herauszuheben Nummer 36 ist der Teddy meines Sohnes und Nummer 37 ein Sessel, auf dem sieben Stofftiere sitzen, die nachts für schöne Träume sorgen.

Nummer 38 ist das Fenster, weil ich achtgeben muss, dass das Zimmer ausreichend gelüftet wird und trotzdem nicht zu kalt ist. Das Symbol für die Nummer 39 ist eine Stehlampe und der Kleiderschrank ist das Symbol für die Nummer 40 auf meiner Liste.

Erstellen Sie nun Ihre Liste und fahren Sie fort, wie für die bisherigen Listen beschrieben. Achten Sie darauf, dass Sie alles in

Ihrem Kopf abspeichern und wiederholen Sie in den dargestellten Zeitabständen.

Im Büro befinden sich die Symbole für die Zahlen von 41–50. Mit der Zahl 41 ist mein Schreibtischstuhl verknüpft, weil ich dort allein drauf sitze. 42 steht für meinen Schreibtisch, an dem ich mit meinen zwei Händen arbeite. Mit 43 verbinde ich meinen Laptop, 44 ist ein großer Wandkalender und Nummer 45 ein Stundenglas, also eine Sanduhr, die eine Stunde lang braucht, um den Sand von einer Kammer in die nächste zu transportieren. Dieses Stundenglas drehe ich in Gedanken mit meiner Hand und ihren fünf Fingern um. Der Heizkörper in meinem Büro steht für 46 und fragen Sie mich nicht warum, aber als ich diese Liste erstellt habe, lag gerade die Badehose meines Sohnes im Büro und somit wurde diese kleine Badehose Symbol für die Nummer 47, diese kleine Badehose, die auch einem der sieben Zwerge gehören könnte. Nummer 48 ist verknüpft mit meinem Handy, weil ich abends achtgeben muss, dass das Akkukabel richtig angeschlossen ist, um am nächsten Morgen optimale Power zu haben. Nummer 49 wird abgedeckt durch das Handtuch, das für die Schwimmtasche bereitliegt und das letzte Symbol des Raumes ist ein sehr gemütlicher Schaukelstuhl, in dem ich meine Bücher lese und somit das Bild für die Zahl 50 (ich hörte, dass man sich ab 50 wieder gerne in Schaukelstühle setzt).

Jetzt sind Sie wieder an der Reihe – Sie wissen, was zu tun ist!

Der Raum meines Hauses, in dem die Bilder für die Zahlen von 51 bis 60 abgelegt sind, ist die Küche, weil ich dort mit meinen Händen (fünf Finger) Essen zubereite. Hierbei ist das Bild für die Zahl 51 der Kühlschrank, für 52 steht ein Eierkocher (zwei Personen in unserem Haushalt essen gerne Eier) und für 53 ein Kugelschreiber, mit dem wir die Termine für alle drei Familienmitglieder im Kalender eintragen.

Nummer 54 ist die Spülmaschine, die Zahl 55 unser Hochleistungsmixer, den ich mit meiner Hand (wieder fünf Finger) morgens betätige, um leckere Smoothies zuzubereiten. Für die Zahl 56 steht das Spülbecken und für 57 der Wasserkocher, mit dem wir für unseren Sohn (der Zwerg der Familie) die Flaschen zubereiten. Nummer 58 ist ein Messerblock und das merke ich mir ganz leicht, indem ich daran denke, dass ich achtgeben muss, dass mein Sohn dort nicht hineingreift. Die Dunstabzugshaube steht für die Zahl 59 und der Backofen für 60, wobei ich mir hier vorstelle, dass die Hexe aus dem Märchen von Hänsel und Gretel im Alter von 60 Jahren in den Ofen geschubst wurde.

Alles klar soweit? Dann legen Sie los und erweitern Sie Ihre Liste!

Für die Zahlen von 61 bis 70 bietet sich das Schlafzimmer an, weil das der Raum ist, in dem ich besonders sexy bin. Die entsprechenden Symbole lauten wie folgt:

- 61: Ein Samuraischwert, das aussieht wie eine eins
- 62: Ein Teppich
- 63: Mein dreiteiliger Anzug
- 64: Ein Spiegel
- 65: Ein Buch, das ich abends zum Lesen in die Hand nehme
- 66: Das Kopfkissen
- 67: Das Babyfon, damit wir nachts unseren Zwerg hören können
- 68: Mein Wecker, bei dem ich achtgeben muss, dass er von Winterzeit auf Sommerzeit umgestellt wird und umgekehrt
- 69: Mein Gürtel, der zusammengerollt im Schrank liegt wie eine neun
- 70: Meine Socken

Voila, jetzt geht es in Ihr Schlafzimmer und auf zu den nächsten zehn Bildern. Viel Spaß beim Memorisieren.

Weiter geht es im Badezimmer mit den Symbolen für die Zahlen von 71 – 80. In diesem Raum baden wir unseren Sohn (den Zwerg der Familie) und so ist die Verbindung leicht zu merken.

Zu den Zahlen und deren entsprechendem Symbol im Einzelnen:

- 71: Die Waage – da stellt sich immer nur eine Person drauf
- 72: Die Dusche, in der gerne Mutter und Kind (zwei Personen) gemeinsam duschen
- 73: Die Badewanne
- 74: Die Toilette
- 75: Der Wäschekorb, den ich mit meiner Hand hochhebe
- 76: Der Fön
- 77: Die Zahnbürste unseres Sohnes (Zwerg der Familie)
- 78: Mein Rasierer, mit dem ich achtgebe, mich nicht zu schneiden
- 79: Der Deoroller
- 80: Mein Bademantel

So, worauf warten Sie? Ab ins Bad und die nächsten zehn Symbole festlegen. Bekommen Sie schon alle 80 Symbole zusammen? Falls nicht, wiederholen Sie es, bis Sie die Symbole wie im Schlaf beherrschen.

Die Zahlen von 81–90 verknüpfe ich mit Gegenständen in meinem Keller, in dem ich darauf achten muss, dass dort kein so großes Chaos herrscht.

- 81: Eine Handtasche (wird über eine Schulter gehängt)
- 82: Schuhe (man braucht für ein Paar immer zwei)
- 83: Der Motorradhelm
- 84: Die Skier (wenn ich mit meiner Frau im Winterurlaub bin, sind es vier Stück)
- 85: Der Roller (an dem ich mich beim Fahren mit der Hand festhalte)
- 86: Der Koffer
- 87: Das Raclette (das unser Zwerg, äh, Sohn liebt)
- 88: Der Werkzeugkasten (bei dem ich achtgeben muss, dass er vollständig ist)

- 89: Inlineskates
- 90: Eine Flasche Wein

Jetzt heißt es: »Wir gehen nicht nur zum Lachen, sondern auch zum Lernen in den Keller.«

Frohes Memorisieren!

Um die 100 zu vervollständigen, stelle ich nun die international verwendete Körperliste vor. Hierzu verbinden wir mit jeder Zahl ein Körperteil, mit den Füßen beginnend:

- 91: Die Füße
- 92: Die Knie
- 93: Die Oberschenkel
- 94: Das Gesäß
- 95: Der Bauch (den ich mit meiner Hand nach dem Essen reibe)
- 96: Der Brustkorb
- 97: Die Schulter (auf der ein Zwerg sitzt)
- 98: Der Hals
- 99: Die Nase
- 100: Die Stirn

Jetzt wiederholen Sie die Symbole von 1 – 100 so lange, bis Sie alles fehlerfrei abrufen können. Dann gönnen Sie sich zwei Tage Pause und wiederholen Sie die Liste erneut.

So sieht das in der Praxis aus:

Sie haben jetzt die Möglichkeit, sich ein- bis zweistellige Zahlen anhand eines Bildes zu merken. Das hilft Ihnen beispielsweise bei Geburtstagen.

Probieren wir es aus:
Mein Geburtstag ist 31.01.1975 und geboren wurde ich in Hannover. Jetzt verknüpfen Sie jeweils die Symbole Ihrer Liste für die Zahlen 31, 1, 19 und 75 mit meiner Person sowie der Stadt Hannover, sodass sie eine (merkwürdige) Geschichte erzählen.

Orientiert an meiner Liste könnte die Geschichte wie folgt lauten:
Sie sehen mich vor Ihrem inneren Auge, wie ich eine Windel trage, dabei auf einen Baum klettere und von dort aus einen Teller in einen Wäschekorb werfe, der von einem Pferd (Hannoveraner) getragen wird. Danach fühle ich mich wie neugeboren und schon wissen Sie, dass es sich um meinen Geburtstag handelt.
Wie würden Sie die nachfolgenden Geburtstage und Todestage bebildern?

- Johann Wolfgang von Goethe, geb. 28.08.1749 in Frankfurt; gest. 22.03.1832 in Weimar
- Ludwig van Beethoven, geb. 16.12.1770 in Bonn; gest. 26.03.1828 in Wien
- Pablo Picasso, geb. 25.10.1881 in Málaga; gest. 08.04.1973 in Mougins
- Martin Luther King, geb. 15.01.1929 in Atlanta; gest. 04.04.1968 in Memphis
- Stephen Hawking, geb. 08.01.1942 in Oxford; gest. 14.03.2018 in Cambridge

Wie merken Sie sich Ihren eigenen Geburtstag oder Ihren Hochzeitstag?
Trainieren Sie diese Technik, indem Sie jeden Tag direkt nach dem Aufstehen ein Bild zuordnen. So können Sie Ihren Kalender in Zukunft vergessen und auch geschichtliche Daten schnell und sicher abrufen.

Beispiel:
Im Jahr 2018 läuft im Fernsehen »Die Straßen von San Francisco«. 2019 wird es »Das perfekte Dinner« sein und 2020 »Die schönsten Versprecher im Fernsehen«.
Heute nehme ich meinen Teller, setze mich ins Auto und schaue »Die Straßen von San Francisco«. Welchen Tag haben wir heute?

Profitechniken der Mnemotechnik

So merken Sie sich längere Zahlenreihen

Mit den oben genannten Symbolen können Sie sich nun leichter zweistellige Zahlen merken, wie zum Beispiel bei Hausnummern oder Geburtsdaten. Was machen Sie nun, wenn Sie sich größere Zahlenreihen merken wollen, beispielsweise Handynummern oder IBAN-Nummern? Handynummern lassen sich gut in Zahlenblöcke mit jeweils drei Ziffern einteilen, also erweitern Sie die oben genannten Zahlen um eine weitere Stelle und zwar wie folgt:

Nehmen Sie die Zahlen von eins bis neun und verbinden Sie diese mit einer Farbe, die dann für eine bestimmte Umgebung steht. Konkret sieht das so aus:

- 1 – der Baum, er ist **grün** und steht für einen **Wald**
- 2 – die Zwillinge tragen **weiße** Skianzüge und stehen für eine **Schneelandschaft**
- 3 – die Kuchengabel hat einen **braunen** Griff und steht für einen **Acker**
- 4 – das Auto ist **blau** und steht für das **Meer**
- 5 – die Hand ist **rosa** wie ein Schweinchen und steht für einen **Zoo**
- 6 – der Würfel ist **gelb** und steht für Sand wie in der **Wüste**
- 7 – der Zwerg trägt eine **rote** Mütze und steht für ein Lager**feuer**
- 8 – die Achterbahn ist **orange** und steht für den Orangensaft beim **Frühstück**
- 9 – der Regenschirm ist **schwarz** wie die **Nacht**

Das ergibt folgende konkrete Zahlenbeispiele:

- 109: Ein Regenschirm, der im Wald liegt
- 204: Mein Auto fährt im Schnee
- 343: Mein Laptop liegt auf einem Acker

- 487: Im Meer schwimmt unser Raclette
- 597: Im Zoo sitzt ein Schweinchen auf meiner Schulter
- 668: Mein Wecker steht in der Wüste
- 734: Ich zünde mit dem Heizstrahler das Lagerfeuer an
- 871: Ich frühstücke auf der Waage
- 913: Eine Katze schleicht durch die Nacht

Egal wie Sie dieses Bild gestalten, Sie müssen sich nur merken, dass die Umgebung stets die erste Ziffer bildet.

Jetzt haben Sie eine sehr gute Grundlage, um sich zum Beispiel Telefonnummern zu merken. Wir brauchen lediglich noch ein Symbol für die Ziffer null und hier verwende ich persönlich gerne den Glücksdrachen »Fuchur« aus »Die unendliche Geschichte« von Michael Ende, weil dort von dem Nichts die Rede ist und mathematisch betrachtet die Zahl Null für das Nichts steht.

Für die jüngeren Leser, die »Die unendliche Geschichte« nicht kennen, empfehle ich an dieser Stelle, diese Wissenslücke gelegentlich zu beseitigen oder einfach »Glücksdrache« und »Die unendliche Geschichte« im Internet zu suchen.

Somit ergeben sich folgende Bilder für die gängigen Handy-Vorwahlnummern:

- 0160: Fuchur sitzt im Wald und holt einen Kuchen aus dem Backofen
- 0162: Fuchur sitzt im Wald auf einem fliegenden Teppich
- 0163: Fuchur sitzt im Wald und trägt einen Anzug
- 0171: Fuchur sitzt im Wald auf einer Waage
- 0172: Fuchur sitzt im Wald und duscht
- 0173: Fuchur sitzt im Wald und badet
- 0174: Fuchur sitzt im Wald auf der Toilette
- 0175: Fuchur sitzt im Wald im Wäschekorb

und so weiter und so fort.

Ich habe weiter oben schon erwähnt, dass es meiner Erfahrung nach leichter ist wenn man sich Informationen in Form von Bildern oder Geschichten merkt.

Ich gebe Ihnen ein Beispiel, damit Sie noch einmal verstehen wie ich das meine. Auf meinem Einkaufszettel standen heute folgende Lebensmittel: *Mehl, Butter, Zucker, Eier, Backpulver, süße Sahne, Schmand, Zimt, Tomaten, Mozzarella, Rinderhackfleisch, Spaghetti, Olivenöl, Kopfsalat, Rotwein, Vanilleeis, Himbeeren, Kaffee und Grappa*. Versuchen Sie sich diese 19 Lebensmittel innerhalb von drei Minuten zu merken und schreiben Sie sie dann auf.

Jetzt verbinden Sie zum Vergleich die Lebensmittel mit einer Geschichte:

> *Ich erwarte Besuch und möchte meinen berühmten Rahmkuchen backen. Hierzu nehme ich für den Teig Mehl und füge Butter, Zucker, Eier und Backpulver hinzu. Ich vermische alles zu einer Teilkugel und lege eine Springform mit dem Teig aus. Dann vermische ich die süße Sahne mit dem Schmand, etwas Zucker und Mehl in einer Schüssel und gebe die Masse auf den Teig. Zum Schluss kommt noch der Zimt drauf und ab damit in den Backofen. Zum Kuchen trinken meine Gäste gerne Kaffee. Zum Abendessen gibt es Spaghetti Bolognese, wofür ich noch Spaghetti und Rinderhackfleisch brauche, da meine Gäste aus gesundheitlichen Gründen kein Schweinefleisch essen. Dazu einen grünen Salat sowie eine kleine Vorspeise bestehend aus Tomaten und Mozzarella. Als Getränk reiche ich einen guten Rotwein dazu. Zum Nachtisch gibt es Vanilleeis mit heißen Himbeeren und einen Grappa.*

Im zweiten Beispiel erleben Sie mit allen Sinnen, wie Sie die Vorbereitungen für die Gäste treffen. Sie werden emotional berührt und können sich die Informationen so besser und dauerhafter merken.

Kommen wir nun zu Geschichten, mit denen Sie sich Telefonnummern in Blöcken von jeweils zwei oder drei Ziffern merken können.

Nehmen wir nun vier bekannte Telefonnummern und die entsprechenden Bilder dazu:

- Das Bundeskanzleramt, +49 30 182 722 720: Angela Merkel (während ich diese Zeilen schreibe, ist sie Bundeskanzlerin) liegt auf einem Handtuch und schaut sich mein Hochzeitsbild an. Dann stellt sie ihre Schuhe im Wald auf den Boden, zündet ein Feuer an und ruft mit ihrem Telefon bei mir an. Nach dem Gespräch zündet sie ein weiteres Feuer an und schaut sich die Nachrichten im Fernsehen an.
- Das Weiße Haus, +1 202 456 1111: Donald Trump (zum Zeitpunkt des Erscheinungstermins dieses Buches ist Donald Trump Präsident der Vereinigten Staaten von Amerika – dem Land ohne eigenen Namen) steht vor einem Baum und ruft den Eskimozwillingen im Schnee zu: »Da schwimmt ein Spülbecken im Meer!« Also baut er eine Mauer, legt einen Fußball auf die eine Seite sowie einen zweiten Fußball auf die andere Seite der Mauer.

So, welche Bilder stehen bei Ihnen für die nachfolgenden Telefonnummern?

- Der Kreml, +7 495 697 03 49
- Der Buckingham Palace, +44 303 123 7300

Jetzt habe ich ein Rätsel für Sie:

Die nachfolgende Geschichte steht für eine Handynummer. Können Sie herausfinden wie die Ziffernfolge lautet?

> *Fuchur sitzt im Wald und badet. Er stellt seinen Wecker auf einen Acker, damit er daran erinnert wird, sich rechtzeitig auf das Sofa zu setzen und seinen Bademantel anzuziehen, damit er bei mir anrufen kann.*

Zum Erlernen von noch größeren Zahlenfolgen wie zum Beispiel Kontonummern ist es hilfreich, die Wortliste noch um die Symbole für die Tausender zu erweitern. IBAN-Nummern werden oft in Blöcken mit vier Ziffern angegeben. Ich benutze hierzu Musikinstrumente, die ich mit den jeweiligen Zahlen von 1–9 assoziiere.

Das Symbol für die 1000er ist eine Flöte, weil sie aussieht wie eine Eins. Für die 2000er steht das Becken, weil man hier zwei Metallschalen gegeneinander schlägt. Das Symbol für die 3000er ist die Triangel, weil sie über drei Ecken verfügt. Für die 4000er habe ich mich für das Klavier entschieden, weil in dem Wort KlaVIER die Zahl vier versteckt ist. Mit den 5000ern verbinde ich die Mundharmonika, weil man sie mit den fünf Fingern einer Hand umschließt. Die 6000er assoziiere ich mit einer Gitarre, weil sie aussieht wie eine sechs. Für die 7000er stelle ich mir eine Harfe vor, weil sie mit ein bisschen Fantasie die Form einer sieben hat. Die 8000er stehen für mich im Zusammenhang mit einem Schlagzeug, weil es aussieht wie eine Achterbahn und zu guter Letzt verbinde ich mit den 9000ern ein Saxophon, weil es ebenfalls mit ein bisschen Fantasie aussieht wie eine neun.

Somit ergibt sich folgende Reihenfolge der Symbole zum Merken von vierstelligen Zahlen:

Musikinstrument – Umgebung – Bild

Hierzu einige Beispiele:

- 1234: Ein Mann spielt **Flöte** im **Schnee** und wird von einem **Heizstrahler** gewärmt
- 7533: Ein Mann spielt **Harfe** im **Zoo** und das **Mobile** dreht sich im Takt
- 4021: Ein Mann spielt **Klavier**, während er auf **Fuchur** sitzt und in eine **Truhe** fliegt

Bei mir werden die Musikinstrumente immer von einem Mann gespielt, weil ich selbst ein Mann bin. Es kann aber in Ihrem Bild ebenso gut eine Frau, ein Dinosaurier oder Ihr Lieblingssuperheld sein, also zum Beispiel ich.

Hier sind einige Kontonummern, die ich im Internet gefunden habe. Welche Bilder passen zu den nachfolgenden Kontonummern?

- SOS-Kinderdörfer, Kontonummer DE81 4306 0967 2222 2000 05: Ein Kind im SOS-Kinderdorf trägt eine Handtasche und spielt dabei Klavier auf einem Acker, indem es Würfel auf die Tasten fallen lässt. Dann kommt Fuchur und spielt Saxophon dazu, was über ein Babyphon in die ganze Welt übertragen wird. Ein weiteres Kind spielt das Musikinstrument Becken im Schnee und telefoniert dabei. Plötzlich wirft es das Becken in die Luft und drei Fuchur kommen und spielen damit, bis ein Fuchur es ihm wieder in die Hand legt.
- WWF: DE06 5502 0500 0222 2222 22
- König Bansah Ghana Förderverein e.V.: DE76 6709 0000 0085 1977 03

Mit dieser Technik können Sie sich auch die Postleitzahlen in Österreich oder der Schweiz merken. Welche Bilder passen zu den nachfolgenden Postleitzahlen?

- Zürich, 8049: Ein Mann spielt Schlagzeug, als plötzlich Fuchur angeflogen kommt und sich in einen Schaukelstuhl setzt und Zürcher Geschnetzeltes isst *oder* Ich sitze im Bademantel im Schaukelstuhl und esse Zürcher Geschnetzeltes.
- Bern, 3011
- Basel, 4057
- Wien, 1150
- Klagenfurt, 9061

Im Falle von fünfstelligen Postleitzahlen empfehle ich zwei Bilder zu nehmen. Das erste aus dem Bereich der 100er, das zweite aus der Symbolliste. Seien Sie kreativ, wenn es um folgende skurrile deutsche Orte und deren Postleitzahl geht:

- Oppenheim, 55276: Im Zoo finde ich einen Eierkocher, mit dem ich meine Haare föhnen kann.
- Altenheim, 77743
- Brasilien, 24217

- Afrika, 17268
- Katzenhirn, 87719
- Sommerloch, 55595

Jetzt ist Übung gefragt! Trainieren Sie diese Listen, bis Sie Ihnen in Fleisch und Blut übergegangen sind.

Wenn Sie auf der Straße unterwegs sind, dann üben Sie sich an den Kfz-Kennzeichen der Fahrzeuge, die Sie passieren. Prägen Sie sich die Postleitzahlen der drei wichtigsten Freunde sowie die Telefonnummern Ihrer Familienangehörigen ein. Merken Sie sich Ihre Konto- und Kredikartennummern sowie die entsprechenden PINs oder Aktenzeichen, Rechnungs- und Kundennummern für den Schriftverkehr mit Ihren Geschäftspartnern.

Ändern Sie fortan Ihre Sichtweise auf Zahlen und lernen Sie, auf das Aufschreiben oder Abspeichern von Telefonnummern, PINs oder anderen Zahlen zu verzichten.

Aber es gibt darüber hinaus noch zahlreiche weitere Anwendungsgebiete, in denen Ihnen die nun intensiv erarbeitete Liste hilfreich sein kann:

So sieht das in der Praxis aus

Nehmen wir an, dass Sie 20 verschiedene Dinge einkaufen möchten. Jetzt bringen Sie diese verschiedenen Einkäufe in Verbindung mit den ersten 20 Symbolen Ihrer Liste.
Folgende Dinge stehen für heute auf meinem Einkaufszettel:

- Eier
- Mehl
- Milch
- Kopfsalat
- Tomaten
- Hackfleisch
- Windeln
- Toilettenpapier
- Joghurt
- Eis
- Alufolie
- Rasierklingen
- Küchenrolle
- Mineralwasser
- Zahnpasta
- Shampoo
- Erbsen
- Mais
- Brot
- Äpfel

Jetzt verbinde ich die Einkäufe in meiner Vorstellung mit den Symbolen wie folgt:

- Ich werfe Eier gegen einen Baum.
- Die Zwillinge springen in ein Becken aus Mehl.
- Ich pikse mit einer Kuchengabel in das Euter einer Kuh, bis Milch kommt.
- In meinem Auto fährt ein Mann, der statt eines Kopfes einen Kopfsalat hat.
- Mit meinen Händen jongliere ich Tomaten.
- Im Supermarkt kaufe ich einen riesigen Hackfleischwürfel.
- Die Zwerge brauchen dringend Windeln.
- Während der Achterbahnfahrt wickele ich mir Toilettenpapier um die Augen.
- Mit meinem Regenschirm schütze ich mich vor einem Regen aus Joghurt.
- In der Bibel steht geschrieben, dass du so viel Eis essen sollst wie du willst.
- Der Fußball wird nach dem Spiel in Alufolie gewickelt.
- Der Geist trägt einen Bart und wird mit Rasierklingen rasiert.
- Als die Katze in die Küche macht, wische ich es mit Küchenrolle auf.
- Mein Herz schlägt an gesündesten, wenn ich Mineralwasser trinke.
- Der Ritter benutzt vor seinem Turnier Zahnpasta gegen Mundgeruch.
- Ich reiche meinem Freund beim Duschen eine Zigarette und Shampoo.
- Beim Blackjack verwende ich statt Jetons Erbsen als Spieleinsatz.
- Auf der Straße ist ein Lkw mit Mais umgefallen.
- Auf meinem Teller liegt eine Scheibe Brot.
- Im Fernsehen kommt ein Bericht über die leckersten Äpfel der Welt.

Lassen Sie jetzt ab sofort Ihren Einkaufzettel zuhause.

… oder Passwörter

Manchmal müssen Sie sich eine Kombination aus Zahlen und Buchstaben merken, wie im Falle von Passwörtern oder W-LAN-Zugängen. Nehmen wir einmal an, dass Sie von Ihrer Bank ein automatisiertes Passwort mit hohem Sicherheitscharakter erhalten, das wie folgt aussieht: »A3sc6T7hvb89ZE2a«. Weil Sie sich dieses Passwort in der Vergangenheit vermutlich nicht merken konnten, haben Sie es sofort in Ihr Standardpasswort, zum Beispiel »Speedlearning2018!« geändert. In Zukunft möchten Sie jedoch anspruchsvollere Passwörter verwenden und auch für jedes Bankkonto ein anderes. Oder Sie möchten einfach nur damit angeben, dass Sie sich W-LAN-Zugangsdaten jeder Art auf Anhieb merken können. Hierfür benötigen Sie nun neben der Möglichkeit sich Zahlen zu merken noch eine Liste mit der entsprechenden Verknüpfung für die Buchstaben. Um das zu erreichen, schauen Sie sich zunächst die nachfolgende Liste mit männlichen und weiblichen Vornamen für jeden Buchstaben des deutschen Alphabets an.

Andreas	andrea
Beat	beate
Christian	christiane
Daniel	daniela
Erik	erika
Franz	franziska
Gerd	gerda
Heiko	heike
Ingo	inge
Johann	johanna
Karl	karla
Leon	leonie
Martin	martina
Nikolaus	nikola
Otto	ottilie
Peter	petra
Quirin	quirina
Raphael	raphaela
Stephan	stephanie
Theo	thea
Ulrich	ulrike

Viktor	viktoria
Wilhelm	wilhelmine
Xaver	xanthippe
Yannick	yasmin
Zacharias	zoe

Die Bilder für die jeweiligen Zahlen haben Sie aus den Listen von oben erarbeitet. Jetzt überlegen Sie sich, an wen Sie als Erstes denken, wenn Sie den entsprechenden Nachnamen lesen. Diese Person wird dann Ihr persönliches Bild für den jeweiligen Buchstaben.

Bei mir sieht das so aus:

Andreas Gabalier (Österreichischer Volksmusiksänger)	andrea »annie« hopper (TV-Star aus der US-Serie »Alf«)
Beat Marti (Schweizer und deutscher Schauspieler)	beate uhse (Deutsche Pilotin und Unternehmerin)
Christian Morgenstern (Deutscher Dichter und Schriftsteller)	christiane von goethe (Johann Wolfgang von Goethes Ehefrau)
Daniel Düsentrieb (Comicheld meiner Jugend)	daniela katzenberger (Deutsche Schauspielerin und Model)
Erik der Rote (Gründer der ersten Wikinger-Siedlungen in Grönland)	erika berger (Deutsche Fernsehmoderatorin)
Franz von Assisi (Ordensgründer der römisch-katholischen Kirche)	franziska van almsick (Deutsche Schwimmerin)
Gerd Müller (Ehemaliger deutscher Profifußballer)	gerda füger (Liebenswerte Nachbarin meiner Oma)
Heiko Thieme (Deutschstämmiger Anlageberater)	heike makatsch (Deutsche Schauspielerin)

Ingo Appelt (Deutscher Kabarettist)	inge meysel (Deutsche Schauspielerin)
Johann Wolfgang von Goethe (Deutscher Dichter)	johanna von orléans (Französische Nationalheldin)
Karl der Große (König des Fränkischen Reiches)	karla homolka (Kanadische Serienmörderin)
Leon (Spartanischer König)	leonie wild (Deutsche Unternehmerin)
Martin Luther (Deutscher Theologe)	martina frank (Meine Mutter)
Nikolas Cage (Schauspieler aus dem Land ohne eigenen Namen)	nikola richter (Deutsche Schriftstellerin)
Otto Waalkes (Ostfriesisch-deutscher Komiker)	ottilie von goethe (Schwiegertochter von Johann Wolfgang von Goethe)
Peter Lustig (Deutscher Fernsehmoderator und Held meiner Jugend)	petra pfirrmann (Passionierte Tänzerin meiner Jugend)
Quirin Amper Jr. (Deutscher Komponist)	quirina lechmann (Koloratorsopran)
Raphael Aloysius Lafferty (Fantasy-Schriftsteller)	raphaela porras y ayllón (Spanische Ordensschwester)
Stephan Báthory (König von Polen)	stephanie frank (meine geliebte Ehefrau)
Theo Lingen (Deutscher Schauspieler)	thea von gaza (Heilige)
Ulrich Wickert (Deutscher Fernsehjournalist)	ulrike meinhof (Deutsche Journalistin)
Viktor Frankl (Österreichischer Neurologe und Psychiater)	viktoria von schweden (Kronprinzessin von Schweden)
Wilhelm Busch (Deutscher Satiriker)	wilhelmine reichard (Deutsche Ballonfahrerin)

Xaver Scharwenka (Deutscher Komponist, berühmter Konzertpianist und Musikpädagoge)	xanthippe (Ehefrau des Sokrates)
Yannick Pelletier (Schweizer Großmeister im Schach)	yasemin shooman (Deutsche Historikerin)
Zacharias Oppenheimer (Deutscher Mediziner)	zoe weiland (Deutsche Schauspielerin)

So sieht das in der Praxis aus:

Die Wegbeschreibung:
Ich möchte gerne von der Krämerstraße in Oppenheim in die Lützenkirchener Straße in Leverkusen fahren. Folgende Route wird mir vorgeschlagen:

- Auf Krämerstraße in Richtung Osten auf »Am Markt« starten
- Links abbiegen auf Mainzer Straße
- Rechts abbiegen auf Steinweg
- Links abbiegen auf B9
- Bei Ausfahrt A60 Richtung Frankfurt fahren
- Ausfahrt Richtung Ginsheim-Gustavsburg
- Links halten, Beschilderung Richtung Wiesbaden folgen
- Weiter auf A 671
- Bei Ausfahrt 3-Mainz-Kastel Richtung Wiesbaden-Erbenheim einfädeln
- Den rechten Fahrstreifen benutzen, Auffahrt Richtung Köln auf A66
- Am Wiesbadener Kreuz auf A3 Richtung Köln/Bonn/Koblenz
- Bei Ausfahrt 22-Leverkusen-Opladen in Bonner Str./B8 einfädeln
- Bonner Str. folgen, Fixheider Str. und Feldstraße bis Lützenkirchener Straße

Verknüpft mit der Symbolliste sieht das Ganze in meinem Kopf dann wie folgt aus:

- Unter dem großen Baum findet der Wochenmarkt statt.
- Da kommt Gregor Gysi (Linkspartei) mit einem Mainzelmännchen daher
- und stellt meinen Rechtsanwalt auf einen Stein.
- Dann reicht Gregor Gysi Beat Marti einen Regenschirm
- und bittet Andreas Gabalier, ein paar Frankfurter aus dem Backofen zu holen.

- Im Backofen sitzt aber Gustav Gans und will raus.
- Gregor Gysi nimmt ihn mit zur Spielbank nach Wiesbaden,
- wo Andreas Gabalier im Wüstensand auf einer Waage steht.
- Dann schiebt er mit einer Kuchengabel ein Mainzelmännchen in ein Kastel, worüber sich dessen Erben freuen
- und ihm ein Kölsch auf das Kopfkissen stellen.
- Andreas Gabalier bekommt das mit und zeigt mit einer Küchengabel auf das Kölsch.
- Zum Glück sehe ich dann eine Truhe, die für eine gute Bonität sorgt
- und mich fix über das Feld ans Ziel bringt.

Übrigens:
Wussten Sie, dass Sie sich Adressen besser merken können, wenn Sie die Hausnummer an den Anfang stellen? Das liegt daran, dass sich unser Gehirn zuerst das merkt, was es als Erstes hört oder liest und dann die Dinge, die es sich bildlich vorstellen kann. Möchte ich mir jetzt also die Bahnhofstraße 12 merken, so kann ich mir natürlich einen Geist im Bahnhof vorstellen, oder aber ich stelle die Zahl 12 voran, wie es in englischsprachigen Ländern üblich ist: 12, Bahnhofstraße. Mit dem Straßennamen verbinde ich ein Bild (hier der Bahnhof) und die Zahl 12 merke ich mir als erste Information leichter als umgekehrt. Probieren Sie es einfach aus.

Dasselbe gilt übrigens auch für Namen. In der Pfalz, wo ich meine glückliche Kindheit verbrachte, ist es üblich, zunächst den Nachnamen und anschließend den Vornamen zu nennen. Man spricht also nicht vom Albert Schweitzer, Kurt Österreicher und Michel Deutschländer, sondern vom Schweitzer Albert, Österreicher Kurt oder Deutschländer Michel. Auch hier entsteht beim Gedanken an einen Vornamen zumeist das Bild einer Person in unserem Kopf (wir haben alle unsere Bilder von Manfreds, Klauses und Heinzes), wobei der Nachname oft schwieriger zu memorisieren ist. Doch auch bei dieser Technik gilt wie bei allen anderen: Einfach mal testen und so lange üben, bis es klappt.

Mind-Maps effektiv nutzen

Mind-Maps fungieren als Gedächtnis-Landkarten. Eine Landkarte ist aber nur dann hilfreich, wenn sie gut strukturiert und übersichtlich gestaltet ist. Aus der Lernpsychologie wissen wir, dass sich unser Gehirn sieben Dinge problemlos merken kann. Aus diesem Grund empfehle ich Ihnen, in Ihrer Mind-Map stets nicht mehr als sieben Begriffe mit dem Ausgangsbegriff zu verbinden.

Ihr Gehirn liebt Ordnung. Deshalb sollten Sie die Mind-Maps so gestalten, dass die sieben Begriffe, die Sie sich zu dem jeweiligen Thema merken wollen, einer sinnvollen Reihenfolge folgen.

Beim Lernen von Vokabeln in einer Fremdsprache könnte das beispielsweise so aussehen:

- Obstsorten: von klein nach groß
- Farben: von hell nach dunkel
- Berufe: von kleinem Gehalt nach großem Gehalt
- Tiere: von klein nach groß
- Familienmitglieder: von *sehe ich am häufigsten* zu *sehe ich am seltensten*
- Räume im Haus: in der Reihenfolge, in der ich sie betrete, wenn ich heim komme
- Wetter: von kalt nach warm

Nehmen wir an, Sie wollen sich Farben auf Italienisch merken, dann könnte Ihre Mind-Map wie folgt aussehen:

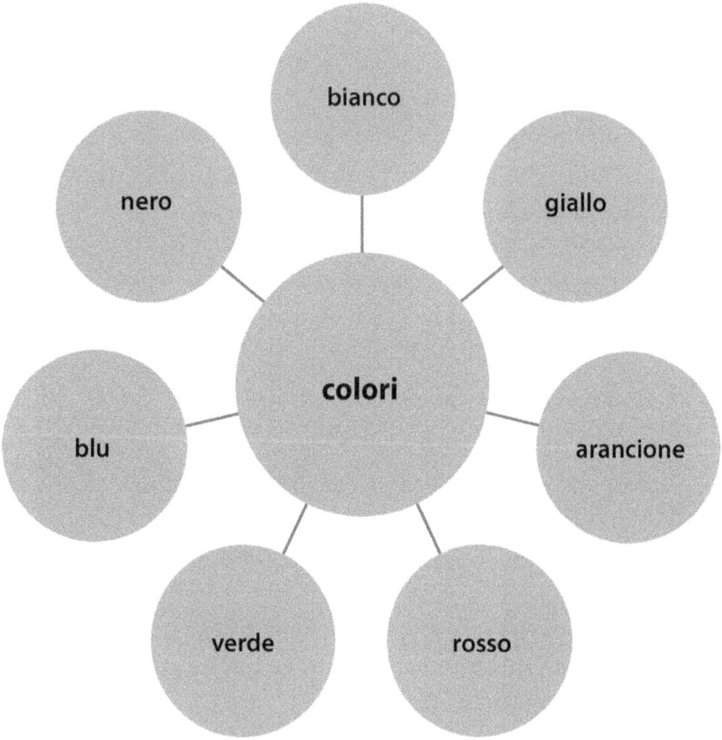

Wenn Sie Vokabeln mit Mind-Maps lernen möchten, dann verwenden Sie die Begriffe ausschließlich in der Zielsprache. Schreiben Sie niemals die Wörter in Ihrer Muttersprache auf, da Sie sonst Ihr Gehirn immer wieder in die Komfortzone zurückholen. Stünde in der Mind-Map mit den italienischen Farben die deutsche Übersetzung dabei, dann würden Sie deutlich länger benötigen, um sich die italienischen Begriffe zu merken. Probieren Sie es einfach aus. Erstellen Sie zehn verschiedene Mind-Maps in Ihrer Zielsprache. Ich benutze hierfür gerne Karteikarten, weil ich sie dann überall mit hinnehmen kann und unterwegs die Wörter, die mir noch nicht auf Anhieb einfallen, jederzeit wiederholen kann.

Zehn Mind-Maps mit jeweils sieben Begriffen zu einem Kernthema – das bedeutet 70 neue Wörter innerhalb von 24 Stunden. Was glauben Sie, würde es für Ihr Lernpotenzial ganz allgemein bedeuten, wenn Sie mal eben an einem Tag 70 neue Wörter lernen könnten?

Aber vor allem stellt sich die Frage, wieso diese Techniken nicht mehr zur Anwendung im Unterricht an unseren Schulen gelangen, wo sie doch schon seit geraumer Zeit bekannt sind. Es gibt zahlreiche andere Beispiele für die Verwendung von Mind-Maps zum Lernen. Hier einige Anregungen aus dem klassischen Schulunterricht:

Die Bundespräsidenten der Bundesrepubilk Deutschland …

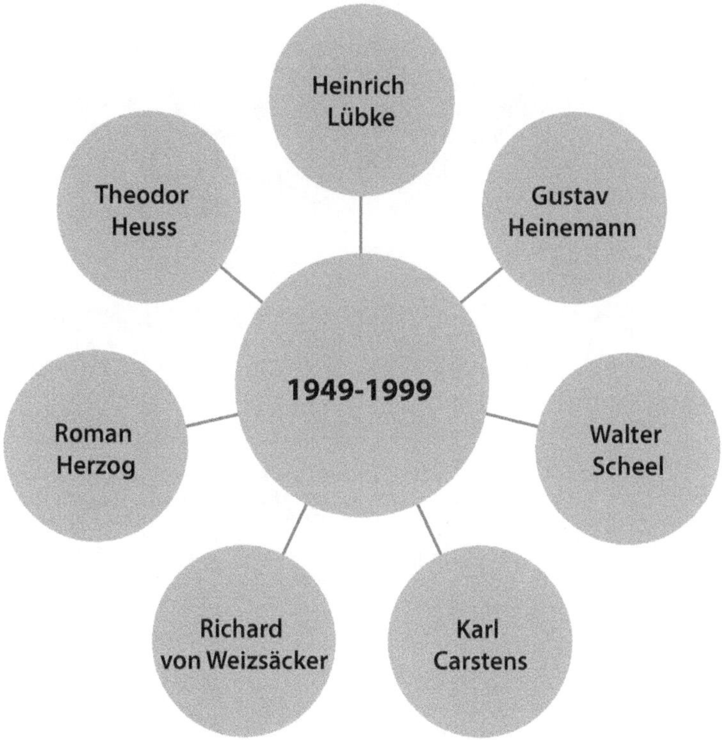

… oder die renommiertesten Komponisten klassischer Musik.

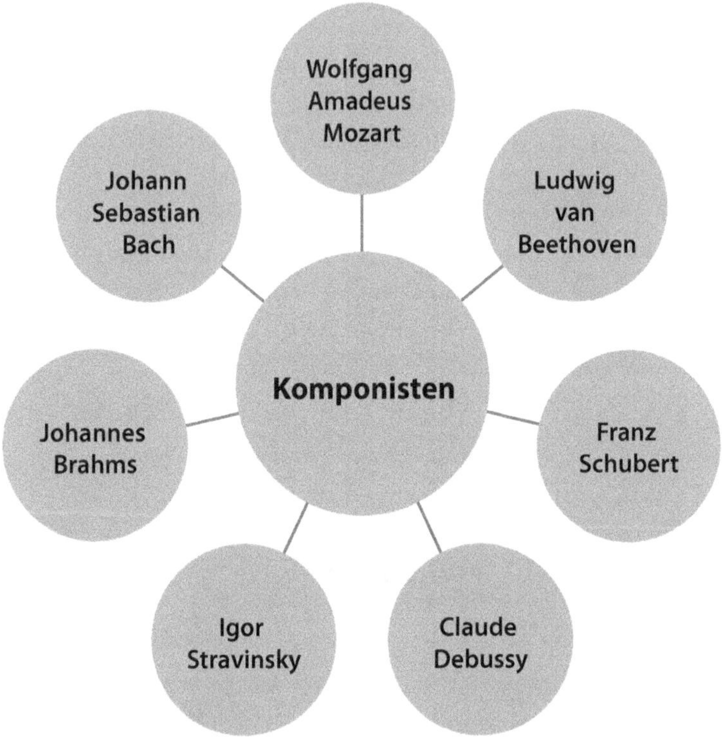

Wenn Sie sich die sieben wichtigsten Werke der jeweiligen Komponisten noch zusätzlich merken möchten, dann erstellen Sie für jeden Komponisten eine eigene Mind-Map.

Vielleicht stehen Sie ja aber auch mehr auf Dichter oder auf Baugeschichte.

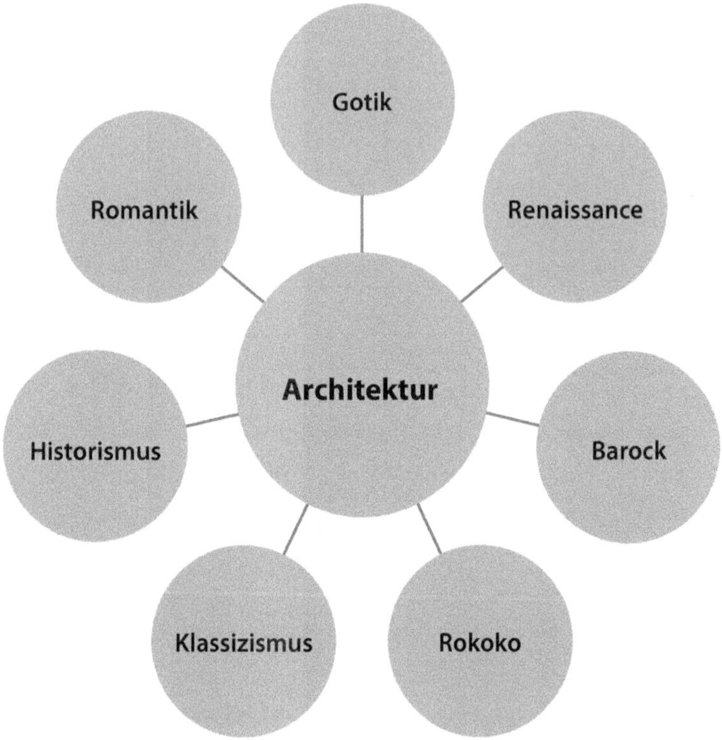

Mind-Maps lassen sich hervorragend einsetzen, um komplexen Themen und Inhalten eine Struktur zu geben.

So lernen Sie 80 Verben in 60 Minuten

Sie wollen in einer Stunde bis zu 80 Verben lernen? Ich zeige Ihnen, wie Sie das Unmögliche möglich machen.

Wie bereits erläutert, ist das Verb der wichtigste Bestandteil eines Satzes. Denn insofern Sie über ein Repertoire von 80 Verben in einer Sprache verfügen, so sind Sie bereits in der Lage 80 Mastersätze zu bilden. Wenn jeder Ihrer Mastersätze im Durchschnitt aus sechs Wörtern besteht, so verfügen Sie nun bereits über einen Wortschatz von 480 Wörtern. Hiermit verfügen Sie bereits über 80 Prozent des Vokabulars, das Sie brauchen, um sich im Alltag zurechtzufinden. Klingt unglaublich, oder? Aber es funktioniert! Aus diesem Grund lautet der Titel dieses Buches auch »Speedlearning«.

Stellen Sie sich jetzt einen Wecker auf 60 Minuten und lassen Sie uns beginnen: Suchen Sie sich nun barfuß einen Platz, an dem Sie ein bisschen Bewegungsspielraum haben. Nun gilt es zehn Punkte (die später jeweils ein Verb symbolisieren werden), mit je einer Körperstelle zu verbinden. Gehen Sie hierfür wie folgt vor:

- Punkt 1 sind die Füße. Einmal herunterbeugen und sie berühren.
- Punkt 2 sind die Knie. Bitte ebenfalls berühren.
- Punkt 3 die Oberschenkel. Kurz anfassen.
- Punkt 4 das Gesäß. Einmal auf den eigenen Popo klatschen.
- Punkt 5 der Bauch. Kurz mit der Hand reiben wie nach einem guten Essen.

Wiederholen Sie diese Übung noch einmal, denn Bewegung bringt Sauerstoff ins Gehirn. Dann geht es weiter hoch:

- Punkt 6 ist der Brustkorb. Einmal trommeln wie ein Silberrücken (Gorilla).
- Punkt 7 ist die Schulter. Klopfen Sie sich einmal selbst auf die Schulter.
- Punkt 8 ist der Hals. Einmal kurz am Hals entlangstreichen.
- Punkt 9 ist die Nase. Fassen Sie sich einmal an Ihre eigene Nase.
- Punkt 10 ist die Stirn. Jetzt an die Stirn fassen, als wäre Ihnen eine Idee gekommen.

Auch diesen zweiten Teil wiederholen Sie nun noch einmal. Nun wiederholen Sie die gesamte Liste der Punkte auf einmal. Na, haben Sie Spaß? Das sollten Sie auch, denn mit Spaß lernt es sich leichter.

Als Nächstes verknüpfen Sie jeden dieser Punkte mit einem Grundverb. Sie können Ihre eigene Liste erstellen oder meine übernehmen. Hierbei geht es nun darum, eine Systematik zu erarbeiten, mit der Sie diese Verben überall, unabhängig von dem, was Sie tun oder wo Sie sich gerade befinden, anwenden und trainieren können. Die Verben sind absichtlich alle in der ersten Person Singular formuliert, denn diese Form wird in der praktischen Anwendung am häufigsten von Ihnen benutzt werden.

Lassen Sie uns diese Übung gemeinsam angehen:

- Bei den Füßen stellen wir uns eine Fußmassage oder ein Fußbad vor und verknüpfen mit den Füßen das Verb *ich entspanne.*
- Bei den Knien stellen wir uns vor, dass wir wie ein Handwerker kniend Fliesen verlegen oder wie eine Hausfrau kniend den Boden schrubben. Wir knien uns richtig in die Arbeit hinein. Also verbinden wir mit den Knien das zweite Verb *ich arbeite.*
- Wenn wir an unsere Oberschenkel denken, stellen wir uns einen Salsa-Tänzer vor. Und zwar erst einen brasilianischen und dann einen deutschen im visuellen Vergleich und verknüpfen mit den Oberschenkeln das Verb *ich tanze.*
- Mit dem Gesäß verknüpfen wir das Verb *ich bewege.* Ausgehend von der deutschen Redewendung: »Bewege Deinen Hintern!« Denn auch das sollten wir ja beim Lernen tun.
- Wenn wir den Bauch berühren, dann stellen wir uns eine schwangere Frau vor und wenn Sie selbst einmal schwanger waren, dann wissen Sie, da drinnen findet das Leben statt. Deswegen wird das Verb *ich lebe* mit dem Bauch verknüpft.

Gehen wir die ersten fünf Verben noch mal durch:

- Die Füße – *ich entspanne,* wir stellen uns ein Fußbad vor.
- Die Knie – *ich arbeite,* weil wir uns in die Arbeit hineinknien.
- Die Oberschenkel – *ich tanze* – Salsa zum Beispiel.
- Der Hintern – *ich bewege,* eben denselben.
- Der Bauch – *ich lebe,* denn dort entsteht das Leben.

Fahren wir fort!

- Der Brustkorb beherbergt das Herz, Symbol als Sitz der Empfindungen, also verbunden mit dem Verb *ich empfinde.*
- Als Nächstes kommt die Schulter, auf der manchmal in unserem Leben links und rechts Engelchen und Teufelchen miteinander kommunizieren, also der Ort für das Verb *ich kommuniziere.*
- Jetzt der Hals. An dieser Stelle stellen wir uns vor, dass wir eine schöne Halskette tragen oder jemanden sehen, der eine schöne Halskette besitzt. Die muss man jedoch vorher erst kaufen, also *ich kaufe.*
- Dann die Nase, bei der wir uns vorstellen, dass wir sie überall hineinstecken wie ein Naseweis, also *ich weiß.*
- Zuletzt die Stirn. Da zerbrechen wir uns jedes Jahr aufs Neue den Kopf, was wir unseren Lieben zu Weihnachten oder zum Geburtstag schenken sollen. Also die Stirn für *ich schenke.*

Gehen Sie auch die letzten fünf noch einmal durch. Nun sollten Sie pausieren. Sie könnten zum Beispiel ein bisschen Geschirr abwaschen, bügeln oder die Wohnung aufräumen und dabei in Gedanken die Grundverben wiederholen. Das heißt, während Sie Ihre Geschirraktivitäten oder andere Dinge vollbringen, gehen Sie parallel im Kopf die verschiedenen Körperpunkte durch, die Sie jetzt schon gelernt haben.

Bewegen Sie Ihre Füße und stellen Sie sich währenddessen vor, dass Sie eine Fußmassage erhalten. Verbinden Sie diese Vorstellung wieder mit dem Grundverb *ich entspanne.* Sie knien sich nun wirklich in das *Speedlearning.* Sie erinnern sich hier also an das Grundverb *ich arbeite.* Tanzen Sie doch ein bisschen, schwingen Sie Ihren Hintern und bewegen Sie Ihre Oberschenkel. Behalten Sie die entsprechenden Grundverben hierbei immer im Hinterkopf. Denken Sie an Ihren Bauch und das entsprechende Grundverb *ich lebe,* an den Brustkorb und das Verb *ich empfinde* und dann haben wir die Schulter in Verbindung mit *ich kommuniziere.* Erinnern Sie sich an das Verb, das wir mit dem Hals verknüpft haben?

Genau: *ich kaufe*. Die Nase steht für *ich weiß* und als letztes Körperteil die Stirn in Verbindung mit *ich schenke*.

So und nun wiederholen wir das Ganze noch ein letztes Mal.

Dann lassen Sie in Ihrer Vorstellung eine Gedächtnislandkarte in Form einer **Mind-Map** entstehen. Den Mittelpunkt dieser Mind-Map bildet ein zentrales Verb. Angereiht werden die anderen Verben, aber in logischer Reihenfolge.

Hier ein Beispiel:

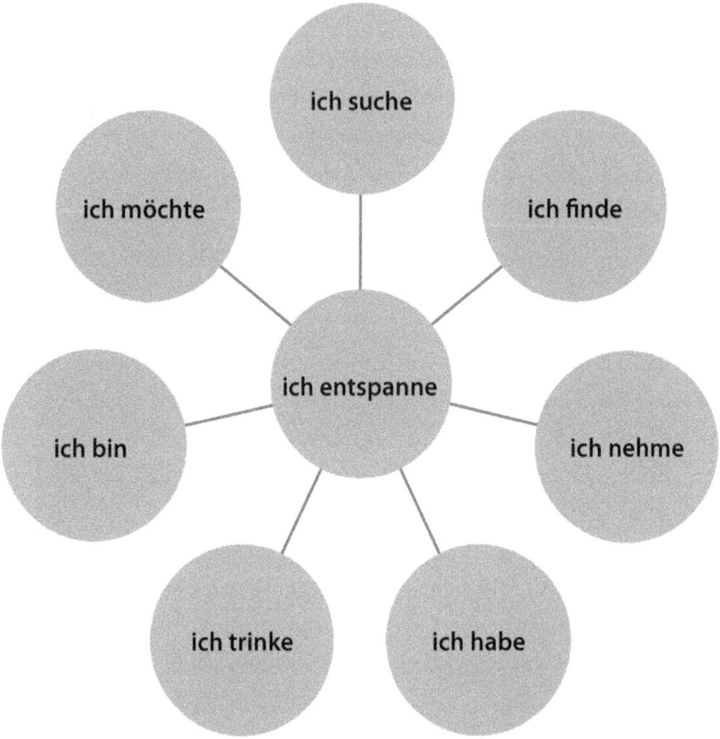

Während des Lern- und Merkvorgangs sollten Sie diese Gedächtnislandkarten nur in Ihrem Kopf entstehen lassen, ohne sie aufzuschreiben. Ich habe Ihnen ja bereits erläutert, was in Ihrem Gehirn passiert, wenn Sie zu viel aufschreiben.

Im nächsten Schritt überlegen wir uns eine Geschichte zu unserer Mind-Map. Das wird uns wiederum dabei helfen, uns diese acht Verben mühelos einzuprägen. Stellen Sie sich vor, Sie sitzen mit Ihrem Lieblingsgetränk im Garten, weil Sie etwas entspannen möchten. Ich würde ein Glas Wein wählen, Sie können gerne zu etwas anderem greifen, nur bitte nicht zu Wasser – niemand entspannt mit Wasser. (Während des Lernens sollten Sie aber auf Alkohol oder Kaffee verzichten, denn diese behindern die Lernprozesse in unserem Gehirn).

In diesem Beispiel trinken wir in unserer Vorstellung also einen guten rheinhessischen Wein. Die Sätze, die ich damit in Verbindung bringe, lauten: ich möchte Wein, ich suche Wein, ich finde Wein, ich nehme Wein, ich habe Wein, ich trinke Wein und ich bin ein Weintrinker.

Daraus entsteht folgende Geschichte, die wir jetzt mit der oben genannten Körperliste verbinden, die wir schon beim Merken der Zahlen von 91 – 100 kennengelernt haben. Die erste Gruppe wird also mit unseren Füßen als Anker verbunden. Das hat den Vorteil, dass Sie die Verben beim Laufen automatisch bewusst und unbewusst wiederholen:

> *Ich entspanne mich und während ich mich so entspanne, stelle ich fest, dass ich Lust auf Wein habe, also möchte ich Wein. Nun suche ich in meiner Wohnung nach Wein und finde Wein im Keller. Ich nehme den Wein, dann habe ich den Wein in der Hand, trinke den Wein und bin demnach ein Weintrinker.*

Das ist die Geschichte zu meiner visualisierten Mind-Map, in deren Zentrum sich das Grundverb *ich entspanne* befindet und in sinnvoller Reihenfolge die sieben Sätze *ich möchte Wein, ich suche Wein, ich finde Wein, ich nehme Wein, ich habe Wein, ich trinke Wein* und *ich bin ein Weintrinker* angeordnet sind.

Somit ist diese Mind-Map mit den Füßen verknüpft und jetzt können Sie diese Verben mit entsprechenden Mastersätzen optimieren, das bedeutet, Sie bilden einfache Sätze, in denen diese Verben vorkommen und die Sie sich leicht merken können. Anschließend können Sie die einzelnen Bestandteile des Satzes wie in einem Baukasten austauschen und trainieren so ganz nebenbei zahlreiche unterschiedliche Ausdrücke, die auf den Mastersätzen aufbauen:

- Ich entspanne... mich zu Hause/im Garten/in der Sauna/im Urlaub.

(Wäre also als Mastersatz: »Ich entspanne mich zu Hause« und im Anschluss die daraus entstehenden Variationen wie bei einem Baukasten: »Ich entspanne mich im Garten«, ich entspanne mich in der Sauna«, »ich entspanne mich im Urlaub« und so weiter...)

- Ich möchte... ein Glas Wein/Rotwein/Weißwein/Roséwein/eine Tasse Kaffee.
- Ich suche... eine Flasche Wein/ein Restaurant/ein Hotel/den Marktplatz.
- Ich finde... eine kleine Flasche Wein/den Weg nicht/das Hemd schön.
- Ich nehme... zwei Gläser Wein/den Bus/dieses Paar Schuhe in braun.
- Ich habe... ein gutes Glas Wein/Hunger/Lust/Zeit/gute Nachrichten.
- Ich trinke... gerne Wein/heute ein Bier/nur stilles Wasser/Kaffee mit Milch.
- Ich bin... Weintrinker/glücklich/einverstanden/im Büro/unterwegs und so weiter.

Alles klar soweit? Haben Sie das Prinzip verstanden? Dann überlegen Sie sich nun Geschichten für die restlichen Körperteile.

Jetzt ist ein guter Zeitpunkt, um die bisherige Mind-Map noch einmal im Geiste zu wiederholen. Ist es Ihnen gelungen, sich alle 8 Verben zu merken? Falls noch nicht, wiederholen Sie diese Geschichte, bis Sie sich die Verben in der entsprechenden Reihenfolge gemerkt haben. Falls ja – herzlichen Glückwunsch!

Jetzt ist es Zeit, Ihrem Gehirn eine kurze Pause von etwa fünf Minuten zu gönnen, in denen Sie nichts tun, was Sie kognitiv fordert. Haben Sie noch Wäsche zu bügeln, im Büro aufzuräumen oder stehen die Mülltonnen noch auf der Straße und müssen hereingeholt werden? Dann tun Sie jetzt genau das. Gönnen Sie Ihren Synapsen eine Pause von fünf bis zehn Minuten, um das bisher Gelernte zu verarbeiten.

Sie waren jetzt ca. 20 Minuten aktiv und wenn Sie jetzt direkt mit der nächsten Verbgruppe weitermachen würden, dann würden Sie die erste überschreiben, weil der Spamfilter zu wirken beginnt. Während der Pause werden Sie merken, dass die ersten Verben in Ihrem Gehirn arbeiten. Also genießen Sie dieses Gefühl und gehen Sie erst dann zur nächsten Gruppe, wenn Sie bereit dazu sind. Dann wiederholen Sie noch einmal die erste Verbgruppe, bevor Sie zur zweiten übergehen.

Ein weiteres Beispiel: Das Gesäß als vierter Punkt auf unserer Körperliste ist verbunden mit dem Verb *ich bewege* und die dazugehörige Mind-Map umfasst sieben weitere Verben, die eine Bewegung von langsam nach schnell beschreiben. Wenn Sie liegen, können Sie nur relativ langsam ein wirklich schnelles Tempo entwickeln und wenn Sie fliegen, dann haben Sie natürlich das maximale Tempo erreicht, das ein menschlicher Körper nach aktuellen physikalischen Möglichkeiten erreichen kann. Im Grunde benötigen Sie dazu auch keine Geschichte, sondern einfach nur die Struktur der Geschwindigkeit. Also noch einmal: *ich bewege* – verbunden mit folgenden sieben Sätzen: *ich liege, ich sitze, ich stehe, ich gehe, ich renne, ich fahre* und *ich fliege.*

Noch ein Beispiel: Der Bauch, das fünfte Körperteil auf unserer Liste, ist verbunden mit, Sie erinnern sich, dem Grundverb *ich lebe*. Überlegen Sie sich eine passende Geschichte um die entsprechende Mind-Map.

So, die ersten drei Mind-Maps haben Sie nun gemeistert. Wenn Sie jetzt auf die Uhr schauen, dann wissen Sie, wie lange Sie für die ersten 24 Verben benötigt haben und können so leicht ausrechnen, bis wann Sie 80 Verben oder mehr gelernt haben. Im Durchschnitt brauchen meine Teilnehmer für die erste Runde zwischen drei und sechs Stunden, um sich 80 Verben zu merken. Wenn Sie zu jedem Verb dann einen Mastersatz mit durchschnittlich fünf weiteren Wörtern bilden, dann verfügen Sie über einen Wortschatz von 480 Wörtern und damit kommen Sie schon ziemlich weit. Doch fahren Sie nun erst einmal mit den nächsten 5 Mind-Maps und ihren Begriffen fort. Während der nächsten sieben Tage sollten Sie dann alle zehn Mind-Maps regelmäßig wiederholen, bis sie sie auswendig beherrschen.

Danach können Sie anfangen, sich zu überlegen, welche Zielsprache(n) Sie nun nach dem gleichen Prinzip lernen möchten. Sie schaffen so die Basis für eine umfassende Alltagskommunikation und erweitern Ihren restlichen Wortschatz ebenfalls mit entsprechenden Mind-Maps zu anderen Themengebieten.

Lernen komplexer Inhalte

Zunächst erzähle ich Ihnen eine Geschichte und ich bitte Sie darum, sich diese Geschichte einzuprägen:

> *Ein Affe rennt in Panik mit einer Zange in der Hand auf einen Skifahrer zu und ruft: »Die Psychologen sind nicht organisiert!« Daraufhin nimmt der Skifahrer seine Organe und legt sie dem Affen um den Hals, was diesen belastet, weil er sich nicht anpassen kann. Daneben sitzen die sozialen Menschen, denen das Ohr pfeift und die sich dadurch beim Essen gestört fühlen. Außerdem haben sie sexuelle Probleme, wenn sie miteinander schlafen wollen. Also suchen sie eine berühmte Persönlichkeit, die sich daraufhin die Pulsadern aufschneidet, um Selbstmord zu begehen.*

Wiederholen Sie diese Geschichte nun einige Mal – nur so zum Spaß, bis Sie sie auswendig können. Was es mit dieser Geschichte auf sich hat, erfahren Sie später.

Zur Persönlichkeit eines Wissensgebietes

Wenn Sie sich Wissen aneignen und selbiges auch anwenden wollen, so ist es wichtig, sich immer wieder darüber klar zu werden, was Sie an dem Thema, mit dem Sie sich gerade beschäftigen, begeistert. Manchmal reichen schon der Klang einer Sprache oder die kleinen versteckten Nuancen, die einem Musikinstrument einen ganz speziellen Charme verleihen. Oder aber Sie entdecken die Poesie der Zahlen für sich, beginnen in die Welt eines geschichtlichen Ereignisses einzutauchen oder lassen sich von der

Faszination der Geografie unseres kleinen blauen Planeten verzaubern.

Haben Sie schon einmal in der Notenfolge eines Liedes eine Geschichte entdeckt oder den Geschmack der Binomischen Formel wahrgenommen? Können Sie Farben hören und spüren, wie sich ein Dialekt anfühlt? Hat Ihnen ein Kind schon einmal erzählt, dass der Montag nach Erdbeeren schmeckt und der Freitag nach Zitrone? Wenn Sie anfangen, die Welt um Sie herum physisch zu erfassen, dann werden Sie einen Magischen Moment nach dem anderen erleben.

So besitzt zum Beispiel jede Sprache ihre eigenen entwicklungsgeschichtlichen Besonderheiten. Dialekte dienten damals beispielsweise unter anderem dem Schutz, da nur denjenigen Einlass in ein Dorf gewährt wurde, die beispielsweise der entsprechenden Mundart der Region mächtig waren. An dieser Stelle mögen zwei kleine Aspekte der deutschen Sprache auch kurz Erwähnung finden, die aufzeigen, wie Sprache im Wandel der Zeit entsteht. In der deutschen Sprache sind Wörter, die häufig verwendet werden, oft kurz. Lange Wörter, deren Verwendung im Alltag an Häufigkeit zunimmt, werden gekürzt.

Denken Sie einmal an Wörter, die Sie im Alltag privat oder auch beruflich sehr oft gebrauchen und Sie werden zu der Erkenntnis gelangen, dass die meistgenutzten Begriffe sehr kurz sind. Und wenn ein Wort eigentlich lang wäre, so wird es im Alltag nicht selten abgekürzt, man denke hier beispielsweise an Personal Computer, besser bekannt als PC, Kindertagesstätte oder Kita oder Universal Serial Bus, besser bekannt als USB.

Oder ist Ihnen schon einmal aufgefallen, dass Wörter, die einen Dehnungslaut aufweisen, oft etwas Langes beschreiben? Oder dass Begriffe manchmal in ihrer Aussprache schon so klingen, wie das, was sie beschreiben. Zum Beispiel: zischen, knacken, klopfen, knallen. Diese sprachliche Nachahmung oder Lautmalerei bezeichnet man als Onomatopoesie[17].

Auch die Bezeichnung der Wochentage unterliegt in jeder Sprache einer bestimmten Struktur. So werden sie bei den romanischen und germanischen Sprachen den Göttern zugeordnet.

Hier ein kurzer, aber sehr eindrucksvoller Überblick:

- Montag: Dass sich hier eine Widmung an die Mondgöttin versteckt ist nicht allzu schwer zu erkennen. Im Englisch wurde aus »moon« der Monday. Die römische Mondgöttin Luna finden wir im französischen »Lundi«, italienischen »Lunedì« und spanischen »Lunes«.
- Dienstag: Der Dienstag wurde in den meisten Sprachen nach dem Kriegsgott Mars benannt. Dieser spiegelt sich im französischen »Mardi«, dem italienischen »Martedì« und dem spanischen »Martes« wider. Weniger bekannt ist der germanische Gott Tyr, dem wir den »Dienstag« im Deutschen und den »Tuesday« im Englischen verdanken.
- Mittwoch: Bis Ende 1975 war der Sonntag in der Bundesrepublik Deutschland der erste Wochentag. Daher stammt der Name des »Mittwoch«, der bis dato tatsächlich in der Wochenmitte lag. Die Engländer widmeten diesen Tag dem germanischen Gott Wotan und so entstand der »Wednesday«. Die Römer blieben ebenfalls ihren Göttern treu und erwählten für diesen Tag den Götterboten Merkur, weshalb die Franzosen den »Mercredi«, die Italiener den »Mercoledì« und die Spanier den »Miercoles« übernahmen.
- Donnerstag: Hier ist es nun wirklich offensichtlich: Dieser Tag ist dem Donnergott gewidmet. Die englische Version des »Thursday« nutzt den Namen des Donnergottes Thor. In den romanischen Sprachen fungiert Jupiter in der Rolle des Donnergottes. Aus dem lateinischen »Iove« wird im Französischen »Jeudi«, im Italiensichen »Giovedi« und im Spanischen »Jueves«.
- Freitag: Wer liebt sie nicht, die Göttin der Liebe? Die römische Liebesgöttin namens Venus verewigten die Franzosen in ihrem »Vendredi«, die Italiener in »Venerdì« und die Spanier in »Viernes«. Das germanische Pendant zur Venus war Frija, von der sich der deutsche »Freitag« und der englische »Friday« ableiten.
- Samstag: Ursprünglich der siebte Tag der Woche, also der, an dem Gott der Überlieferung nach ruhte und der im Judentum als Sabbat geheiligt werden soll. Inzwischen ein Werktag und in seiner Funktion durch den Sonntag abgelöst, bleibt der Name des Samstag dem hebräischen Sabbat verwandt. Die Franzosen nennen ihn »Samedi«, die

Italiener »Sabbato« und die Spanier »Sabato«. Im Deutschen geht die Namensgebung des Samstag auf das griechische Wort »Sambaton« zurück, was so viel bedeutet wie »der Tag des Saturn«. Deutlicher zeigt sich Verwandtschaft mit dem griechischen »Sambaton« im Falle des englischen »Saturday«.
- Sonntag: In den germanischen Sprachen entdecken wir in »Sonntag« und »Sunday« den Sonnengott. Der Sonntag gilt als der Tag des Herrn, denn an diesem Tag begann Gott damit, die Erde zu erschaffen. Von dem lateinischen »Domenicus« leiten sich daher im Französischen »Dimanche«, im Italienischen »Domenica« und im Spanischen »Domingo« als Bezeichnung für den Sonntag ab.

Die Wochentage haben also in den verschiedenen Sprachen auch immer eine symbolische Bedeutung. Wobei die Chinesen sich hier wieder einmal als Pragmatiker entpuppen und die Tage einfach nur als *Tag 1, Tag 2, Tag 3 …* bezeichnen. Die Portugiesen gehen noch einen Schritt weiter und sprechen von der *zweiten Feier*, der *dritten Feier*, der *vierten Feier*, der *fünften Feier*, der *sechsten Feier*, dem *Sabbat* und dem Tag, der Gott gefällt, also dem *Schöpfungstag* (Sonntag) sprechen. Somit war der Beginn der Schöpfung die *erste Feier*. Ich liebe die Portugiesen, denn unter diesem Aspekt erklärt sich so mancher Schöpfungs-Fauxpas.

So lernen Sie aus Fachbüchern

Wichtig sind zweierlei Dinge, die es sich zu merken gilt:

- Ihr Gehirn liebt Ordnung.
- Alles, was Sie schon wissen, brauchen Sie nicht mehr zu lernen.

Ich habe früher als Ausbilder an einer Rettungsdienstschule gearbeitet und festgestellt, dass die Auszubildenden sich immer wieder mit der Anatomie und Physiologie des Herz-Kreislauf- und Atemsystems befasst haben, obwohl sie die Inhalte bereits so verinnerlicht hatten, dass sie sie bereits im Schlaf hätten aufsagen können. Das ist ein normales Phänomen, denn man bewegt sich lieber innerhalb der eigenen Komfortzone als außerhalb von ihr. So haben alle Schüler einen großen Bogen um den Wasserelektrolythaushalt oder die Anatomie der Niere gemacht, weil es sich hierbei offensichtlich um komplexere anatomisch-physiologische Vorgänge handelt. Falls Sie sich mit dem Inhalt eines komplexen Fachbuches beschäftigen wollen oder müssen, fragen Sie sich immer: Angenommen, ich hätte morgen eine Prüfung und der Prüfer hat sich vorgenommen, mir Fragen zu stellen, die ich nicht beantworten kann, um mich durch die Prüfung fallen zu lassen, welche Themenbereiche und welche konkreten Fragen müsste er mir stellen, damit es ihm gelingt, mich auflaufen zu lassen.

Ich demonstriere den Ablauf der umfassenden Bearbeitung eines Fachbuches anhand eines Psychiatrielehrbuches[18] mit folgendem Inhaltsverzeichnis, das es nun zu lernen gilt:

1. Affektive Störungen
2. Angst- und Panikstörungen
3. Zwänge
4. Schizophrenie
5. Psychotische Störungen nicht-organischer Genese
6. Organische psychische Störungen
7. Belastungs- und Anpassungsstörungen
8. Dissoziative Störungen
9. Psychosomatik
10. Essstörungen
11. Sexuelle Störungen
12. Schlafstörungen
13. Abhängigkeit und Sucht
14. Persönlichkeitsstörungen
15. Störungen der Impulskontrolle
16. Suizidalität

Nun gibt es hier mehrere Möglichkeiten, sich dieses Inhaltsverzeichnis zu merken. Die einfachste Möglichkeit besteht darin, wieder unsere altbewährte Baumliste zu Rate zu ziehen. Da ich Sie aber aus Ihrer Komfortzone holen möchte und ich davon ausgehe, dass Sie mittlerweile verstanden haben, dass Sie jedes Lernthema mit der Baumliste verknüpfen können, verwandeln wir das Inhaltsverzeichnis in eine Geschichte. Sie kennen diese Geschichte bereits von S. 147 und sie lautet, Sie erinnern sich, wie folgt:

> *Ein Affe rennt in Panik mit einer Zange in der Hand auf einen Skifahrer zu und ruft: ›Die Psychologen sind nicht organisiert!‹ Daraufhin nimmt der Skifahrer seine Organe und legt sie dem Affen um den Hals, was diesen belastet, weil er sich nicht anpassen kann. Daneben sitzen die sozialen Menschen, denen das Ohr pfeift und die sich dadurch beim Essen gestört fühlen. Außerdem haben sie sexuelle Probleme, wenn sie miteinander schlafen wollen. Also suchen sie eine berühmte Persönlichkeit, die sich daraufhin die Pulsadern aufschneidet, um Selbstmord zu begehen.*

Dahinter verbirgt sich eine psychiatrische Krankheitslehre:

> *Ein Affe (Affektive Störungen) rennt in Panik (Angst- und Panikstörungen) mit einer Zange (Zwänge) in der Hand auf einen Skifahrer (Schizophrenie) zu und ruft: ›Die Psychologen sind nicht organisiert!‹ (psychotische Störungen nicht-organischer Genese). Daraufhin nimmt der Skifahrer seine Organe (organische psychische Störungen) und legt sie dem Affen um den Hals, was diesen belastet, weil er sich nicht anpassen (Belastungs- und Anpassungsstörungen) kann. Daneben sitzen die sozialen (dissoziative Störungen) Menschen, denen das Ohr pfeift (Psychosomatik am Beispiel: Tinnitus) und die sich dadurch beim Essen gestört (Essstörungen) fühlen. Außerdem haben sie sexuelle Probleme (Sexualstörungen), wenn sie miteinander schlafen (Schlafstörungen) wollen. Also suchen (Abhängigkeit und Sucht) sie eine berühmte Persönlichkeit (Persönlichkeitsstö-*

rungen), die sich daraufhin die Pulsadern (Störungen der Impulskontrolle) aufschneidet, um Selbstmord (Suizidalität) zu begehen.

Auf diese Art und Weise können Sie sich innerhalb kürzester Zeit das Inhaltsverzeichnis eines Psychiatrielehrbuches merken. Angenommen, Sie möchten nun gerne den kompletten Inhalt des Buches lernen, weil Sie sich zum Beispiel auf die Prüfung zum Heilpraktiker für Psychotherapie vorbereiten, dann lesen Sie zunächst 20 Minuten laut den Text des ersten Kapitels zum Thema »Affektive Störungen«. Lesen Sie so weit, wie Sie kommen.

Als Nächstes halten Sie einen fünfminütigen freien Vortrag zum Thema »Affektive Störungen« und überlegen Sie, welche Fragen Ihnen der Prüfer stellen könnte, auf die Sie keine Antwort parat hätten. Diese Inhalte wiederholen Sie dann noch einmal. Auf diese Art und Weise fordern Sie das Wissen ein, anstatt es wie sonst beim Lesen einfach nur präsentiert zu bekommen.

Im Anschluss daran ist es Zeit für eine Pause von mindestens einer Stunde, bevor Sie weiterlernen. Die zweite Runde beginnt wieder mit einem fünfminütigen Vortrag zum Thema »Affektive Störungen«. Danach lesen Sie wieder maximal 20 Minuten weiter im Buch. Dann kommt der nächste fünfminütige Vortrag und so fahren Sie fort, bis Sie den Inhalt des gesamten Buches beherrschen und es keine potenzielle Prüfungsfrage mehr gibt, auf die Sie keine Antwort wüssten.

Sie sollten mithilfe dieser Technik – sofern Sie konsequent so vorgehen und jeden Tag drei bis vier Lerneinheiten durchführen können – nach 14 Tagen fit für die Prüfung sein.

So lernen Sie ein Musikinstrument in zehn Wochen

Suchen Sie sich ein Musikinstrument aus, das Sie schon immer einmal spielen lernen wollten. Dann überlegen Sie sich drei Lieder, die Sie gerne als Erstes auf diesem Instrument spielen möchten. Als Nächstes erkunden Sie, ob es bei YouTube Tutorials zum Erlernen des von Ihnen ausgewählten Musikinstrumentes gibt. Falls ja, lernen Sie die ersten drei Lieder aus der Liste der Tutorial Videos, die Sie am meisten ansprechen. Sollte es für Ihr Instrument kein Tutorial bei YouTube geben (warum auch immer) suchen Sie sich einen Musiklehrer, der Ihnen das Spielen des von Ihnen erwählten Musikinstrumentes nach Gehör (!) beibringen kann. Jetzt haben Sie alle notwendigen Voraussetzungen, um dieses Musikinstrument innerhalb von zehn Wochen spielen zu lernen.

Sobald Sie sich für das Musikinstrument sowie die entsprechenden Lieder entschieden haben, kann es losgehen. Zunächst müssen Sie täglich zweimal 20 Minuten für Übungseinheiten fest einplanen. Am besten fügen Sie diese 20 Minuten in zwei bereits bestehende Tagesrituale ein. So könnten Sie zum Beispiel nach dem Duschen am Morgen, aber vor dem Frühstück 20 Minuten auf diesem Instrument spielen und nach dem Abendessen, aber vor dem Zubettgehen erneut 20 Minuten. Stellen Sie auf jeden Fall sicher, dass Sie jeden Tag mindestens zweimal 20 Minuten Zeit finden und dass nach diesen 20 Minuten eine Aktivität stattfindet, die Ihr Gehirn für weitere 30 bis 60 Minuten nicht zu sehr beansprucht (frühstücken ohne Zeitung zu lesen oder E-Mails beantworten).

Stellen Sie sich einen Wecker oder verwenden Sie eine Sanduhr, sodass Sie nach 20 Minuten daran erinnert werden, die Übungseinheit zu beenden. Vermutlich werden Sie mit der aktuellen Übung am Musikinstrument nach dieser Zeit noch nicht komplett fertig sein. Das hält Sie motiviert, sodass Sie bei der nächsten Gelegenheit wieder Lust haben werden, sich dem Erlernen Ihres Musikinstrumentes zu widmen. Sollte es Ihnen nicht möglich sein, sich zweimal pro Tag 20 Minuten für das Erlernen des Musikinstrumentes zu nehmen, so sollten Sie sich wirklich fragen, woran das liegen könnte. Womöglich wird hier ein Apokalyptischer Reiter wirksam … Sollten Sie schon keine Zeit für das Erlernen des Musikinstrumentes haben, so drängt sich doch sowieso die Frage auf, wann Sie denn überhaupt gedenken, dieses Musikinstrument zur Entspannung oder Unterhaltung zu spielen.

- Wenn Sie die erste Woche erst hinter sich gebracht haben, werden Sie feststellen, dass Sie ganz genau darauf achten, dass Ihre Übungskette nicht mehr abreißt. Dafür sollten Sie aber nach jeder Übungseinheit ein Kreuz in Ihren Kalender malen. So entsteht ab dem dritten Tag eine Kette mit drei, vier oder mehr Kreuzen. Je länger diese Kette wird, desto motivierter werden Sie sein, dafür zu sorgen, dass diese Kette nicht mehr abreißt. Also halten Sie vor allem in den ersten zwei Wochen durch!
- Vermeiden Sie in diesen zehn Wochen, jemandem Ihre bereits bestehenden Künste vorzutragen, der selbst kein Musikinstrument spielt. Diese Person wird Ihnen keine große Hilfe sein, sondern möglicherweise stattdessen versuchen, Sie zu demotivieren und Ihr Vorhaben zu kritisieren. Tauschen Sie sich über Ihr Musikinstrumentenprojekt nur mit Menschen aus, die selbst mindestens drei bis fünf Musikinstrumente spielen.
- Machen Sie dieses Projekt zu einem wichtigen Teil Ihres Lebens, denn nur so können Sie gewährleisten, dass Sie am Ende der zehn Wochen das Musikinstrument wirklich erlernt haben. Sobald Sie die ersten drei Lieder auf Ihrem Musikinstrument spielen können, beginnen Sie nach Gehör spielend Lieder selbst auf diesem Musikinstrument nachzuspielen, deren Melodie Sie aus dem Kopf auf Ihr Musikinstrument übertragen. Alternativ können Sie sich auch an vorgegebenen Tutorials oder Liedern Ihres Lehrers orientieren, solange bis Sie ca. zehn bis 15 Lieder auswendig spielen können.

Bitte lernen Sie niemals – ich wiederhole NIEMALS – Noten lesen. Ein Musikinstrument spielen lernt man mit dem Körper und nicht mit dem Kopf.

So merken Sie sich Gedichte

Nehmen wir einmal nachfolgendes Gedicht von *Eduard Mörike*[19]:

> *»Frühling lässt sein blaues Band*
> *Wieder flattern durch die Lüfte;*
> *Süße, wohlbekannte Düfte*
> *Streifen ahnungsvoll das Land.*
> *Veilchen träumen schon,*
> *Wollen balde kommen.*
> *Horch, von fern ein leiser Harfenton!*
> *Frühling, ja du bist's!*
> *Dich hab' ich vernommen!«*

Nehmen wir einmal an, dass Sie dieses Gedicht lernen möchten. Zunächst einmal nehmen Sie sich hierzu wieder 20 Minuten Ihrer wertvollen Lebenszeit. Suchen Sie sich einen Ort, an dem Sie laut mit sich selbst sprechen können, ohne von anderen Menschen für verrückt erklärt zu werden. Ziehen Sie außerdem Ihre Schuhe und Socken aus, um barfuß durch die Gegend zu laufen – das kennen Sie ja schon!

Jetzt nehmen Sie das Gedicht zur Hand und laufen 20 Minuten hin und her, wobei Sie den ersten Satz: »Frühling lässt sein blaues Band wieder flattern durch die Lüfte« laut vor sich hin sagen. Sagen Sie diesen Satz in verschiedenen emotionalen Ausprägungen, also normal, leise, laut, fragend, schüchtern, selbstbewusst, wütend und so weiter. Sobald Sie diesen Satz verinnerlicht haben, fügen Sie den zweiten Satz hinzu und praktizieren die Wiederholungen, wie oben beschrieben.

Das Ganze erweitern Sie Satz für Satz, bis Sie die entsprechende Reihenfolge der Sätze und somit das gesamte Gedicht nacheinander aufsagen können. Sollte Ihnen das im Rahmen der 20-Minuten-Lerneinheit nicht gelingen, grämen Sie sich nicht, sondern beenden Sie diese Übung. Stellen Sie sich für vier Stunden später einen Wecker, um dann wieder 20 Minuten zu üben. Wiederholen

Sie diese Übung in 20-Minuten-Sequenzen alle vier Stunden, bis Sie dieses Gedicht zehnmal nacheinander fehlerfrei aufsagen können.

Dann warten Sie 24 Stunden und wiederholen Sie das Gedicht erneut, so lange, bis Sie es weitere fünf Male fehlerfrei hintereinander aufsagen konnten. Warten Sie dann eine Woche, bevor Sie es nochmals dreimal fehlerfrei hintereinander wiederholen. Sollten Sie dann nach einem weiteren Monat dieses Gedicht immer noch beherrschen, können Sie sich überlegen, ob Sie nach sechs Monaten, nach einem Jahr und anschließend nach fünf Jahren dieses Gedicht erneut wiederholen möchten. Falls ja, können Sie sich sicher sein, dass dieses Gedicht nun für immer in Ihre Erinnerung eingebrannt sein wird.

Mein besonderer Geheimtipp – Interlingua

Eine Sprache, die man in 24 Stunden lernen kann

Zahlreiche Unternehmen stehen vor der charmanten Herausforderung, möglichst umfangreich international aktiv zu sein. Es reicht oftmals nicht mehr aus, einfach nur Spanisch zu sprechen, weil in Südamerika beispielsweise Portugiesisch eine ebenso wichtige Rolle spielt. Es reicht auch oftmals nicht mehr aus, einfach nur Englisch zu sprechen, weil die Meetings oft in mehreren Sprachen abgehalten werden.

Interlingua stellt hier ein praktikables Werkzeug dar, das 80 Prozent aller Schwierigkeiten, vor denen Unternehmen und internationale Organisationen stehen, lösen kann. Interlingua ist die einzige internationale Sprache, die bewiesen hat, dass sie funktioniert, obwohl sie nicht als internationale Sprache anerkannt, aber trotzdem verstanden wird.

Woran liegt das? Den größten zeitlichen Aufwand, den das Erlernen einer Sprache mit sich bringt, ist zunächst das Verstehen der Grammatik, also der Regeln, nach denen die Sprache angewendet wird und dann das Merken der Vokabeln, um einen angemessenen Wortschatz aufzubauen. Interlingua hat als internationale Sprache nun den Anspruch, sehr schnell und leicht erlern- und anwendbar zu sein. Aus diesem Grund ist die Grammatik sehr stark vereinfacht.

Hier ein Beispiel:

Ich habe ein Auto: *Io ha un auto.*

Du hast ein Auto: *Tu ha un auto.*

Er hat ein Auto: *Ille ha un auto.*

…

Der Interlingua-Wortschatz ist eine systematische Zusammenstellung international verständlicher Begriffe, wie zum Beispiel auto, hotel, information, rapide, familia, conferentia, schola und so weiter. Bei der Zusammenstellung des Wortschatzes prüft man, welche Wörter in mindestens drei der folgenden Sprachen vorkommen oder verstanden werden: Deutsch, Englisch, Französisch, Spanisch, Italienisch, Portugiesisch und Russisch.

Aufgrund der vereinfachten Grammatik ist es möglich, die Grammatikregeln in 24 Stunden zu lernen. Ab diesem Zeitpunkt beschäftigt man sich dann nur noch mit dem Merken der Vokabeln, die ebenfalls nach einer bestimmten Regel gebildet werden[20].

Hierzu ein Beispiel von der Website der Welt-Interlingua-Union, wo Sie auch alle relevanten Informationen und kostenloses Lernmaterial finden:

»Isto es gratias al duo nove brochures, »Interlingua für die Reise« (Interlingua pro le viage) e »Du hast das Wort in der ›Vermittlersprache‹ Interlingua« (Tu ha le parola – Interlingua), que pote esser discargate gratuitemente del adresse. Le duo brochures contine parolas e phrases utile, quando on viagia e non cognosce le lingua local. Gratias al enorme comprensibilitate de interlingua, on pote usar interlingua in le communication con le habitantes local, e per medio de iste brochures il es facile trovar le bon parolas e expressiones. Ambe brochures esseva originalmente publicate per le Union Danese pro Interlingua ma ha essite traducite e adaptate a un publico germanophone per Daniel Weingärtner[21].«

Interlingua ist also der gemeinsame europäische Wortschatz und immer mehr Unternehmen, die mit dem mittel- und südamerikanischen Markt zu tun haben, schulen ihre Mitarbeiter in dieser internationalen Sprache, sodass die Korrespondenz per E-Mail oder Telefon für die Mitarbeiter jederzeit machbar ist – ausgehend von der sehr klugen Annahme, dass es besser ist ein gutes Interlingua zu sprechen als ein schlechtes Spanisch, Italienisch oder Portugiesisch.

Sie dürfen sich aber vor allem von der Ansicht frei machen, dass es sich bei dieser Sprache um eine Art neues Esperanto handelt. Interlingua wurde nicht erfunden. Es stellt die systematische Anwendung des internationalen Wortschatzes dar, der faktisch seit Jahrhunderten existiert. Interlingua ist ein Resultat der 1924 begonnenen sprachwissenschaftlichen Forschungen, die im Jahre 1951 mit der Herausgabe des *Interlingua-English Dictionary* und der *Interlingua Grammar* durch Dr. Alexander Gode von Aesch und Hugh E. Blair[22] abgeschlossen wurden.

Die Sprachwissenschaftler gelangten zu der Auffassung, dass eine internationale Sprache nicht erst geschaffen werden müsste, da sie bereits als verborgener Bestandteil in Form von Lehn- und Fremdwörtern überwiegend lateinischer und griechischer Herkunft in allen modernen Sprachen vorkomme.

In erster Linie finden sich diese internationalen Wörter in den romanischen Sprachen, zu denen zum Beispiel das Französische, das Spanische, das Portugiesische, das Italienische oder das Rumänische zählen. Aber auch im Englischen, dessen Wortschatz zu etwa 65 Prozent romanischen Ursprungs ist. Diese Sprachen sind Muttersprachen von mehr als 600 Millionen Menschen weltweit und weitere Millionen andere kennen sie als Amts- oder Schulsprachen.

Auch in anderen Sprachen ist der Anteil internationaler Lehn- und Fremdwörter wesentlich höher, als allgemein angenommen wird, so zum Beispiel im Deutschen oder in den skandinavischen und slawischen Sprachen. Von Studentinnen und Studenten, die nach Abschluss der allgemeinbildenden Schulen ein Studium an der Universität oder Hochschule beginnen, sollte man voraussetzen können, dass sie wissenschaftliche Texte verschiedener Art lesen und verstehen können, ohne ein Wörterbuch benutzen zu müssen.

Wer sich aber mit dem Kulturgut der Menschheit vertraut machen muss oder will, benötigt einen umfangreichen Fremdwortschatz, der vorwiegend durch den Fremdsprachenunterricht vermittelt werden sollte. Das Erlernen beziehungsweise das Studium der lateinischen und der griechischen Sprache ist ein guter, aber recht mühevoller Weg und in vielen Fällen leider auch ein Umweg.

Aber auch der moderne Fremdsprachenunterricht hat seine Probleme. Neben hohen Kosten beansprucht er einen beträchtlichen Teil des Stundenplans der betreffenden Bildungseinrichtungen und bindet Kraft und Zeit der Lernenden. Unter anderem aus diesen Gründen beschränkt man sich auf eine sehr geringe Auswahl von ein bis maximal drei Sprachen. Das wäre vergleichsweise so, als würde man im Musikunterricht nur drei Instrumente vorstellen oder in Mathematik nur Bruchrechnen unterrichten.

Der größte Teil der Schüler beziehungsweise Studentenschaft ist sich darüber einig, dass die kostbare Zeit sinnvoller genutzt wäre, wenn man sie für das jeweilige Sachgebiet des Studiums verwenden würde, anstatt sie für Sprachstudien von zweifelhaftem Nutzen zu vergeuden. Da eine Fremdsprache erfahrungsgemäß nicht ausreicht, werden die Lernenden einer Kombination wenigstens zweier Fremdsprachen unterworfen, zum Beispiel Englisch/Französisch, Englisch/Spanisch, Englisch/Russisch …

Ein aufwendiges Verfahren mit Ergebnissen, bei denen Aufwand und Nutzen oft in einem deutlichen Missverhältnis stehen. Interlingua hilft hier eine fühlbare Lücke in der Allgemeinbildung zu schließen. Wer Interlingua anwenden kann, dem ist diese Sprache eine große Hilfe beim Erlernen des Latein, der romanischen Sprachen oder auch des Englischen.

Viele Jahre war das zum Beispiel am Varberger Gymnasium in Schweden der Fall. In Deutschland wird jedes Jahr von Neuem an den Schulen über den Sinn des Lateinunterrichts diskutiert. Das Erlernen von Interlingua bringt dem Schüler oder Studenten alle Vorteile, die auch eine lateinische Sprache mit sich bringt. Allerdings gibt es keinerlei Nachteile oder zusätzliche Schwierigkeiten wie der komplizierten Grammatik im Deutschen oder der fehlenden Möglichkeit zur lebendigen Konversation im Falle von Latein.

Zwischenzeitlich gibt es im deutschsprachigen Raum Bibliotheken, die Literatur in Interlingua zur Verfügung stellt, unter anderem die österreichische Nationalbibliothek in Wien. Es gibt nationale und internationale Konferenzen und es ist klar, wohin diese Entwicklung führt, denn durch die zunehmende Globalisierung vermischen sich die Sprachen immer mehr und es wird nicht mehr lange dauern, bis dadurch eine globale Sprache entstanden ist, die einfach nur die Fortführung von Interlingua sein wird. Warum warten, bis andere Sie überholen?

Selbsthypnose zur Verbesserung der Lernleistung

Die Lernmethode Hypnose

Was hat Hypnose mit dem Lernen zu tun? – Eine ganze Menge!

Einem effizienten Lernprozess stehen oftmals Ängste und Lernblockaden entgegen, die uns bereits in frühester Kindheit und Schulzeit begleiteten und zum Teil regelrecht anerzogen wurden. Das geringe Selbstvertrauen ist allzu oft mit schlechten Erfahrungen mit unseren Lehrern, Eltern, Freunden oder Klassenkameraden verknüpft. Als Erwachsener sind diese Erinnerungen tief in unserem Gehirn abgespeichert und verhindern neue Lernprozesse oder Erfahrungen.

Während der Hypnose wird das Gehirn in einen sehr aufnahmefähigen Zustand versetzt, der es ihm möglich macht, sich mit voller Konzentration auf neue Dinge zu konzentrieren und unbeirrt von schlechten Einflüssen oder Erinnerungen das Unterbewusstsein einzusetzen. Denn unter der Hypnose werden hochwirksame Suggestionen eingeübt, die die Gedächtnisleistung verbessern und den Verstand aufnahmebereit machen.

So tauchen Sie geistig völlig konzentriert und losgelöst von Belastendem ein in die Welt einer neuen Sprache. Mit der Lernmethode Hypnose werden Wörter und Redewendungen thematisch im Gedächtnis verankert und stehen später zur Verfügung, um sie sich bei Bedarf vom Unterbewusstsein aus automatisch ins Gedächtnis abzurufen. Während im Alltag unter Umständen blockierende Emotionen freigesetzt werden, treten beim Lernen unter Hypnose keine Widerstände auf.

Egal, welcher Lerntyp Sie sind oder welche Lernschwierigkeiten Sie bisher hatten oder woher diese kamen, durch das Lernen in entspannter Atmosphäre und ohne äußerlichen Leistungs- oder Zeitdruck können Sie eine Vielzahl von Sprachen mühelos und innerhalb von kürzester Zeit erlernen.

Grundsätzlich gibt es beim Erlernen einer neuen Sprache folgende Schwierigkeiten:

1. **Schwierigkeiten des Verstehens**
   Der Schüler oder Lernwillige kann zwar die Fremdsprache sprechen, versteht aber nur Bahnhof, wenn Muttersprachler loslegen. Hier liegt eine völlig natürliche Entwicklung zugrunde, bei der ein Schüler seine Gedanken in der Fremdsprache schneller formulieren kann, als er den Muttersprachler versteht. Noch dazu verwenden Muttersprachler verschiedenste Kombinationen von Redewendungen und Wörtern. Außerdem werden gerne Buchstaben und Endungen verschluckt und natürlicherweise spricht man die eigene Sprache schneller als erlernte Sprachen. Beim Verstehen einer Fremdsprache können diese Schwierigkeiten sowohl beim Lesen als auch beim Hören der Sprache auftreten.

2. **Schwierigkeiten in der Wiedergabe**
   Auch wenn Schüler oftmals einen guten Kontakt zu einer Fremdsprache haben, fällt ihnen die Wiedergabe oft sehr schwer. Der Einzelne bekommt manchmal kaum ein Wort heraus, obwohl er alles Gesprochene gut versteht. In der Schule sind viele Schüler in der Klasse und es besteht selten Zeit für die individuelle Sprachförderung Einzelner. Durch den Klassenverband wird das Hörverständnis geschult, während die Sprachfertigkeit kaum Raum zur Entfaltung bekommt. Die Problematik kann beim geschriebenen oder beim gesprochenen Wort auftreten oder auch bei beidem.

3. **Hemmungen**
   Die Angst davor, Fehler zu machen, ist in unserer Kultur tief verwurzelt und hemmt uns daran, unsere volle Leistung abzurufen und präsentieren zu können. Derjenige, der keine Fehler macht, entwickelt sich aber auch nicht weiter. Nur wenn man etwas Neues ausprobiert, kann man aus den Fehlern lernen. Oftmals ist bereits ein gewisses Grundverständnis von einer Fremdsprache vorhanden, aber trotzdem wird sie nicht gesprochen. Es gibt diese Menschen, die sich ohne Zögern und trotz eines beschränkten Wortschatzes voller Selbstbewusstsein an einem Gespräch in einer fremden Sprache beteiligen. Die meisten Menschen aber empfinden die Hemmung darüber, in einer Fremdsprache zu sprechen, als fast unüberwindbar.

4. **Zu hohe Ansprüche an sich selbst**
   Zwischen Kindern und Erwachsenen gibt es beim Sprachenlernen einen großen Unterschied. Während Kinder etwas Neuem sehr offen und vorbehaltlos gegenüberstehen, sind Erwachsene oft voller innerer Widerstände und ihre hohen Ansprüche stehen ihnen im Weg. Der Alltag eines Erwachsenen ist geprägt von Perfektionismus, Leistungsdenken und Ungeduld. Das zeigt sich auch beim Lernen von Fremdsprachen. Verstehen erwachsene Teilnehmer eines Sprachkurses nicht jedes einzelne neue Wort in einem Text, schalten sie innerhalb kürzester Zeit auf Sparmodus. Kinder dagegen freuen sich, wenn sie einen Text in seiner Gesamtheit verstehen und kümmern sich nicht weiter darum, wenn hie und da mal eine Vokabel fehlt.

Zuerst muss man sich von der Vorstellung trennen, dass man nur genug Sitzungen machen muss und danach eine neue Fremdsprache spricht. Es geht vielmehr darum, dass durch Hypnose die körperliche und geistige Leistung gesteigert wird. Dazu gehören auch die Optimierung geistiger Ressourcen und die Vereinfachung der herkömmlichen Lernarbeit. Allerdings kann die Hypnose nicht die ganze Arbeit abnehmen, sondern beschleunigt lediglich die Fortschritte beim Erlernen einer Fremdsprache.

Während der hypnotischen Suggestion werden Fähigkeiten und Potenziale im Menschen geweckt, die bereits vorhanden waren, jedoch nicht bewusst genutzt wurden. Die Gründe dafür können mangelndes Training oder die Unterentwicklung eines Teilbereiches sein. Bei dem Erlernen einer Fremdsprache unter Hypnose geht es vornehmlich darum, die geistigen Ressourcen zu verbessern, Ängste und Hemmungen abzubauen und die Konzentration sowie die Merkfähigkeit zu erhöhen. Sie brauchen im Übrigen keinen Hypnotiseur, um die Hypnose zu erleben oder von ihren Vorteilen zu profitieren. Es gibt praktische Selbsthypnose-Trainings und Anleitungen zum Erlernen dieser Methode. Zum Erlernen der Techniken der Hypnose und Selbsthypnose empfehle ich Ihnen mein Buch »Hypnosetherapie in der Praxis« aus dem Pro-Business Verlag. Für jeden, der Fremdsprachen unterstützt durch Hypnose erlernen möchte, gibt es Onlinekurse über zehn Wochen zu verschiedenen Sprachen auf meiner Website www.sven-frank.com im Shop.

Die vier Phasen des Lernens unter Hypnose

Erste Phase:
Die einzigartige Lernmethode beginnt stets mit einer Einleitung, in der es sich der Teilnehmer bequem macht und entspannt. Dazu startet der digitale Sprachkurs und der Hypnotiseur leitet den Teilnehmer weiter in einen tiefen Entspannungszustand. Nach und nach erreicht dieser einen Trancezustand, in dem der Körper völlig entspannt ist, der Geist aber hoch konzentriert und aufnahmefähig.

Zweite Phase:
Jetzt wird das Unterbewusstsein des Teilnehmers im hypnotischen Trancezustand gezielt beeinflusst und die Konzentration auf das Erlernen der neuen Fremdsprache gelenkt. Durch hochwirksame Suggestionen wird die Gedächtnisleistung verbessert und in einen sehr aufnahmefähigen Zustand gebracht.

Dritte Phase:
Hier erfolgt ein tiefes Eintauchen in die neue Sprache und den Sprachkurs. Wörter, Sätze und Redewendungen werden mit einem thematischen Zusammenhang fest im Gedächtnis verankert und stehen dem Teilnehmer dort auch später zur Verfügung. Sprachdialoge können verinnerlicht werden.

Vierte Phase:
Der Lernprozess wird sanft aufgelöst. Die Trance wird beendet und der normale Bewusstseinszustand wieder herbeigeführt. Die Auflösung ist ein sehr wichtiger Baustein der Lernmethode und sollte auf keinen Fall unterschätzt werden. Auch nach der Hypnose setzt das Unterbewusstsein seinen Lernprozess fort.

Umerziehung des Hörfeldes

Viele Sprachexperten und Psychotherapeuten sprechen nicht selten vom Lernen, sondern vielmehr von der Umerziehung des Hörfeldes. Ich habe festgestellt, dass sich bei Kindern ab dem 7. Lebensjahr etwa das Ohr für fremde Tonlagen scheinbar verschließt[23]. Es weigert sich im Prinzip einfach, unbekannte Töne und Wörter bewusst wahrzunehmen, damit es sich ganz auf das Erlernen der eigenen Sprache konzentrieren kann.

In Hypnose muss also auch das Ohr ganz bewusst angesprochen werden und ihm die Gelegenheit gegeben werden, sich wieder an neue Tonalität zu gewöhnen. Es geht um die Stimulation unseres Ohres, damit es lernt, Frequenzen unterscheiden zu können. Während des Lernens unter Hypnose fokussiert sich unser

Gehirn weniger auf die Bedeutung eines Wortes, als mehr auf den Gesamtkontext, der in Form von inneren Bildern erlebt wird.

Durch aufmerksames Zuhören prägt sich der Teilnehmer zudem die Töne und Laute ein. Erst im Anschluss daran geht es um die Grammatik oder Vokabeln, die der Teilnehmer außerhalb der Hypnose ansehen oder nachlesen muss.

So sieht das in der Praxis aus:

– Visualisierungsarbeit:
Bei der Visualisierungsarbeit geht es darum, sich das Wunschziel intensiv und realistisch vorzustellen. Wenn man sich etwas vorstellen kann, dann fällt die Umsetzung in der Regel leichter. Im entspannten Zustand stellt sich der Teilnehmer vor, wie es wäre, wenn er bereits die gewünschte Fremdsprache flüssig sprechen könnte. Durch den Aufbau einer unbewussten Vertrautheit mit der Zielsprache fallen die Hemmungen und Ängste werden abgebaut. Die Vertrautheit bewirkt, dass man nicht mehr so mit dem Neuen und Unbekannten »fremdelt«. Das Unbekannte wirkt nicht mehr so unerreichbar.

– Zielarbeit:
Die Formulierung des gewünschten Zielzustandes ist ein wesentlicher Erfolgsfaktor für das Erlernen einer Fremdsprache unter Hypnose. Eine gründliche Zustandsanalyse gehört ebenfalls dazu, um den Lernprozess individuell anzupassen. Dabei ist darauf zu achten, dass die Ziele erreichbar sind. Sich vorzunehmen, die neue Sprache »perfekt« zu sprechen, könnte dabei kontraproduktiv sein. Zur Zielarbeit gehört auch ein gut strukturierter Lernplan, der alle nötigen Schritte plant und festhält. Als realistisches Ziel bei der hypnotischen Sprachoptimierung gilt es, vorhandene Blockaden zu überwinden und ein gutes Sprachgefühl zu entwickeln. Eine neue Sprache zu 100 Prozent perfekt zu beherrschen ist nur mit entsprechendem Fleiß realistisch. Bei einem guten Hypnotiseur folgen alle Lernschritte einer individuellen Lern- und Erfahrungskurve. Dabei werden neue Fähigkeiten auch rückblickend festgehalten. Denn die sind den Teilnehmern oftmals nicht direkt bewusst. Eigene Kritik und hohe Ansprüche machen die Erfolge kleiner und verdrängen diese teilweise. Durch die wirksame Begleitmaßnahme der Hypnose werden zwar nicht über Nacht Wunder bewirkt, dafür entwickelt der Teilnehmer aber ein gutes Gefühl für eine neue Sprache und auch für seine bisherigen Er-

folge. Damit entsteht neue Motivation und positive Energien werden freigelegt.

- Learning Enhancement:
Hier geht es um die Aktivierung der unbewussten Ressourcen der Teilnehmer, wie zum Beispiel die Erinnerung an frühere Lernerfolge und wie diese erzielt wurden. Sind die Ressourcen freigesetzt, lässt sich damit der Lernprozess optimieren. Teilnehmer können sich neue Informationen besser merken und auch mühelos wiedergeben. Grundsätzlich versteht man unter dem hypnotischen *Learning Enhancement* eine Kombination aus maßgeschneiderten und individuellen Suggestionen und der Vermittlung der Kenntnisse zur Selbsthypnose. Das Learning Enhancement, zu Deutsch die Lernverbesserung, gelingt insbesondere durch den Zugang zu spezifischen Gehirnfunktionen und vor allem deren Aufrechterhaltung unter verschiedensten Stresssituationen.

- Selbsthypnose:
Nachdem der Teilnehmer erste Fortschritte gemacht hat, geht es an das Erlernen der Selbsthypnose. Dazu habe ich weiter oben schon auf mein Buch »Hypnosetherapie in der Praxis« verwiesen. Damit bekommt er die Möglichkeit, seine Fortschritte selbst steuern zu können. Die Selbsthypnose verhilft zu einem entspannten Zustand. Es werden optimale Bedingungen geschaffen, um Zugang zu den ressourcenvollen Bereichen des Gehirns zu erhalten. Die Technik der inneren Entspannung mittels Selbsthypnose kann sowohl vor dem Lernen als auch vor dem Sprechen einer Sprache angewendet werden. Dabei ist es egal, welche Selbsthypnosetechnik verwendet wird, denn mit zunehmender Übung, können Sie sich auch im Wachzustand innerhalb weniger Sekunden in einen Zustand der körperlichen und mentalen Entspannung versetzen. Nehmen Sie hierzu zum Beispiel einen tiefen Atemzug und sagen Sie sich in Gedanken: »Ich bin neugierig, wie leicht mir gleich das Anwenden des Gelernten fällt.«

Selbsthypnose praktisch anwenden

Nun möchte ich Ihnen noch erklären, wie Sie mithilfe von Selbsthypnosetechniken Ihre Konzentrationsfähigkeit erhöhen, Ihre Gedächtnisleistung verbessern können und Ihr Gehirn grundsätzlich in einem gesünderen und leistungsfähigeren Zustand bis ins hohe Alter halten können. Die Methode, die ich Ihnen gleich vorstelle, führt zu einer Entspannung von Körper und Geist und entspannt somit den gesamten Organismus. Das bewirkt, dass Ihr Gehirn besser durchblutet und somit die Bildung von Synapsen (also die Schaffung von Hardware) begünstigt wird.

Außerdem werden Ängste oder Lernhemmungen sowie negative Glaubenssätze oder Blockaden aus vergangenen Lernerfahrungen abgebaut und beseitigt. Durch die entsprechenden Visualisierungstechniken gelingt es Ihnen, Ihrem Gehirn zu suggerieren, dass das, was Sie sich an Wissen aneignen möchten, bereits zu Ihrem erworbenen Wissensschatz gehört, denn Ihr Gehirn kann nicht zwischen Realität und Vorstellung unterscheiden.

Die Selbsthypnose besteht immer aus mehreren Teilen, wobei der wichtigste und einleitende Teil die Entspannung ist. Nach einem intensiven Training hat der Teilnehmer die Möglichkeit, sich selbst in den Zustand der tiefen Entspannung zu versetzen. Durch häufiges Üben gelingt der Übergang in den entspannten Zustand immer leichter und schneller.

Danach geht es in die Autosuggestion und Imagination, denn der menschliche Geist ist nun offen für positive Bilder und neue Ideen. Und natürlich für eine neue Sprache. Eine positive Affirmation wird verankert und in Form eines kurzen und positiven Satzes immer wieder in Gedanken durchgespielt. Durch das Einbeziehen aller Sinne während dem Wiederholen des Satzes wird die Wirkung noch verstärkt. Hier kommen Redewendungen oder Textpassagen aus einem Sprachbuch zum Einsatz.

Als letzte Phase geht es dann an die tiefe Arbeit mit dem Unterbewusstsein. Tiefe Blockaden werden gelöst, die Konzentrations- und Merkfähigkeit wird gesteigert und der Teilnehmer entwickelt eine verlässliche Motivation. Nützliche Anker können gesetzt werden, um das Erlernte jederzeit bei Bedarf abrufen zu können. Auf Basis sogenannter Eselsbrücken und Assoziationen in klanglicher, räumlicher oder gestalterischer Art werden Techniken entwickelt, die für jeden Teilnehmer individuell mit dem Trainer abgesprochen werden.

Sicherlich kennen Sie die Situation, dass Sie im Kino einen spannenden Film ansehen und plötzlich sind zwei Stunden rum. Sie können sich kaum erinnern, was Sie während dieser Zeit gemacht haben beziehungsweise Sie haben diese Zeit nicht bewusst wahrgenommen. Auch dieser Zustand kann als eine Hypnose bezeichnet werden. Wir werden nur zu etwa 10 Prozent vom Bewusstsein gesteuert, zu 90 Prozent aber von unserem Unterbewusstsein. Alles menschliche Handeln, Fühlen, Denken und Erleben lässt sich in das Bewusste und das Unbewusste einteilen.

- Nachdenken und Grübeln, die innere kritische Stimme und die Logik gehören zum bewussten Denken.
- Das bildhafte Erleben, unsere Gefühlswelt und das emotionale Erleben gehören in das Unbewusste.

Während das bewusste Denken für den Menschen oftmals überlebenswichtig ist und sogar manchmal nervig sein kann, läuft das unbewusste Denken völlig automatisch ab.

Der durch Hypnose hervorgerufene Zustand wird auch als *Trance* bezeichnet. Ein Zustand zwischen dem Schlaf- und Wachbewusstsein. Der Teilnehmer ist gelöst, entspannt und angstfrei und die veränderte Selbstwahrnehmung führt zu mehr Fantasie und Kreativität. In hypnotischer Trance konzentriert sich die Wahrnehmung nur auf eine bestimme Vorstellung oder Wahrnehmung. Im alltäglichen Zustand werden wir ständig von Außenreizen abgelenkt. Das Erlernen eine Sprache ist in der Hypnose leichter, denn hier wird der Fokus auf die verborgenen Potenziale des Teilnehmers gelenkt. Sie werden verstärkt und gefördert und in das alltägliche Leben eingebunden.

Der Körper ist ruhig, die Atmung gleichmäßig, der Blutdruck und die Herzfrequenz sind verlangsamt und im Gleichklang. Der Muskeltonus im gesamten Körper vermindert sich und der Stresshormonspiegel sinkt. Durch diesen entspannten Zustand ist der Geist frei von Blockaden und die Entspannung löst Hemmungen auf. Das Erlernen einer Sprache geht leichter von der Hand, die intrinsische Motivation – also die innere Motivation steigt und die Lernübungen außerhalb der Hypnose werden mit Leichtigkeit angegangen und bewältigt.

Hypnose ist eine Möglichkeit, Lernblockaden zu identifizieren und zu überwinden. Der Teilnehmer erlernt sich mit Selbsthypnose unter Eigenregie in einen entspannten Trancezustand zu versetzen und dadurch noch mehr Fortschritte im Lernprozess umzusetzen.

Die Einleitung einer Selbsthypnose

Folgen Sie nun meinen Anweisungen und lesen Sie den Text so oft durch, bis Sie die darin beschriebene Technik vollkommen verinnerlicht haben.

Machen Sie es sich jetzt bequem. Legen Sie sich auf den Rücken, Beine parallel auf den Boden, 20 bis 30 cm auseinander, Arme entspannt links und rechts am Körper abliegen, Handflächen nach unten und die Finger ausstrecken.

Jetzt schauen Sie entspannt zur Decke und fixieren dort einen bestimmten Punkt. Ihre Augen mögen blinzeln, aber schauen Sie immer weiter auf diesen bestimmten Punkt. Nehmen Sie jetzt einen tiefen Atemzug, so viel, wie Ihre Lungen aufnehmen können. Atmen Sie langsam aus und entspannen Sie sich. Nehmen Sie jetzt einen weiteren Atemzug, Luft kurz anhalten und ausatmen – entspannen. Und einen dritten tiefen Atemzug, Luft kurz anhalten und ausatmen – entspannen! Schließen Sie nun Ihre Augen und jetzt, da Ihre Augen geschlossen sind, lassen Sie sie zu, bis diese Übung zu Ende ist.

Sie werden die ganze Zeit über in der Lage sein, Ihre Augen zu öffnen und auf Dinge zu reagieren, die Ihre Aufmerksamkeit benötigen. Dennoch lassen Sie Ihre Augen jetzt geschlossen und bleiben vollkommen entspannt. Jetzt konzentrieren Sie sich für einen Moment ganz kurz auf den obersten Punkt Ihres Kopfes. Konzentrieren Sie sich auf Ihren Hinterkopf und entspannen Sie Ihren Hinterkopf. Entspannen Sie Ihren Hinterkopf und machen

Sie dasselbe mit Ihrer Stirn. Entspannen Sie Ihre Stirn und entspannen Sie Ihre Augen. Ihre Augen und all die kleinen Muskeln hinter und um Ihre Augen.

Sie merken, wie sich auch Ihr Nacken und Ihre Schultern entspannen und Sie erlauben Ihrem ganzen Körper, sanft in den Zustand vollkommener Entspannung zu gleiten. Entspannen Sie auch Ihre Arme, die Oberarme, die Ellenbogen, die Unterarme, die Hände und die Finger. Ich möchte, dass Sie Ihrem ganzen Körper erlauben, sich vollkommen zu entspannen. Und Sie atmen ruhig und gleichmäßig. Es ist ganz einfach. Sie können mühelos atmen, leicht und sanft, ein und aus. Ihr Brustkorb und Ihr Zwerchfell atmen ganz leicht und sanft und alle Muskeln und Organe in Ihrem Bauch sind vollkommen entspannt.

Erlauben Sie Ihrem ganzen Körper sich vollkommen zu entspannen. Konzentrieren Sie sich jetzt bitte auf Ihren Rücken und auf alle Muskeln an Ihrem Rücken. Erlauben Sie jedem einzelnen Muskel sich zu entspannen. Erlauben Sie jedem einzelnen Muskel in Ihrem Körper, sich vollkommen zu entspannen. Denken Sie dann auch an Ihre Hüfte, Ihre Oberschenkel, die Knie und die Unterschenkel. Und entspannen Sie auch Ihre Füße und die Zehen, sodass jeder einzelne Muskel Ihres Körpers vollkommen entspannt ist.

Sie spüren, wie sich Ihr Körper weiter und weiter entspannt und Sie merken, wie Sie langsam und sanft in die Hypnose gleiten. Es passiert einfach. Sie gleiten langsam und sanft in die Hypnose. Gerade jetzt, zu dem Zeitpunkt, in dem der Geist eine neue Form des Lernens kennenlernt. Und Sie merken, dass Ihr Geist klarer und freier wird durch diese hypnotische Erfahrung. Also befreien Sie Ihren Geist und Ihre Gedanken und nutzen Sie Ihre verbogenen Kräfte. Aktivieren Sie jetzt die verborgenen Kräfte Ihres Geistes und Ihrer Gedanken.

Und weil sich diese Selbsthypnose so gut anfühlt, bleiben Sie einfach in dieser angenehm bequemen Position mit geschlossenen Augen und sagen Sie sich in Gedanken nun die folgende Suggestion.

Suggestion 1: Gedächtnisleistung steigern

Während ich mich immer tiefer und tiefer entspanne, erkenne ich, dass das größte Wunder auf diesem Planeten mein Unterbewusstsein ist. Es arbeitet 24 Stunden am Tag, kümmert sich um jeden Muskel, jedes Organ, jede Faser und jede Zelle meines Organismus. Es ist immer wach und es kümmert sich um alles. Es ist so mächtig, dass es mir etwa alle neun Monate einen völlig neuen Körper gibt. Alles, was mir jemals in der Vergangenheit widerfahren ist, ist in meinem Unterbewusstsein abgespeichert. Ich muss nur die richtige Ablage finden, um mich daran zu erinnern. Aber es ist alles da.

Alles ist abrufbar. Durch diese Hypnose kann ich jetzt jede Ablage finden, nach der ich suche. Ich habe sofortigen Zugang zu jeder Information, nach der ich verlange. Ich stelle mir mein Unterbewusstsein wie einen Computer oder eine große Bibliothek vor. Das ist mein Erinnerungssystem. Ich stelle mir vor, dass ich selbst Informationen eingebe oder ablege, die ich nutzen möchte und ich merke mir die Ablage, in der ich alles abgespeichert habe. Ab sofort muss ich nur noch die gewünschte Ablage öffnen und jede Information kommt mir deutlich in die Erinnerung, wie auf einem Bildschirm am Computer oder wenn ich ein Buch aufschlage.

Von jetzt an finde ich es leicht, Informationen zu speichern und wieder abzurufen. Ich habe großen Spaß daran, meinen Computer, mein Gehirn zu benutzen. Weil ich jetzt Informationen leichter abrufen kann, vertraue ich mehr und mehr meinem Erinnerungsvermögen. Ich bin stolz auf meinen Intellekt. Ich bin fähig und ich habe ein wundervolles Gedächtnis. Ich habe ein außergewöhnliches Gedächtnis und ich konzentriere mich ganz deutlich auf das, was ich mir als Lerninhalt herausgesucht habe. Ich programmiere Gedanken, Fakten und Informationen in mein Unterbewusstsein und ich trainiere mein Gedächtnis, damit es noch stärker und stärker und immer stärker wird.

Stärker mit jedem Moment, in dem ich es benutze. Jedes Mal, wenn ich Informationen speichere, wird mein Gedächtnis gestärkt. Ich habe ein außergewöhnliches Gedächtnis. Ich erinnere mich an alles, was ich lerne. Mein Gedächtnis verbessert sich mit jedem Tag, der von heute an vorübergeht. Mein mächtiges Gedächtnis ist mein treuer Diener. Ich bin in der Lage, mein Gedächtnis zuverlässig mit den Informationen, die ich brauche, zu programmieren, und ich kann sie in der Ablage belassen, bis ich sie benötige, ganz egal wann das auch sein möge.

Alles, was ich sehe, wird in mein Gedächtnis programmiert und ich genieße diese Erfahrung des Lernens. Ich habe wirklich Spaß daran neue Dinge zu lernen und Informationen werden in den Computer meines Unterbewusstseins programmiert. Meine Fähigkeit, mich an alles, was ich höre, sehe oder denke zu erinnern, verbessert sich ständig. Ich besitze ständig die Fähigkeit, Informationen zu speichern und abzurufen, wenn ich sie benötige. Mein Erinnerungsvermögen ist perfekt und ich erlebe diese perfekte Erinnerung jeden Tag deutlicher, weil ich erlebe, wie sich mein Bewusstsein ausdehnt, denn ich merke, dass Erinnerungen viel länger in meinem Bewusstsein bleiben als bisher.

Suggestion 2: Konzentration während des Lernens

Lernen fällt mir leicht und es macht mir Spaß, denn es ist mein Weg zum Erfolg. Lernen bereitet mir Freude, weil ich meine Gedanken auf alles das, was ich möchte und so lange ich möchte konzentrieren kann. Anhaltende Konzentration stärkt mein Gedächtnis. Wenn ich meine Konzentrationsfähigkeit weiter ausbaue, wird mein Gedächtnis gestärkt. Jedes Mal, wenn ich etwas lerne, trainiere ich mein Gedächtnis, indem ich Gedanken, Fakten und Informationen in mein Gedächtnis einpräge und bis zum Abruf dort speichere.

Lernen fällt mir deshalb so leicht, weil ich mein Ziel klar vor Augen habe. Jedes Mal, wenn ich lerne, komme ich meinem Ziel einen Schritt näher und das gibt mir ein gutes Gefühl. Für mich ist Lernen ein ebenso natürlicher und notwendiger Ablauf wie das Atmen. Es liegt mir im Blut, immer mehr zu lernen und mich weiterzubilden. Während ich mich völlig in mein Lernmaterial vertiefe, ist mein Gedächtnis schon eifrig dabei, alle Informationen zu verarbeiten und abzuspeichern. Ich bin sehr stolz auf meine Fähigkeit zu lernen und meine Aufmerksamkeit zu bündeln und meine Begabung wächst von Tag zu Tag.

Während ich mich nun noch weiter entspanne, fühle ich die Kraft meines Unterbewusstseins, denn je tiefer ich mich entspanne, desto stärker und aufnahmebereiter wird mein Unterbewusstsein und desto mehr stelle ich fest, dass sich meine Konzentrationsfähigkeit verbessert. Und wenn ich mich noch weiter entspanne, stelle ich fest, dass es mir noch leichter fällt, mich zu konzentrieren und zu lernen. Ob ich lerne, lese oder einen Vortrag vorbereite – mein Unterbewusstsein unterstützt mich dabei mich zu entspannen, mich hundertprozentig zu konzentrieren und allen Lernstoff vollständig aufzunehmen.

Suggestion 3: Allgemeine Konzentrationssteigerung

Während ich mich entspanne und tiefer und tiefer in die Hypnose gleite, beginne ich eine Entdeckungsreise in mein Innerstes. Ich erkenne mehr und mehr das gewaltige Wunder meines Unterbewusstseins. Es ist die Wahrheit, und zwar die wichtigste Wahrheit, dass im Unterbewusstsein eines jeden Menschen ein Genie verborgen liegt. Ich wurde mit einem unbegrenzten geistigen Potenzial geboren, und weil ich mich eben mit jedem weiteren Tag von heute an mehr und mehr konzentriere, erkenne ich die versteckte Genialität, die in mir steckt und ich entwickle bemerkenswerte Fähigkeiten und ein außergewöhnliches Talent.

Weil sich meine Konzentration verbessert, gebe ich mir selbst die Möglichkeit, mein gesamtes geistiges Potenzial auszuschöpfen. Ich genieße es, mich zu konzentrieren und meinen Geist dabei zu unterstützen, während er meine verborgenen Kräfte und Möglichkeiten aktiviert. Mein Geist ist auf jede Sache, die ich vollbringen möchte, voll konzentriert. Ich konzentriere mich besser als jemals zuvor. Mein Geist ist auf das Ziel ausgerichtet, meine Gedanken sind klar. Meine geistigen Möglichkeiten sind scharf und nehmen das Material, das ich lernen oder erwerben muss, auf.

Je mehr ich mich entspanne, desto größer und mächtiger wird meine Fähigkeit, mich zu konzentrieren. Und je mehr sich mein Konzentrationsvermögen verbessert, desto mehr wird mein gesamter Geist gestärkt und die Motivation, meine Ziele zu erreichen, steigert sich deutlich. Meine Konzentration verbessert sich täglich. Ich bin begeistert und wissbegierig, möchte Neues lernen, denn ich merke, dass ich mit jedem weiteren Tag immer schneller meine Ziele erreiche. Von heute an genieße ich mein Konzentrationsvermögen. Ich bin in der Lage, mich an alles zu erinnern, was mir gesagt wird, was ich gelesen habe, was ich gesehen habe oder höre.

Ich finde es leicht, meine Gedanken auf eine einzige Angelegenheit zu fokussieren. Ich verfüge über die großartige Kraft der Konzentration. Alles kann von meinem Geist ganz leicht aufgenommen werden. Ich habe den perfekten Konzentrationszustand erreicht. Weil sich meine Gedanken auf eine einzige Angelegenheit richten können, arbeite ich schneller, effektiver und leichter. Ich gewinne die perfekte Kontrolle über meine geistigen Fähigkeiten, weil ich meine Arbeit mit einem konzentrierten Geist erledige und diese neue Möglichkeit zu nutzen weiß, selbst wenn es um mich herum laut ist oder es andere störende Einflüsse gibt, stelle ich fest, dass ich in der Lage bin, meine Aufmerksamkeit vollständig auf meine Arbeit zu richten.

Ich habe die vollkommene Kontrolle über meinen Geist. Ich konzentriere mich und lerne mit größter Kontrolle. Ich konzentriere mich und lerne mit mehr Begeisterung, weil ich entdecke, dass mein Geist und mein Körper in Harmonie zusammenarbeiten, um mein Konzentrationsvermögen zur maximalen Leistungsfähigkeit zu steigern.

So beenden Sie die Hypnose

Ich werde jetzt diese Hypnose wieder beenden, indem ich fünf tiefe Atemzüge nehme und währenddessen zurückkehre ins Hier und Jetzt, zurück zu vollem Bewusstsein. Mit jedem Atemzug werde ich wacher und wacher und orientiere mich wieder zurück ins Hier und Jetzt. Und wenn ich diese Hypnose beendet habe, öffne ich meine Augen, aber die Fähigkeit zu einer besseren Konzentration und einer erhöhten Merkfähigkeit bleibt und begleitet mich durch den Alltag und beschert mir tagtäglich zahlreiche positive Erfolgserlebnisse. Alternativ kann ich jetzt auch einschlafen, sofern ich in meinem Bett liege und es meine reguläre Schlafenszeit ist. Ich muss zu diesem Zweck jetzt einfach nur einschlafen.

Exkurs: Schüler lernen Lernen

Diesen Teil des Buches widme ich allen Schülern und Schülerinnen.

Ich zeige euch hier eine Reihe von wertvollen Lerntechniken, die euch in der Schule vermutlich niemand zeigt. Spannende Gedächtnistechniken und praktische Tipps zum Lernen findet ihr auch in meinem Speedlearning-Onlinekurs auf meiner Website www.sven-frank.com im Shop.

Lernen ist einfach – du musst nur wissen wie!

Lass uns zunächst einmal überlegen, warum viele Schüler in der Schule so große Probleme haben. Tatsächlich gibt es keine Schule, in der die Schüler durchweg einen Notendurchschnitt von 1,0 haben. Woran liegt das?

Das liegt nicht daran, dass die Schüler nicht intelligent genug sind, sondern in vielen Fällen liegt es einfach daran, dass Schüler oft andere Interessen haben, als Physik, Englisch, Deutsch oder Mathematik zu lernen und sich lieber mit Sport, Computer und YouTube auseinandersetzen. Ich habe beispielsweise einmal einen siebenjährigen Jungen kennengelernt, der ein miserabler Schüler war, aber in seinen jungen Jahren bereits in der Lage gewesen ist, einen Traktor komplett auseinander und wieder zusammenzubauen. Und was die meisten Lehrer und Eltern leider vergessen, ist, dass Schüler unterschiedliche Talente haben. In jeder Schulklasse gibt es einen Schüler oder eine Schülerin, der/die ein hervorragender Sportler ist. Es gibt außerdem einen Künstler, einen Musiker, jemanden, der sehr gute Aufsätze in Deutsch schreibt, einen Klassenkameraden, der hervorragend in Erdkunde ist, eine Schülerin, die extrem gut mit geschichtlichen Daten vertraut ist. Ich hatte einen Mitschüler, der alle Geschichtszahlen auswendig wusste, und ich hatte einen anderen, der hervorragend im Quartettspielen war und über ein fotografisches Gedächtnis verfügte. Beide hatten keine guten Noten im Zeugnis, aber der eine wurde Historiker und ist auf seinem Gebiet unschlagbar und der andere spielt bei Schachturnieren gegen zwölf Spieler gleichzeitig und gewinnt.

Mit den folgenden Techniken möchte ich dich dabei unterstützen, dir leichter und schneller Lernstoff einzuprägen, damit du künftig gute Noten schreibst und dir mehr Freizeit für Entspannung bleibt.

Nachfolgend habe ich einige Tipps für dich, die ich nach Schulfächern sortiert aufgelistet habe:

Tipps und Tricks für deinen Lernerfolg

In der Schule verbringst du die meiste Zeit im selben Klassenzimmer. Woher soll dein Gehirn wissen, dass du in der ersten Stunde Deutsch, in der zweiten Stunde Mathematik und in der dritten Stunde Englischunterricht hast? Wenn sich der Ort, an dem du lernst, nicht ändert, so kann das Gehirn die Unterscheidung zwischen den Fächern kaum ausmachen.

Also gibt es ein paar Hilfsmittel, mit denen du jedes Fach zu einem besonderen Ereignis für dein Gehirn machen kannst. Du kannst zum Beispiel für jedes Fach einen anderen Stift verwenden: für Mathematik einen roten Stift, für Deutsch einen blauen und für Englisch einen schwarzen. Du kannst aber auch bei den Hausaufgaben verschiedenfarbige Blätter verwenden, damit dein Gehirn auf den ersten Blick erkennt, welches Fach jetzt gerade bearbeitet wird.

Solltest du außerdem alle Hausaufgaben und alle Lerneinheiten ausschließlich in ein und demselben Zimmer durchführen, dann weiß dein Gehirn nicht, ob du jetzt spielen, schlafen oder lernen sollst. Um das zu ändern, empfehle ich dir auch zu Hause für die verschiedenen Fächer unterschiedliche Orte zu suchen.

Zusätzlich kannst du den Lerneffekt noch steigern, wenn du dir für jedes Unterrichtsfach ein anderes Getränk bereitstellst, einen anderen Duft auf den Tisch stellst oder eine andere Hintergrundmusik abspielst (am besten Instrumentalmusik).

Nimm dir für jedes Schulfach ein kleines gelbes Plastikei (die Plastikeier, die du von Überraschungseiern kennst) und stecke dort einen Wattebausch hinein, den du vorher mit einem entsprechenden Parfüm oder Duftöl beträufelt hast. Jetzt kannst du das Ei verschließen und beschriften und so auch im Schulunterricht, zum Beispiel vor Klassenarbeiten, kurz hervorholen, um daran zu riechen. Wenn dein Gehirn den Duft von den Hausaufgaben her kennt, wird es während der Klassenarbeit auf den entsprechenden Modus springen beziehungsweise sich an den Stoff erinnern.

Eselsbrücken oder Anker

Wenn du mit verschiedenen Düften, Musik oder Getränken arbeitest, dann kannst du schnell bessere Ergebnisse beim Lernen erzielen. Diese Technik nennt man Ankertechnik. Ein Anker ist für dein Gehirn ein Lied oder ein Duft oder etwas Ähnliches, das immer in derselben Situation in Erscheinung tritt.

Denke hier zum Beispiel an deine liebste Fernsehserie, die immer mit der gleichen Melodie eingespielt wird. Egal, in welchem Raum du dich befindest, solltest du diesen Sound hören, dann weißt du genau, dass deine Serie nun beginnt. Dein Wecker ist dann ein akustischer Anker, wenn er ein bestimmtes Geräusch erzeugt, bevor er zu klingen beginnt. Ein kurzes Knacken oder Klicken. Selbst wenn du Ferien hast oder der Wecker am Wochenende klingelt, wachst du hiervon automatisch auf. Dann kennst du bestimmt Situationen, wenn du bei Oma und Opa zu Besuch bist und im Gang riecht es schon nach deinem Lieblingsessen. Dann weißt du bereits im Flur, was deine Oma für dich gekocht hat, selbst wenn du noch nicht gesehen hast, was auf dem Herd steht.

Es gibt so viele Anker, die du nutzen kannst, um bessere Lernergebnisse in der Schule zu erzielen. Im Sport benutzt man zum Beispiel Anker in Form von Sportkleidung (Trikots, Judoanzügen, Schutzausrüstung ...) damit der Körper und das Gehirn wissen, dass jetzt trainiert wird. Du ziehst ja im Sportunterricht auch deine Sportkleidung an, zum Schlafen dann deinen Schlafanzug und zum Schwimmen eine Badehose oder einen Bikini.

Damit weiß dein Gehirn: Jetzt wird geschlafen, Sport getrieben oder geschwommen. Wenn du beim Lernen zum Beispiel bei den Mathematikhausaufgaben Orangensaft trinkst, dann wird dein Gehirn in Zukunft immer an Mathematik denken, wenn du Orangensaft trinkst und wenn du immer einen Vanilleduft auf dem Tisch stehen hast, während du deine Hausaufgaben für Deutsch machst oder etwas lernst, dann wird der Duft von Vanille dich immer an Deutsch erinnern. Probiere es aus und wenn es gut funktioniert, dann berichte auch deinen ganzen Freunden davon.

Bewegung, Bewegung, Bewegung!

Was glaubst du, denkt dein Körper, wenn du irgendwo sitzt? Hast du schon einmal ein Tier beobachtet, dass sich irgendwo hinsetzt? Und dass Hunde oder Katzen, wenn sie es sich bequem machen, einschlafen. Das bedeutet, dass unser Gehirn, sobald wir sitzen, glaubt, dass wir es uns jetzt entspannen können, dass wir abschalten können und uns um nichts mehr zu kümmern brauchen.

Früher, als wir noch keine Städte hatten, sondern im Wald und in Höhlen lebten, wusste unser Körper, dass wir uns, sollten wir uns hinsetzen oder hinlegen, erholen und ausruhen und nicht mehr groß nachdenken müssen. Aus diesem Grund ist das Gehirn wach und in erhöhter Lernbereitschaft sowie reaktionsfreudiger, wenn wir stehen oder uns bewegen. Bevor du in die Schule gekommen bist, hast du durch viel Bewegung gelernt und wolltest dich am liebsten überhaupt nicht setzen (frag mal deine Eltern, die werden das bestimmt bestätigen).

Das bedeutet also, wir lernen am besten, wenn wir stehen oder uns bewegen. Nun musst du in der Schule für gewöhnlich sitzen. Unser Gehirn geht deshalb davon aus, dass es sich in der Schule ausruhen kann. Und weil das so ist, ist es umso wichtiger, dass du bei den Hausaufgaben oder beim Lernen zu Hause möglichst viel stehst oder dich bewegst.

Wenn du beispielsweise etwas lernen musst, das dir sehr viel Schwierigkeiten bereitet oder schwierig zu verstehen ist, dann solltest du immer im Stehen lernen. Nimm zum Beispiel einen wasserlöslichen (ich betone noch einmal wasserlöslich!) Stift und schreibe die Hausaufgaben oder das, was du lernen möchtest, an einen Spiegel oder ein Fenster. Du kannst auch ein großes Blatt an die Wand hängen und dort deine Aufgaben aufschreiben.

Wenn du dazu noch deine Schuhe und deine Strümpfe ausziehst und barfuß läufst, ist dein Gehirn in einem noch aktiveren Lernmodus und es fällt dir leichter, dir Dinge zu merken. Probiere es aus, setzte dich zuerst zehn Minuten hin und lerne etwas, das du dir für die nächste Klassenarbeit unbedingt merken musst. Laufe danach einmal zehn Minuten durch dein Zimmer und lerne dasselbe noch einmal. Ich verspreche dir, dass es beim zweiten Mal viel leichter geht.

Fehlerfrei durchs Diktat

Ich kenne das noch aus meiner Schulzeit: Wir haben einmal wieder ein Diktat geschrieben und ich war mir sicher, dass ich während des finalen Gegenlesens alle Fehler gefunden habe. Als ich die Arbeit dann von meiner Lehrerin korrigiert zurückbekam, hatte ich aber trotzdem so viele Fehler, dass es gerade einmal für eine 3 reichte. Dann las ich in einem Buch über Lerntechniken über eine tolle Methode, die ich dir jetzt auch vorstellen möchte.

Wie viele Fehler findest du in diesem Text:

Lezte Woche habe ich ein gans spannendes Abenteur erlebt. Zusamen mit meinem Freund Michael kletterten wir in eine Höle, die früher Mal ein alter Bunger war. Ich war ein bischen nervös, weil der der Bunker eigendlich für Kinder Tabu ist. Aber wir waren so neugirig und hatten einen Spaten, Taschenlampen und Prowiant mitgebracht, damit wir diese die Höle gans genau unterscuchen können. Michal und ich krabelten also durch ein tifes Loch in das innere des Bunkers und plötzlich hörten wir ein lautes Gereusch.

Jetzt lies den Text bitte noch einmal Wort für Wort rückwärts durch, also folgendermaßen:

Gereusch lautes ein wir hörten ....

Na, wie viele Fehler findest du jetzt noch, die vorher von dir übersehen wurden?

Wenn du ein Diktat geschrieben hast, dann korrigiere den Text Wort für Wort von hinten nach vorne. So fällt es dir leichter, alle Fehler zu finden.

Warum ist das so?

Wenn du einen Text, der eine Geschichte erzählt, von vorne nach hinten liest, dann entstehen im Kopf die entsprechenden Bilder dazu. In unserem Beispiel hast du dir vorgestellt, wie du mit einem Freund namens Michael in eine Höhle hineinkletterst. Diese Bilder entstehen in deinem Kopf, also vor dem, was man das innere Auge nennt. Vor deinem inneren Auge entstehen auch die Träume, wenn du schläfst.

Das Problem ist jetzt, dass deine beiden äußeren Augen, mit denen du diesen Text liest, die Fehler in den Wörtern überlesen, sobald dein inneres Auge Bilder entstehen lässt. Das passiert auch im Erwachsenenalter ganz oft. In fast jedem Buch, das du im Buchladen kaufen kannst, findest du mindestens einen Druckfehler. Ich habe einmal ein Buch gekauft, in dem ich 35 Fehler gefunden habe.

Falls du gerne liest, dann lasse dir von deinen Eltern oder Verwandten Bücher schenken, die ganz neu erschienen sind. Wenn du dann einen Schreibfehler darin findest, dann markierst du ihn und schreibst dem Verlag einen Brief, in dem du auf den Fehler hinweist. Schreibe auch dazu, welches Buch aus diesem Verlag du gerne als Dankeschön für dein aufmerksames Lesen und den Hinweis haben möchtest. Die Verlage freuen sich immer, wenn sie von Lesern auf Druckfehler hingewiesen werden, damit sie diesen bei der nächsten Auflage korrigieren können. Ich habe auf diese Weise schon sehr viele Bücher von Verlagen geschenkt bekommen.

Wenn du übrigens in meinem Buch hier einen Fehler findest, dann schreibe mir einen Brief und sage mir, wo du den Fehler gefunden hast. Ich lade dich dann als *Dankeschön* ein und wir drehen gemeinsam ein Video mit Lerntechniken für meinen YouTube-Kanal »Speedlearning-Profis«, wenn du Lust dazu haben solltest.

Grammatik ist ganz einfach

Findest du die deutsche Grammatik auch so kompliziert? Also ich fand sie als Schüler immer sehr kompliziert. Eines Tages verliebte ich mich in ein Mädchen aus einer anderen Klasse und meine Klassenkameraden hänselten mich mit den Worten: *Sven liebt Jenny! Sven liebt Jenny! Sven liebt Jenny! …*

Am Anfang habe ich mich darüber geärgert, aber dann habe ich gesagt: *Ich wette, dass Ihr diesen Satz nicht konjugieren könnt!*

Natürlich konnten sie es und so wurden folgende Sätze daraus:

Sven liebt Jenny!	*Sven liebte Jenny!*
Sven hat Jenny geliebt!	*Sven hatte Jenny geliebt!*
Sven wird Jenny lieben!	*Sven wird Jenny geliebt haben!*
Sven würde Jenny lieben!	*Sven würde Jenny geliebt haben!*
Jenny wird von Sven geliebt!	*Jenny wurde von Sven geliebt!*
Jenny ist von Sven geliebt worden!	*Jenny war von Sven geliebt worden!*
Jenny wird von Sven geliebt werden!	*Jenny wird von Sven geliebt worden sein!*
Jenny würde von Sven geliebt werden!	*Jenny würde von Sven geliebt worden sein!*

Immer dann, wenn mich wieder ein Mitschüler hänseln wollte, sagte ich nur: »*Sag das mal im Futur I passiv!* « und schon war der Mitschüler entweder still oder ich lernte die Grammatikregeln besser (Futur I passiv wäre in diesem Fall übrigens: *Jenny wird von Sven geliebt werden*).

Doch schauen wir uns die Formen kurz im Einzelnen an:

1. *Sven liebt Jenny!*
   Das passiert jetzt gerade, also in der Gegenwart, also im *Präsens* (wir sind beide präsent) und ich bin derjenige, der Jenny liebt, also tue ich aktiv etwas. Diese Form ist also *Präsens aktiv*.
2. *Sven liebte Jenny!*
   Das ist die vollendete Vergangenheit, also es ist endgültig vorbei. Das ist demnach nicht ganz perfekt gelaufen, also *Imperfekt*. Weil ich der aktiv Liebende war, nennt man diese Form *Imperfekt aktiv*.
3. *Sven hat Jenny geliebt!*
   Das ist die einfache Vergangenheit. Es ist vorbei, aber ich denke immer noch an die perfekte Zeit mit ihr zurück. Aus diesem Grund nennt man diese Form *Perfekt* und weil ich nach wie vor der aktiv Liebende bin: *Perfekt aktiv*.
4. *Sven hatte Jenny geliebt!*
   Das ist totale Vergangenheit, also es war einmal perfekt, aber hier setze ich noch eines drauf – plus, weil es zwar schon so lange her ist, ich mich aber noch genau daran erinnern kann, wie sie aussah, wie sie lachte, wie ihr Haar duftete und so weiter. Aus diesem Grund nennt man diese Form *Plusquamperfekt*. Auch hier bin ich wieder der Aktive, also *Plusquamperfekt aktiv*.
5. *Sven wird Jenny lieben!*
   Irgendwann in der Zukunft werde ich Jenny also lieben. Diese Zukunftsform nennt man *Futur I*. Als ich ein Schüler war, gab es einen Zeichentrickfilm namens *Captain Future*. Das war ein Comicheld, der mit seinem Raumschiff in die Zukunft

flog und Abenteuer erlebte. Futur bezeichnet aus dem Lateinischen übersetzt die Zukunft.

6. *Sven wird Jenny geliebt haben!*
   Das wird in der Zukunft schon passiert sein und deshalb heißt es Futur II. Weil ich in der weiten Zukunft zurückschauen werde, wie ich in der heutigen Zukunft – die dann bereits vergangen ist – aktiv gewesen war, verwende ich hier also *Futur II aktiv*. Also konkret: Am Freitag sagt jemand, dass Sven am Sonntag feststellen wird, dass er Jenny am Samstag geliebt hatte.
7. *Sven würde Jenny lieben!*
   Hier ist immer eine Bedingung notwendig, das erschließt sich schon aus der Formulierung: Sven würde Jenny lieben, wenn … sie älter wäre, Katzen mag oder schwarze Haare hat. Die Bedingung bezeichnet man synonym auch als Kondition, aus diesem Grund nennt man diese Form *Konditional I*. Ich bin der Aktive – also *Konditional I aktiv*.
8. *Sven würde Jenny geliebt haben!*
   Auch hier ist wieder eine Bedingung notwendig, allerdings habe ich jetzt keine Chance mehr, Jenny zu lieben, vielleicht weil sie inzwischen verheiratet ist, gestorben ist oder auf dem Mars wohnt. Diese Form nennt man deshalb *Konditional II* aktiv. Wenn mich die Mitschüler gehänselt haben, war das meistens die Form, die ihnen nicht eingefallen ist.

Jetzt folgen die ganzen Passivformen. Wenn man das Passiv benutzt, dann ist die Handlung wichtig und nicht mehr der »Täter«. Ich schreibe dir einfach die Form darunter, die Erklärung dazu ist die gleiche wie bei den Formen, bei denen ich aktiv war.

9. *Jenny wird von Sven geliebt!*
   Präsens passiv
10. *Jenny wurde von Sven geliebt!*
    Imperfekt passiv
11. *Jenny ist von Sven geliebt worden!*
    Perfekt passiv

12. *Jenny war von Sven geliebt worden!*
    Plusquamperfekt passiv
13. *Jenny wird von Sven geliebt werden!*
    Futur I passiv
14. *Jenny wird von Sven geliebt worden sein!*
    Futur II passiv
15. *Jenny würde von Sven geliebt werden!*
    Konditional I passiv
16. *Jenny würde von Sven geliebt worden sein!*
    Konditional II passiv

Fremdsprachen in der Schule lernen

Ich frage mich immer wieder, warum die Schüler in der Schule zwischen verschiedenen Fremdsprachen wählen müssen. Das Gehirn unterscheidet ja auch nicht zwischen verschiedenen Sprachen, also wäre es doch sinnvoller, einen allgemeinen Fremdsprachenunterricht anzubieten. Hier sollten die Schüler sich aussuchen können, welche Fremdsprache sie als Erstes lernen möchten und im Anschluss daran zur Schaffung eines Grundverständnisses erklärt bekommen, wie Sprachen an sich aufgebaut sind und funktionieren. Im Anschluss daran wäre es äußerst sinnvoll, die Vokabeln, die sie speziell in ihrem Leben für ihre Interessen benötigen, zu lernen.

So hätten die Schüler von Anfang an die Möglichkeit, Brieffreundschaften in der Sprache ihrer Wahl zu pflegen und von ihren Hobbys und ihrer Familie zu erzählen. Wenn ein Kind beispielsweise noch niemals Urlaub auf einem Campingplatz gemacht hat, dann braucht es die Vokabeln, die für Campingaufenthalte benötigt werden, wie zum Beispiel Campingkocher, Zelt, Wohnwagen etc. nicht unbedingt, sondern es wäre sinnvoller, diesem Kind die Vokabeln zu vermitteln, die es für den Urlaub in einer Ferienanlage oder einem Hotelzimmer braucht.

Wenn ein Schüler darüber hinaus gerne Tennis oder Fußball spielt, sich aber überhaupt nicht für das Golfen interessiert, dann ist es für den ersten Moment für ihn nicht notwendig, die Begriffe

Albatros oder Mulligan zu kennen, aber vielleicht die speziellen Wörter, die er für sein Hobby Tennisspielen oder Fußballspielen benötigt. Dass Kinder, die sich für einen bestimmten Bereich interessieren, die entsprechenden Vokabeln in der jeweiligen Sprache ganz automatisch und mühelos lernen, zeigt das Harry-Potter-Prinzip. Als der vierte Harry-Potter-Band in die Buchläden kam, standen Kinder (Grundschüler) reihenweise Schlange, um kurz vor Mitternacht zu den Ersten zu gehören, die bei der Mitternachtslesung in den Buchläden direkt ein bis zwei Stunden lang in diesem Buch lesen konnten.

Daran merkt man doch, was Motivation und Interesse bei Schülern bewirken kann. Mein Sprachlernmentor Petyo Angelov hat zum Beispiel einer sehr widerspenstigen Schülerin dadurch Englisch beigebracht, dass er mit ihr den fünften Harry-Potter-Band von Englisch nach Bulgarisch übersetzt hat (er war Übersetzer und hatte damals den Auftrag, diesen Harry-Potter-Band zu übersetzen, das heißt, es gab das Buch damals noch nicht auf Bulgarisch).

Das gleiche Phänomen konnte ich während des Pokémon-Hypes beobachten: Jugendliche haben innerhalb von wenigen Minuten die ganzen Namen der Pokémon auswendig gekonnt. Wenn sie also nun unregelmäßige Verben der englischen Sprache genauso schnell lernen könnten, wie den Namen eines Pokémon oder die Namen der Spieler der Nationalmannschaft und anderer Mannschaften, dann ist doch offensichtlich, welches Potenzial durch die bisherigen Unterrichtsmethoden in der Schule ungenutzt bleibt.

Die Lehrbücher, die im Schulunterricht zum Lernen von Fremdsprachen verwendet werden, haben im Normalfall keine deutsche Übersetzung der Texte, weil sie so gestaltet sind, dass man einen Lehrer benötigt, um die darin abgedruckten Aufgaben zu lösen. Das macht es dir natürlich etwas schwerer, wenn du dich sehr für Fremdsprachen interessierst und motiviert bist, etwas mehr zu tun als deine Mitschüler.

Aber mit der modernen Technik ist das alles viel leichter. So findest du im Internet auf der Website mit den Informationen zum Schulbuchverlag auch Informationen zu den gesprochenen Texten beziehungsweise zu den Arbeitsbüchern mit Lösungsschlüsseln der Aufgaben deines Textbuches, die deine Lehrerin oder dein Lehrer für gewöhnlich zur Unterrichtsvorbereitung verwenden.

Bei den meisten Schulbuchverlagen kann man dieses Lehrmaterial jedoch nur bestellen, wenn man selbst eine Lehrerin oder ein Lehrer ist. Dein Lehrer wird dir hier sicherlich gerne behilflich sein.

So kannst du die Texte in deinem Lehrbuch auch bearbeiten:

Wenn du ein Smartphone besitzt, dann lade dir einfach die Google Übersetzer App herunter. Mit dieser App kannst du den Text in deinem Englisch-, Latein- oder Französischbuch abfotografieren und ins Deutsche übersetzen lassen. Auf diese Art hast du die Möglichkeit, schon für die nächsten Schulstunden vorbereitet zu sein und dich so besser auf die Grammatik und die notwendigen Übungen zu konzentrieren. Es ist jedoch wichtig, dass du nicht einfach nur die Texte von deinem Smartphone übersetzen lässt, sondern dass du die Texte auch laut liest. Auch hier kann dich diese App unterstützen, indem sie dir die Texte zunächst vorliest, damit du weißt, wie man die Wörter richtig ausspricht.

Allerdings hast du ja auch noch deine Eltern und Freunde, mit denen du gemeinsam diese Übungen durchführen kannst, denn der Kontakt zu Menschen ist beim Lernen immer wertvoller als die ausschließliche Verwendung von Technik.

Mit folgender Übung kannst du außerdem leichter Fremdsprachen sprechen und bekommst ein Gefühl dafür, wie du die jeweilige Fremdsprache im Alltag anwendest: Lies die Texte laut vor und mache mit einem Freund oder einer Freundin eine Dolmetscher-Übung. Stellt Euch vor, dass einer von Euch eine prominente Person ist – vielleicht ein Sänger, eine Schauspielerin oder ein Politiker – und der andere der Übersetzer. Jetzt liest du einen Satz auf Englisch oder Französisch laut vor und deine Freundin oder dein Freund übersetzen diesen Satz ins Deutsche (natürlich habt Ihr Euch vorher die Übersetzung mithilfe der Google Übersetzer App erarbeitet). Sobald Ihr das beide könnt, übersetzt Ihr den Text umgekehrt von Deutsch nach Englisch oder in die jeweilige Sprache, die ihr erlernen wollt.

Mit diesem Rollenspiel, bei dem ihr euch vorstellt, der Übersetzer oder Dolmetscher eines Promis zu sein, bekommt ihr sehr schnell ein größeres Selbstbewusstsein beim Anwenden der Fremdsprache und ihr habt zudem noch jede Menge Spaß. Ihr könnt euch dazu auch verkleiden und in die entsprechende Rolle schlüpfen oder ein Gruppenevent dazu veranstalten.

Vom Klassenzimmer auf die Straße

Es ist immer wichtig, dass du verstehst, welchen Zweck der Unterricht in der Schule verfolgt. Gerade bei Fremdsprachen ist es heutzutage so einfach geworden, andere Schüler zu finden, mit denen du dich unterhalten kannst. Es gibt zum Beispiel eine kostenlose App für dein Handy, *Hello Talk,* über die du Sprachlernpartner finden kannst, also Menschen, die deine Muttersprache lernen wollen und deren eigene Muttersprache die Sprache ist, die du lernen möchtest.

Alternativ kannst du dir auch in deiner Nachbarschaft Menschen suchen, mit denen du diese Sprache sprechen kannst. Ich empfehle dir außerdem, nicht nur *eine* Sprache zu lernen, sondern mehrere gleichzeitig (auch Sprachen, die man in der Schule nicht lernt), denn es wäre auch für den Schulunterricht sinnvoller, Fremdsprachenunterricht so ähnlich wie den Musikunterricht zu gestalten. Im Musikunterricht lernen die Schüler verschiedene Musikinstrumente kennen. Würde man Musik so unterrichten wie Fremdsprachen an der Schule, dann brächte man im Unterricht nur ein Instrument bei. Es ist also auf jeden Fall besser, wenn du dich mit »Fremdsprachenkunde« beschäftigst, damit du verstehst, wie die einzelnen Sprachen aufgebaut sind und welche Wörter aufgrund der Verwandtschaft mit anderen Sprachen gleich oder ähnlich sind (zum Beispiel Hotel, Restaurant, Information, Tourist, Taxi etc.). In der Musik ist es meiner Erfahrung nach auch besser, wenn man mehrere Musikinstrumente erlernt, um den Charakter eines Musikinstrumentes zu verstehen. Besser du kannst auf sieben Musikinstrumenten zehn Lieder spielen als 70 auf nur einem.

Man würde dann anstelle von Englisch, Französisch oder Latein einfach das Fach »Fremdsprachenkunde« anbieten und dort lernen, wie man verschiedene Sprachen in den Bereichen, in denen du sie benötigst, anwenden kann. Nur Englisch oder Französisch in der Schule als Unterrichtsfach zur Auswahl zu haben ist so, als würde man statt Musikunterricht nur Klavierspielen oder Gitarrenmusik unterrichten.

Wenn du kleinere Geschwister hast, kannst du ihnen helfen, Fremdsprachen zu lernen und gleichzeitig deine Fremdsprachenkenntnisse verbessern. Zum Beispiel, indem du die Farben der Bauklötze in den verschiedenen Sprachen benennst (ich wiederhole mich an dieser Stelle noch einmal: Du kannst so die Farben in fünf verschiedenen Sprachen lernen) oder die Geschichten aus Bilderbüchern in der Fremdsprache erzählen. Wenn dein kleiner Bruder oder deine kleine Schwester ein Bilderbuch haben, dann erzähle ihnen in verschiedenen Sprachen, was sie in diesem Buch sehen können. Und immer wenn du nicht weißt, wie ein Satz in der jeweiligen Sprache heißt, dann schau es in der Google Übersetzer App nach oder frag deine Eltern beziehungsweise dein Sprachtandem.

Selbstverständlich kannst du auch Fragen vorbereiten, die du deiner Lehrerin oder deinem Lehrer stellst, aber dein Sprachtandem sollte ein Muttersprachler sein, was der Lehrer im Normalfall nicht ist. Von einem Muttersprachler lernst du eine Sprache so, wie sie üblicherweise im Alltag und auf der Straße genutzt wird, wohingegen deine Lehrer sie so unterrichten, wie man sie in Lehrbüchern findet. Es sind also zwei unterschiedliche Ansätze. Am besten fragst du zuerst deine Lehrer und danach noch einmal dein Sprachtandem zum Vergleich. Doch solange du noch zur Schule gehst, gilt der Überlebensgrundsatz: Im Zweifel haben die Lehrer immer Recht (zumindest in der Schule).

Der Spaß sollte aber IMMER, egal was du lernen möchtest oder musst, im Vordergrund stehen. Übersetze deine Lieblingslieder, schau dir deine Lieblings-DVD in der Fremdsprache mit Untertiteln an und sprich die Dialoge laut nach, schreibe E-Mails an Menschen, die diese Sprache verstehen (vielleicht deine Tante, oder Cousins), sprich WhatsApp Sprachnachrichten auf Englisch oder Französisch ein und lies Bücher, die du schon auf Deutsch gelesen hast, in der Zielsprache, zum Beispiel *Gullivers Reisen*, *Robinson Crusoe*, *Die drei Musketiere* oder *Harry Potter*.

Bessere Noten in Mathe und Physik

Jetzt möchte ich, dass du Mathematik von einer ganz neuen Seite her kennenlernst. Ich möchte, dass du verstehst, dass Mathematik und Physik der Anfang von allem sind und schon existierten, als unser Universum entstanden ist. Es waren sehr komplizierte mathematische und physikalische Vorgänge notwendig, damit unsere Erde, die Sonne, der Mond und all die anderen Planeten entstehen konnten.

Aus diesem Grund spielen Mathematik und Physik in allen Bereichen deines Lebens eine wichtige Rolle. Wenn du morgens aufstehst, dann spürst du deinen Körper und so manche physikalische Reaktion, die gerade in ihm stattfindet, zum Beispiel die Wärme deiner Hände, den Druck deiner Blase oder den Zug deiner Muskeln. Du kannst spüren, ob die Anzahl der Stunden, die du geschlafen hast, ausgereicht haben, um fit in den Tag zu starten. Du kannst ausrechnen, wie viele Minuten du Zeit hast, um dich im Bad fertig zu machen und zu frühstücken, bevor du in die Schule gehst.

Das bedeutet, dass es egal ist, ob du Mathematik magst oder nicht, trotzdem rechnest du jeden Morgen aus, wie viel Zeit dir noch zur Verfügung steht. Sobald du einmal verschläfst, ändert sich deine Rechnung sofort und du erhöhst automatisch die Umsetzungsgeschwindigkeit (physikalischer Vorgang) oder du verkürzt bestimmte Handlungen (mathematischer Vorgang), um in der kürzeren Zeit trotzdem noch möglichst viele Dinge erledigt zu bekommen.

Wenn du morgens und abends auf eine Waage steigst, dann wirst du feststellen, dass dein Körpergewicht unterschiedlich ist. Du kannst dir überlegen, wie viel von dem Gewicht, das du im Laufe des Tages gegessen oder getrunken hast, abends noch in deinem Körper steckt, weshalb du abends etwas schwerer bist. Du bist abends übrigens auch ein bisschen kleiner als morgens, weil die Flüssigkeit zwischen deinen Bandscheiben im Laufe des Tages weniger wird. All das sind alltägliche physikalische Vorgänge.

Du kannst beim Frühstück ausrechnen, wie viel Gramm Müsli mit wie viel Wasser oder Milch kombiniert werden müssen, um dein Lieblingsfrühstück zuzubereiten, und wie sich das Mischungsverhältnis verändert, wenn du noch Obst oder Kompott dazugibst. Du kannst ausrechnen, wie lange es dauert, um Teewasser gemessen an der Umgebungstemperatur von 100 °C auf die ideale Zubereitungstemperatur von 80 °C herunterzukühlen und wie lange es dann noch dauert, bis der Tee die richtige Trinktemperatur hat.

Du kannst ausrechnen, wie lange ein Lebensmittel vielleicht schon abgelaufen sein kann, bevor sich ausreichend viele Bakterien gebildet haben, sodass es ungenießbar wird, und so entscheiden, ab wann es notwendig ist, Lebensmittel wirklich wegzuwerfen. Beim Gedanken an deinen Schulweg kannst du ausrechnen, wie lange du brauchst, wenn du mit dem Fahrrad fährst im Vergleich zum Bus, wie lang die jeweilige Strecke ist und mit welcher Geschwindigkeit du dich fortbewegen musst, um in der zur Verfügung stehenden Zeit bis zum Unterrichtsbeginn pünktlich anzukommen.

Diese alltäglichen mathematischen Rechnungen stellst du ganz alleine immer wieder an. Doch es gibt noch viel mehr Mathematik in deinem Alltag, die du bisher vielleicht noch nicht so beachtet hast. So begegnet dir auf dem Weg zur Schule überall Mathematik. Du siehst die Häuser, vor allem Fachwerkhäuser, deren Statik extrem aufwendig berechnet wurde. Du siehst Brücken und

Tore, Straßen, deren optimale Breite für den vorhandenen Raum im Verhältnis zum Verkehrsaufkommen mathematisch festgelegt wurde und auch von ihrer Belastbarkeit her physikalisch über das Material und die Bauart entschieden werden musste.

Du siehst Autos, die sozusagen aus purer Mathematik und Physik bestehen, oder Vögel, die ebenfalls, ohne jemals einen Physikunterricht besucht zu haben, genau wissen, wie sie die Thermik für sich nutzen können und in welchem Winkel sie vom Himmel herabstürzen müssen, um eine Beute zu fangen. Du siehst die Fenster an den Häusern und kannst überlegen, wie die Fläche der Fenster berechnet wurde, um den gewünschten Lichteinfall zu erreichen, und dann kannst du überlegen, ob sich diese Formel ändert, wenn die Fenster auf der Südseite eingebaut würden oder ob dann die Hitze im Haus während der Mittagszeit vielleicht zu groß würde und man deshalb in der Regel eher auf der Nordseite von Häusern größere Fenster vorfindet.

Wenn du Taschengeld bekommst, dann kannst du ausrechnen, was du dir davon alles kaufen kannst oder wie du dieses Geld verdoppelst. Angenommen, man gibt dir 20 € Taschengeld, dann kannst du für dieses Geld zum Beispiel ein Computerspiel kaufen für 20 € kaufen oder zwei Spiele für jeweils 10 €. Wenn du dich für zwei Spiele entscheidest, dann kannst du eines davon immer gegen eine kleine Gebühr verleihen und hast trotzdem noch eins zum Spielen für dich. So kannst du dir ausrechnen, wie oft du das eine Spiel ausleihen musst, um dir noch ein drittes zu kaufen. Dann kannst du schon zwei Spiele verleihen und so weiter.

Alternativ hast du auch die Möglichkeit, für die 20 € einen Stand auf dem nächsten Flohmarkt zu mieten, um dort deine alten Spielsachen, die du nicht mehr benötigst, zu verkaufen. So kannst du aus den investierten 20 € leicht und locker 40 € oder sogar mehr machen. Plötzlich wird Mathematik extrem cool, weil sie dir hilft, mehr Spaß, Freude und Freiheit in deinem Leben zu haben.

Je öfter du dir solche Rechenbeispiele überlegst – am besten auch gemeinsam mit deinen Freunden –, desto schneller bekommst du eine vollkommen andere Einstellung zu Mathematik.

Plötzlich stellst du vielleicht fest, dass du anfängst, Zahlen zu fühlen. So wie manche Menschen Noten oder Musikinstrumente fühlen können oder Farben für den ein oder anderen einen bestimmten Geruch verströmen, genauso können in Zukunft Zahlen bei dir bestimmte angenehme Gefühle auslösen.

Die Postleitzahl deines Wohnortes erzeugt dann bei dir ein anderes Gefühl als die Postleitzahl von Berlin. Deine Telefonnummer erzeugt ein anderes Gefühl als die Telefonnummer eines fremden Menschen. Kannst du dir das vorstellen? Ich garantiere dir, dass wenn du einen 100-€-Schein auf der Straße findest, dieser in dir ein anderes Gefühl erzeugt, als wenn du einen 5-€-Schein findet – obwohl beides einfach nur bedrucktes Papier ist. Selbst der 5-€-Schein erzeugt ein anderes Gefühl als ein 5-Cent-Stück, obwohl es sich in beiden Fällen um Geld handelt.

Je mehr du dich mit mathematischen Phänomenen im Alltag beschäftigst, desto mehr bekommt die Mathematik für dich eine Form von Lebendigkeit. Zahlen beginnen plötzlich einen Charakter zu entwickeln. Die Null ist dann vielleicht einfach nur ein kleiner dicker Mann, der irgendwo wartet, bis etwas passiert. Er macht nichts Tolles, nichts Neues, er steht einfach nur da.

Die Eins hingegen ist der Superstar der Zahlen. Sie ist die Nummer 1, sie steht immer ganz oben auf dem Treppchen, zum Beispiel bei der Siegerehrung im Sport. Die Zwei ist eine Yogalehrerin, die sich den ganzen Tag verbiegt und ein bisschen lustige Verrenkungen macht, aber gleichzeitig lebt sie sehr gesund. Die Drei ist ein hübsches Mädchen mit einem farbenfrohen Kleid. Die Vier ist ein bisschen verwirrt, weil sie nicht weiß, ob ihre geschriebene oder ihre gedruckte Form besser zu ihr passt. Diese Zahl erinnert dich vielleicht an deine Mama, wenn sie mal wieder nicht weiß, was sie anziehen soll. Die Fünf ist ein Rollstuhlfahrer, der Probleme mit Treppen hat und die Sechs ist ein Gitarrist, also ein Musiker, der super gut Gitarre spielen kann. Vielleicht hast du ja auch einen Freund, der ein Gitarrist ist. Die Sieben ist ein Schlaumeier, der immer so von oben herab auf die anderen Leute schaut, wie ein typischer Oberlehrer. Die Acht ist eine alte Frau mit einer großen

Brille, die alles sieht und alles weiß. Die Neun ist ein Cowboy, der mit seinem Lasso während deiner nächsten Mathematikarbeit die richtigen Antworten aus deinem Kopf fängt und sie über deine Hand auf das Papier schreiben lässt. Ab der Zahl zehn kannst du jetzt die entsprechenden Persönlichkeiten zusammenstellen und dir dazu eine lustige Geschichte überlegen. Weitere verblüffende Tipps für bessere Noten in Mathematik findest du in meinem Onlinekurs »Der Mathe Insider« auf meiner Website www.sven-frank.com im Shop.

Mein ganz persönlicher Geheimtipp für dich

Gerade wenn du im Moment nicht so gut in der Schule bist, gibt es einige Tipps und Tricks, die du anwenden kannst, um deine Noten und vor allem dein Selbstvertrauen zu verbessern. Verwende zum Beispiel ein spezielles Heft, dass du neben dein Bett legst und in das du hineinschreibst, wofür du jeden Abend dankbar bist und was für dich der schönste Augenblick des Tages war. Bei mir standen zum Beispiel Dinge drin wie: »Ich bin dankbar dafür, dass heute schönes Wetter war. Ich bin dankbar dafür, dass mich ein Freund auf ein Eis eingeladen hat. Ich bin dankbar dafür, dass ich heute eine gute Note geschrieben habe. Ich bin dankbar dafür, dass ich mit meinem Freund im Schwimmbad war. Ich bin dankbar dafür, dass sich heute ein Lob von meinem Lehrer bekommen habe. Ich bin dankbar dafür, dass ich einen Liebesbrief von Jenny bekommen habe.«

Außerdem standen darin Dinge, die mir besonders gut an dem Tag gefallen haben oder die für mich am schönsten waren. Wenn du so ein Dankbarkeitsheft schreibst, dann schläfst du jeden Abend mit schönen Gedanken ein und so schläfst du besser, gesünder und erholst dich besser. Außerdem wirst du so mehr auf die Dinge achten, die dir Freude bereiten und die in deinem Leben gut funktionieren. Dadurch werden Probleme oder Schwierigkeiten weniger wichtig und verschwinden mit der Zeit von alleine. Probiere es einfach mal für einen Monat aus und du wirst feststellen, dass es dir tatsächlich viel bringt.

Fortgeschrittene Techniken für Schüler

Ich möchte nun ein bisschen etwas über die anspruchsvolleren Techniken der effektiven Lernmethoden für Schüler schreiben. Grundsätzlich ist es wichtig, dass du verstehst, dass jeder Gedanke in deinem Kopf eine Reaktion in deinem Körper auslöst. Dabei ist entscheidend, welches Bild in deinem Kopf entsteht und nicht, was du tatsächlich wörtlich denkst.

Angenommen, du wirst in der Schule von einem Mitschüler geärgert, gemobbt oder sogar erpresst, dann wirst du denken: »Hoffentlich ärgert er mich morgen nicht wieder«, »ich habe Angst, dass er mich morgen schlägt« oder »ich will nicht mehr von ihm gemobbt werden«. Die Bilder, die in deinem Kopf entstehen, sind aber genau die, die dein Körper vermeiden möchte. Du siehst vor deinem inneren Auge den Mitschüler, wie er dich ärgert, mobbt oder erpresst.

Diese inneren Bilder führen in deinem Körper zu Stress, Angst, Anspannung und Schmerzen. Welche Botschaft sendest du damit an deinen Mitschüler? Dass du so viel Angst vor ihm hast, dass er sich gar keine Sorgen machen muss, wenn er dich weiterhin ärgert, schlägt, mobbt oder erpresst.

Stell dir vor, dass du dich jetzt im Karateverein anmeldest. Plötzlich entsteht in deinem Kopf ein ganz anderes (Selbst-)Bild: »Ich kann Karate und kann mich wehren, weil ich stärker bin als mein Mitschüler.« Mit diesem inneren Verständnis sendet dein Kopf das Signal an deinen Körper, dass du stark und selbstbewusst bist. Dein Körper wird das nach außen ausstrahlen, und ohne dass du wirklich bewusst verstehst wieso, wird dich dein Mitschüler in Zukunft in Ruhe lassen, weil er unbewusst merkt, dass du jetzt weniger oder gar keine Angst mehr vor ihm hast.

Dass jede Vorstellung eine körperliche Reaktion hervorruft, ist der rote Faden, den du immer beachten solltest, wenn etwas in deinem Leben anders läuft als geplant. Überlege dir stets: »Welche positive Veränderung möchte ich?« Und stelle dir dann ganz genau vor, wie du diese positive Veränderung in deinem Leben erreichst. Sobald du das gemacht hast, kannst du dich abends entspannt ins Bett legen und vor dem Einschlafen denken: »Ich bin neugierig, wie schnell ich diese positive Veränderung erreichen werde.«

In der Schule fokussieren Lehrkräfte meist eigentlich nur deine Fehler, zum Beispiel wenn dir drei Fehler im Diktat unterlaufen sein sollten. Wichtig ist aber für dich zu verstehen, dass du bei einem Diktat mit 100 Wörtern, dann 97 (!) Wörter richtig geschrieben hast und das ist eine tolle Leistung. Schreibe dann in dein Heft am Abend, dass du dankbar dafür bist, dass du 97 Wörter richtig geschrieben hast und dass du neugierig bist, wie viele Wörter mehr du beim nächsten Diktat richtig schreiben wirst.

Vielleicht hast du schon einmal festgestellt, dass es dir in manchen Fächern leichter fällt zu lernen und es in anderen schwieriger ist zu verstehen, was dir deine Lehrerin oder dein Lehrer erklären wollen. Manchmal verstehst du den Lernstoff und bist in der Lage, zu Hause oder während der Nachhilfe alle Aufgaben richtig zu lösen, aber in der Schule und vor allem während einer Klassenarbeit hast du plötzlich das Gefühl, als würdest du nichts von dem können, das nun von dir erwartet wird.

Ob du in einem Fach gut bist oder nicht, das hängt von vielen verschiedenen Faktoren ab. Zum einen davon, ob du ein grundsätzliches Interesse an dem Lernstoff hast beziehungsweise ob du eine Sinnhaftigkeit erkennen kannst. Manchmal kann schon das Verhältnis zu deiner Lehrkraft ausschlaggebend für Erfolg oder Misserfolg sein. Wenn du also mit einem deiner Lehrer nicht klarkommst, dann überlege dir, an welchen Menschen aus deinem Leben er oder sie dich erinnern könnte. Dann wird es oft leichter, weil du plötzlich merkst, dass das Problem gar nicht zwischen euch beiden besteht, sondern außerhalb der Schule liegt.

Die besondere Herausforderung für dich als Schülerin oder Schüler an unseren Schulen ist die, dass du immer wieder gezwungen wirst, den Lernstoff zu vergessen, weil der Unterricht falsch aufgebaut ist. Zum anderen lernt dein Gehirn am besten, wenn sich dein Körper bewegt, du also durch die Gegend läufst, aber auch das ist während des Unterrichts in deutschen Schulen nicht gewünscht.

Vom Zeitpunkt deiner Geburt bis zur Einschulung hast du mehr gelernt, als du von der ersten Klasse bis zum Abitur lernen wirst. Im Verhältnis ist der Lernstoff, den du in der Schule vermittelt bekommst, nur ein Bruchteil dessen, was in derselben Zeit mit effektiveren Lerntechniken möglich wäre.

Aktuell gibt es auch einige moderne Projekte im Bereich der virtuellen Realität, in denen der Lernstoff einer ganzen Schullaufbahn innerhalb von wenigen Wochen vermittelt werden kann. Man braucht Bewegung, um in seinen optimalen Aufmerksamkeits- und Wissensverwaltungsmodus zu gelangen und aus diesem Grund solltest du während des Lernens, wenn möglich, immer in Bewegung sein.

Tipps für Eltern mit kleineren Kindern

So lernen Kinder am schnellsten Lesen und Schreiben

Kinder könnten schon sehr viel früher lesen und schreiben, wenn man die kindgerechte Art die Umwelt wahrzunehmen berücksichtigen würde. Machen Sie doch einmal folgendes Experiment: Kaufen Sie einen Sack Buchstaben-Plättchen, wie man sie aus dem bekannten Gesellschaftsspiel *Scrabble* kennt, und legen Sie Ihrem Kind die Wörter hin, die es gerade sagt.

Angenommen, wir hätten ein zweijähriges Kind, das beim Spielen das Bild eines Autos sieht und darauf das Wort Auto sagt, dann haben Sie die Möglichkeit, dem Kind die Buchstabenfolge für das Wort AUTO hinzulegen und ihm zu erklären, dass das auch ein Bild für ein Auto ist. Wenn das Kind etwas älter ist und über einen größeren Wortschatz verfügt, können Sie ihm den Unterschied zwischen dem Wort-Bild für AUTO und dem für AUTOMAT erklären oder das Wort für MUTTER und MUTTERTAG beziehungsweise für PAPA und PAPAGEI.

Auf diese Art und Weise verknüpfen Kinder spielerisch Wörter in Druckbuchstaben mit den entsprechenden Bildern und werden einen Riesenspaß haben, die Lautfolge, die sie anhand der Buchstaben, die sie vorgelegt bekommen, erkennen, auch auf andere Wörter anzuwenden. Und nachdem Kinder bis zur Schule das Leben und die Welt wie ein ständiges Abenteuer erleben und mit ihrem Körper lernen, wird die natürliche Neugier und der Wunsch zu lernen dazu führen, dass sie versuchen werden, alle möglichen Wörter, die ihnen in Form von Aneinanderreihung von Druckbuchstaben begegnen, zu entschlüsseln.

Auf diese Art sollte es leicht möglich sein, einem Kind ab dem dritten bis vierten Lebensjahr den Zugang zum Lesen zu ermöglichen, ohne es dabei zu überfordern. Im Gegenteil, durch die Verknüpfung der motorischen Bewegung des Schreibens in Verbindung mit Lesen anstatt des Nebeneinanderlegens von Buchstabenplättchen oder dem Tippen auf einer Tastatur wird das Kind bei diesem Lernprozess überfordert, weil es sich nicht alleine auf die Bilder konzentrieren kann, sondern eine körperliche Bewegung parallel dazu koordinieren muss.

Verstehen Sie mich bitte an dieser Stelle richtig: Das Erlernen der Handschrift, also der klassischen Schreibschrift ist elementar wichtig für die Entwicklung des menschlichen Gehirns und sollte unter gar keinen Umständen aus den Schulen verbannt werden. Aber wenn Sie als Erwachsener heute Kyrillisch lernen, dann verwenden Sie auch zunächst die Druckschrift und erst im späteren Verlauf die Schreibschrift. Und Sie lernen zunächst auf Ihrem iPhone oder am Computer die Buchstaben zu tippen, bevor Sie lernen, diese mit der Hand zu schreiben.

Ich habe Ihnen hier einen Zwischenschritt erläutert, der von dem Psychologen Boris Sidis entwickelt wurde und lange Zeit in Vergessenheit geraten war, der es den Kindern erleichtert, Lesen und Schreiben zu lernen.

Bei allen Lernprozessen, die wir Kindern anbieten, sollte es immer die Entscheidung des Kindes sein, in welchem Tempo und mit welcher Methode es gerne lernen möchte. Meine Nichte hat zum Beispiel im Kindergarten Lesen und Schreiben lernen wollen, weil ihr großer Bruder bei den Hausaufgaben in der Schule damit zu tun hatte. Ich war köstlich amüsiert, als ich erfuhr, dass es tatsächlich Pädagogen gab, die große Bedenken hatten, wenn das kleine Mädchen schon im Kindergartenalter Lesen und Schreiben lernen würde.

Wenn Kinder motiviert sind etwas zu lernen, dann unterstützen Sie sie anstatt sie zu bremsen. Und wenn Sie Angst haben, dass Ihr Kind irgendwann schlauer wird als Sie, dann kann ich Sie beruhigen: Das wird so oder so passieren! ☺

So lernen Kinder Sprachen nebenbei

Kennen Sie die Holzpuzzles, die man Kindern ab einem Jahr zum Spielen gibt und auf denen man verschiedene Tierbilder sieht? Die meisten Erwachsenen verwenden diese Puzzles oder auch vergleichbare Bilderbücher, auf denen Tiere zu sehen sind und bringen ihren Kindern bei, welche Geräusche die entsprechenden Tiere von sich geben. Man hört die Eltern fragen »wie macht der Hund« oder »weißt du, welches Geräusch eine Katze macht? « (fragen Sie doch mal Siri, wie der Fuchs macht) und die Kinder antworten ganz brav und begeistert mit »WAUWAU«, »MIAU« oder so ähnlich.

Jetzt ist es aber offensichtlich nicht das Ziel der Erziehung, dass sich Ihre Kinder künftig mit Hunden und Katzen unterhalten können, sondern vielleicht eher mit Engländern, Franzosen oder Italienern. Also ist es doch viel spannender, die Kinder zu fragen: »Wie sagen die Engländer zu einem Hund? Wie sagen die Franzosen zu einem Hund? Wie sagen die Italiener zu einem Hund?«

Natürlich ist es für Sie als Eltern und Erzieher oder Lehrer anstrengender, sich selbst mit dieser Frage zu beschäftigen, um sie dem Kind beibringen zu können. Aber nichtsdestotrotz ist es eine einfache Möglichkeit, um Kinder an Fremdsprachen heranzuführen, zumal es keinen Unterschied zwischen verschiedenen Sprachen für ihr kleines wissbegieriges Gehirn gibt. Das Gleiche können Sie mit verschiedenen wiederkehrenden Ritualen des Tages wie zum Beispiel Frühstücken, der Kommunikation bei Tisch oder anderen Alltagssituationen tun.

Stellen Sie sich zum Beispiel vor, wie begeistert Sie selbst wären, wenn Ihr Kind im Alter von drei Jahren weiß, wie die wichtigsten Tiere in fünf verschiedenen Sprachen heißen, wie die Farben in den jeweiligen Sprachen benannt werden oder wenn es Menschen in fünf verschiedenen Sprachen begrüßen und seinen Namen sagen könnte oder eine Kugel Vanilleeis bestellen könnte. Auf diese Art und Weise integrieren Sie Fremdsprachen spielerisch in den Alltag Ihres Kindes und werden in ihm ein natürliches Interesse an verschiedenen Kulturen wecken. Wenn die Kinder dann im Kindergarten mit anderen Kindern spielen, deren kultureller Hintergrund ein anderer ist als der Ihres Kindes, haben sie die Möglichkeit auch hier, ohne es zu merken, Kommunikationsbrücken zu schlagen, die anderen Kindern versperrt bleiben.

Gelegentlich höre ich von Eltern die Aussage: »Ein Kind muss doch auch Kind sein dürfen«, »ich weiß das alles selbst auch nicht und musste es bisher auch nicht wissen« oder »ich will nicht, dass mein Kind ein Freak wird«. Das ist alles Blödsinn! Ihr Kind wird am Ende der Erziehung immer so werden wie Sie! Wenn Sie gerne vor dem Fernseher sitzen und sich Serien anschauen, dann wird Ihr Kind viel vor Bildschirmen sitzen. Wenn Sie viel Zeit mit der Nutzung Ihres Handys verbringen oder gerne in Fast-Food-Restaurants gehen, dann werden es Ihre Kinder Ihnen gleichtun. Man kann Kinder so viel erziehen, wie man will, am Ende werden sie doch alle wie ihre Eltern.

Also geben Sie sich einfach nur ein bisschen Mühe, Ihren Kindern möglichst viel von dieser Welt zu zeigen und übernehmen Sie diese Aufgabe selbst, anstatt Ihr Kind von fremden Menschen erziehen zu lassen. Leben Sie Ihrem Kind vor, wie Sie sich wünschen, dass es einmal leben soll.

Was abschließend noch zu sagen ist

Der ganze Körper lernt mit

Jede Lerntechnik, die Sie im Laufe dieses Buches kennengelernt haben, erfordert natürlich auch eine entsprechende Umgebung, in der Sie Ihr volles Potenzial entfalten können. Sowohl Ihre Ernährung als auch Ihr Schlafpensum sowie die körperliche Bewegung haben einen großen Einfluss auf Ihre Lern- und Merkfähigkeit. Was das Anwenden von Fremdsprachen angeht, so mag zur Aktivierung der Konsum von Alkohol hilfreich sein, allerdings gibt es auch außerhalb dieser Anwendungsmöglichkeit keine andere Situation, in der Alkohol im Rahmen von Lernprozessen hilfreich ist.

Ich erinnere mich immer wieder mit Freude zurück an ein Wochenende, bei dem ich als Teamchef beim *Race Around Slovenia* – einem sehr anspruchsvollen Radrennen – ein dänisches Team leiten durfte und meine damalige Partnerin mir immer wieder erklärte, dass sie sich in diesem Team unwohl fühle, weil ihr Englisch nicht ausreiche, um sich mit den anderen Teammitgliedern unterhalten zu können. Als wir am letzten Abend im Hotel saßen und eine Runde Slibowitz nach der anderen tranken, entdeckte ich an einem anderen Tisch eine sehr interessante Gesprächsgruppe, mit der ich mich dann längere Zeit unterhalten habe. Das führte allerdings dazu, dass ich die Zeit vergaß und meine Partnerin mich irgendwann nicht mehr finden konnte, sodass im Hotel ein Zweitschlüssel für unser Zimmer organisiert werden musste, damit sie dort irgendwann zu Bett gehen konnte. Als ich dann deutlich später auch aufs Zimmer kam, beschimpfte sie mich auf Englisch (der Slibowitz zeigte Wirkung!) und teilte mir mit, dass sie sich Sorgen gemacht habe und nicht gewusst hätte, wo ich abgeblieben sei.

Als ich sie fragte, warum sie mir das alles auf Englisch und nicht auf Deutsch sagte, erklärte sie mir, dass sie sich die ganze Zeit mit den anderen Teammitgliedern auf Englisch unterhalten habe und ihr gerade die deutschen Wörter nicht einfielen. Ich dankte ihr für diese Erfahrung, weil sie meine Theorie hinsichtlich der Wirkung von Alkohol zur Aktivierung von Fremdsprachenkenntnissen bestätigt hatte.

Doch kommen wir zurück zur Ausgangssituation: Ihr Körper ist ein lebender Organismus, der sich aus dem zusammensetzt, was Sie ihm als Baumaterial in Form von Nahrung zuführen. Es gibt Lebensmittel, die hierbei die Bildung von Gehirnzellen verbessern. Dazu gehören Wasser, grüner Tee, Omega-3-Fettsäuren, Kurkuma, Heidelbeeren und Moringa. Diese Lebensmittel helfen Ihnen sogar degenerative Prozesse im Gehirn zu vermeiden, zu verlangsamen oder zu verhindern und dienen der Beschleunigung von Lernprozessen. Darüber hinaus gibt es Lebensmittel, die dazu führen, dass die Bildung von Nervenzellen blockiert beziehungsweise behindert wird. Dazu gehören Alkohol, Kaffee, Zucker, Weizenprodukte sowie Genussmittel wie Nikotin, Haschisch und andere Drogen.

Außerdem führt Schlafmangel zu einer deutlichen Reduzierung der Leistungsfähigkeit Ihres Gehirns. Bewegung vor allem an der frischen Luft und bekömmliches Ausdauertraining hingegen unterstützen logischerweise aufgrund der verbesserten Durchblutung und Sauerstoffzufuhr des Gehirns die Arbeit der Gehirnzellen und wirken sich somit förderlich auf die Verarbeitungsprozesse in Ihrem Gehirn aus. Stress und Angst sowie Depressivität, Trauer und Wut blockieren die Leistungsfähigkeit des Gehirns, wohingegen Freude, Glück und Sex sie begünstigen.

Das soll nicht bedeuten, dass Sie bei nächsten Mal, wenn Sie mit Ihrem Partner intim werden, sich währenddessen von ihm oder ihr die unregelmäßigen Verben der französischen Sprache abfragen lassen sollen, aber Sie können davon ausgehen, dass Sie nach einer Lerneinheit mit erfülltem Sex einiges dazu beitragen, dass das Gelernte in Ihrem Gehirn dauerhaft verankert wird.

Und schließlich sind eine abwechslungsreiche Lebensführung mit regelmäßigen neuen Erlebnissen und Sinneseindrücken sowie dem Durchbrechen starrer Lebensmuster und das Verlassen Ihrer Komfortzone probate Mittel, um Ihr Gehirn jung und leistungsfähig zu halten. Eintönige Lebensführung wie routinierte Arbeitsabläufe, Betäubung mit wiederkehrenden Fernsehformaten fragwürdigen Inhalts oder an sich passives Konsumieren von Informationen aus Fernsehen, Funk, Internet und sozialen Netzwerken ohne den intellektuell kreativ anregenden Austausch mit anderen Menschen führt zu dem, was wir in der heutigen Zeit als digitale Demenz bezeichnen, einem modernen Krankheitsbild, das dazu führt, dass unser Gehirn, ähnlich wie ein Muskel, der nicht mehr trainiert wird, seine Leistungsfähigkeit reduziert und auf ein Minimum zurückfährt.

Aus diesem Grund sollten Sie die Techniken, die Sie in diesem Buch gelernt haben, in Verbindung mit der entsprechenden Ernährung, ausreichendem Schlaf, moderatem Ausdauertraining an der frischen Luft sowie inspirierenden und stimulierenden sozialen Kontakten in der realen Welt kombinieren. So können Sie das volle Potenzial Ihres Gehirns ausschöpfen. Falls Sie nun Lust bekommen haben, noch intensiver in das Thema Speedlearning einzutauchen, dann können Sie von dem Speedlearning Onlinekurs auf meiner Website unter www.sven-frank.com im Shop enorm profitieren. Sie lernen dort noch weitere 15 Techniken für ein besseres Gedächtnis und bessere Lernerfolge, u.a. die Konsonantentechnik, die Routenmethode oder die Alphabettechnik. Falls Sie gerne unterrichten und anderen Menschen die Welt des Speedlearnings näherbringen wollen, dann bewerben Sie sich gerne für eine Ausbildung zum Speedlearning Coach bei uns an der Speedlearning Academy.

Von der Macht des Wissens

Wenn Sie die Techniken des *Speedlearnings* verinnerlicht haben, dann werden Sie feststellen, dass Sie in einer viel kürzeren Zeit und mit deutlich höherer Geschwindigkeit Wissen erwerben und Kenntnisse erlangen können, als dies bisher der Fall war.

Das bedeutet, dass Sie sich auch länger Dinge merken können, die vielleicht vorher eher einmal dem Vergessen zum Opfer gefallen sind. Mit Sicherheit kennen Sie Filme, in denen Mitarbeiter von Geheimdiensten oder geheimer Militäroperationen mit einem fast schon fotografischen Gedächtnis Landkarten, Passwörter, Wegstrecken oder andere Informationen aufsaugen und unter jeder nur erdenklichen Situation wieder abrufen können. Das mag das ein oder andere Mal etwas überzogen aussehen, aber tatsächlich ist es so, dass es keine hochbegabten Menschen gibt, sondern lediglich Menschen, die gelernt haben, wie man das Gehirn zu Höchstleistungen animieren kann.

Jetzt gibt es zwei unterschiedliche Arten, um an Wissen zu gelangen. Das eine sind Kurse, Unterrichte, Lehrgänge, Seminare oder Coachings, die in der Regel mit einem Zertifikat, einer Urkunde, einem Diplom oder einem sonstigen Abschluss enden, der Ihnen bestätigt, dass Sie über die erworbenen Kenntnisse, Fertigkeiten und das entsprechende Wissen verfügen.

Von dieser Art von Wissen spreche ich hier nicht, denn das Wissen, das Ihnen wirklich Macht und Einfluss verschafft, ist das Wissen, das von niemandem bestätigt oder dokumentiert wird, weil es einfach erworben wird, ohne dass Sie es an die große Glocke hängen. Das bedeutet, dass Sie unter Umständen damit rechnen müssen, dass das, was Sie in der Zeitung oder in den öffentlichen Nachrichten beziehungsweise in den sozialen Netzwerken lesen, hören oder selbst niederschreiben, am Ende des Tages nur wenig Einfluss auf die Entwicklung in unserer Gesellschaft haben wird.

Es ist wichtig, über eine gute Allgemeinbildung zu verfügen, die sich von dem Bevölkerungsdurchschnitt abhebt, und Fähigkeiten und Kenntnisse zu besitzen, mit der Sie aus der Masse hervorstechen. Allerdings ist es wichtig zu wissen, dass Sie mit der Macht des Wissens umzugehen lernen müssen. Es gab bei den alten Druiden früher ein Motto, das lautete: »lernen, anwenden, schweigen«.

Es gibt das deutsche Sprichwort »Reden ist Silber, Schweigen ist Gold«. Bei allen wirklich entscheidenden Netzwerken unserer Gesellschaft sind Loyalität und Diskretion die beiden wichtigsten Eigenschaften, die Sie als Mitglied dieser Gemeinschaft mitbringen müssen. Sie werden aus diesem Grund weder öffentliche Publikationen, noch Posts in den sozialen Netzwerken, noch Berichte in Zeitungen oder andere öffentlich zugängliche Dokumente finden, die Ihnen Zugang zu diesem Wissen geben. Sie werden auch diese Informationen niemals am Telefon erfahren und auch nicht in der Öffentlichkeit, sondern immer nur an Orten, an denen man unter Gleichen verweilt.

Als ich vor einigen Jahren einer Loge beitrat, wusste ich den Wert der Verschwiegenheit und der Diskretion noch nicht so zu schätzen wie heute. Menschen, die wirklich Wissen bewahren und nur an richtiger Stelle weitergeben können, gibt es wenige. Sie zu finden und mit ihnen in Kontakt zu bleiben, um Wissen außerhalb der Komfortzone und außerhalb der öffentlichen Präsenz zu entwickeln, auszutauschen und zu vermehren ist ein Geschenk, auf das man sehr gut aufpassen muss.

Ich möchte Sie daher an dieser Stelle eindringlich ermahnen, sich genau zu überlegen, welches Ziel Sie mit den *Speedlearning*-Techniken verfolgen. Wenn es Ihre Motivation ist, als Schlaumeier oder Besserwisser an Stammtischen 27-stellige Zahlen auswendig merken zu können, Gedichte von Heinz Erhardt oder Witze am laufenden Band zur Unterhaltung der Gesellschaft vorzutragen oder aber im Urlaub den spanischen Kellner am Ballermann auf Japanisch bloßzustellen, dann ist das eine Möglichkeit, um Ihre Gehirnkapazität zu nutzen.

In diesem Fall werden Sie aber vermutlich nach Beendigung dieses Buches einfach nur so weitermachen wie bisher, weil Sie sich einfach langfristig nicht zu einer *Speedlearning*-Persönlichkeit entwickeln werden. Sollte Ihr Bestreben jedoch sein, möglichst umfangreich in einer Zahl von Wissensgebieten informiert, ausgebildet und unterrichtet zu sein, ohne auf den subjektiven Filter eines Lehrers oder Unterrichtenden angewiesen zu sein, dann wird Ihnen in Zukunft der Erwerb des Wissens und die Nutzung desselben zum Wohle unserer Gesellschaft und zum Wohle der Menschen, die diese Gesellschaft bilden, selbst Spaß bereiten.

Exkurs: Wie ich in zehn Tagen Japanisch lernte

Montag, 8. Januar 2018: Inspiriert durch eine Reportage über Japan, beschloss ich Japanisch zu lernen. Mein Ziel war es, die japanische Sprache in zehn Tagen aktiv anwenden zu können.

Als Lerngrundlage verwendete ich den »Powerkurs Japanisch« von PONS aus dem Jahr 2005. Hierbei bereitete ich die Texte der zehn Lektionen so auf, dass ich sie zum Hypnoselernen nutzen konnte. Im Laufe des Tages absolvierte ich drei Selbsthypnose-Einheiten zum Lernen der Uhrzeit, der Begrüßung sowie der Verabschiedung. Ich verwende zur Optimierung meiner persönlichen Lernzeit Lebensmittel, welche die Neurogenese (das Wachstum von Nervenzellen) unterstützen, wie zum Beispiel grüner Tee, Heidelbeeren, Omega-3-Fettsäuren oder Kurkuma. Gleichzeitig vermeide ich Substanzen, die meine Neurogenese verlangsamen, wie zum Beispiel Alkohol, Nikotin, Kaffee oder Zucker. Doch das ist nur ein Aspekt, um das Gehirn und den Körper zu Höchstleistungen zu bringen.

Dienstag 9. Januar 2018: Während der Nacht habe ich die Texte der Lektionen beim Schlafen im Hintergrund laufen lassen. Tagsüber lernte ich aktiv mit einem gezielten Gedächtnistraining die Texte der ersten Lektionen. Mehrmals am Tag wiederholte ich das Gelernte.

> *»Konichi wa. Watashi wa Sven Frank desu. Anata no o namae wa? Watashi wa Suzuki desu. Hajimemashite. Sumimasen, ima nan-ji desu ka? San-ji desu. Arigato, doozo yoroshiku.«*

Das war nach zwei Tagen meine Sprachkompetenz im Japanischen. Außerdem hatte ich über die App *Hello Talk* Kontakt zu verschiedenen Muttersprachlern des Japanischen aufgenommen.

Mittwoch, 10. Januar 2018: In der Nacht habe ich wieder mein Schlaftraining absolviert und tagsüber die Texte im Hintergrund beim Autofahren laufen lassen. Über die App *Hello Talk* hatte ich Kontakt zu zehn verschiedenen Muttersprachlern, die mir bei Fragen schnelle Antworten lieferten. Außerdem habe ich mir zur Vertiefung meiner Kenntnisse und zum Erlernen der japanischen Schrift folgende Bücher bestellt:

- *Fit in 30 Tagen Japanisch*
- *Die Kanji lernen und behalten 1–3*
- *Visuelles Wörterbuch Japanisch*
- *Japanisch für Manga Fans*

Auf besondere Empfehlung habe ich mir das E-Book von *Genji Monogatari* in der japanischen Version heruntergeladen. Abgerundet wurde das Training durch lautes Lesen der japanischen Texte im PONS-Sprachkurs. Insgesamt las ich eine Stunde laut. Meine Sprachkompetenz im Japanischen zu diesem Zeitpunkt:

»Konichi wa. Messege arigatou gozaimasu. Watashi wa Sven Frank desu. Anata no o namae wa? Watashi wa Suzuki desu. Hajimemashite. Genki desu. Watashi no musuko ha Mannheim desu. Anata no syokugyo ha nanndesuka? Watashi wa doitsu de hataraite imasu. Watashi ha Gengo-Koushi toshite hataraite imasu. Watashi wa nihongo wo manande imasu. Watashi wa nihon no bunka ni kyoumi ga arimasu. Sumimasen, ima nan-ji desu ka? San-ji desu. Arigato, doozo yoroshiku. Yoroshiku onegai shimasu. Sayonara, matane.«

Donnerstag, 11. Januar 2018: Heute hatte ich von meinen Sprachtandems Sätze mit den wichtigsten 40 wichtigsten Verben übersetzen lassen. Außerdem traf ich in der Stadt eine Gruppe Japaner, die ich wie folgt begrüßte:

»Konichi wa. Anata wa Nihon kara kimashitaka? Watashi wa Sven desu. Nihongo wa naratte imasu. Deutschland he youkoso.«

Dann hatten wir uns einige Zeit auf Englisch unterhalten.

Im Laufe des Tages hatte ich wieder zwei Selbsthypnosen absolviert, eine Stunde laut japanische Texte gelesen und die Nacht zum Schlaftraining genutzt.

Freitag, 12. Januar 2018: Ich wachte auf und mir kamen als erste Gedanken japanische Sätze. Spontan begrüßte ich meinen Sohn auf Japanisch und fragte ihn, wie es ihm gehe:

»Ohayoo gozaimasu. O denki desu ka?«

Später holte ich meine bestellten Bücher ab und ließ mir Sätze mit 20 weiteren Verben übersetzen. Wieder absolvierte ich zwei Selbsthypnosen und schrieb fleißig mit den Sprachtandems, um das Gelernte zu vertiefen. Den Sprachkurs von PONS habe ich durchgearbeitet. Die darin enthaltenen Texte hatte ich wieder eine Stunde lang laut gelesen. Abends lernte ich die ersten zehn Schriftzeichen des *Kanji* und beendete den Tag mit dem allabendlichen Schlaftraining.

Samstag, 13. Januar 2018: Die ersten zehn Schriftzeichen wurden erfolgreich gelernt. Der heutige Tag diente ausschließlich der Wiederholung und Festigung des Gelernten. Zwei Selbsthypnosen, eine Stunde Lesen und Schlaftraining wie gehabt.

Sonntag, 14. Januar 2018: An diesem Tag legte ich eine Pause ein. Keine neuen Lerninhalten, keine Wiederholungen, keine Selbsthypnose, kein Schlaftraining, keine Texte lesen, einfach nur PAUSE!

Montag, 15. Januar 2018: Die Pause war vorbei und ich hatte 20 weitere Schriftzeichen gelernt. Außerdem hatte ich die Sätze der letzten Tage praktisch angewendet und eine Stunde lang die Texte aus dem LANGENSCHEIDT-Sprachkurs laut gelesen. Meine Sprachtandems bestätigten mir eine gute Aussprache. Ansonsten wieder zwei Selbsthypnosen und Schlaftraining wie gehabt.

Dienstag, 16. Januar 2018: Heute widmete ich mich der Bildung von Fragesätze und der Verneinung. Außerdem begann ich Texte unter Verwendung der *Hiragana-Schrift* zu verfassen. Ansonsten praktizierte ich wieder meine Selbsthypnose, las eine Stunde Texte laut und beendete den Tag mit Schlaftraining. Nachts träumte ich intensiv auf Japanisch.

Mittwoch, 17. Januar 2018: Mithilfe meiner Sprachtandems bildete ich heute Sätze in der Vergangenheits- sowie in der Zukunftsform. Tagsüber vertiefte ich das Gelernte durch mein Selbsthypnosetraining und das laute Lesen japanischer Texte für die Dauer von einer Stunde. Den Sprachkurs von LANGENSCHEIDT hatte ich nun auch durchgearbeitet und ich fühlte mich zunehmend sicherer bei der Anwendung der *Hiragana-Zeichen*. Abends führte ich meine Frau hoch motiviert zum Essen beim Japaner aus. Leider konnte ich das Gelernte nicht anwenden, weil das Servicepersonal aus Bulgarien kam. Der Tag wurde wieder mit Schlaftraining beendet.

Donnerstag, 18. Januar 2018: Das war der letzte Tag meines Japanisch-Trainings. Ich hatte begonnen, mein erstes *Mangaheft* zu lesen (Japanisch für Mangafans).

FAZIT:

Ich bin von den Resultaten der zehn Tage begeistert, auch wenn ich noch viele Fehler beim Sprechen mache und natürlich zahlreiche Wörter nachschlagen muss. Aber ich verstehe jetzt, wie die japanische Sprache und Schrift funktionieren und finde mich in den wichtigsten Alltagssituationen zurecht. Jetzt heißt es einfach nur weiterhin lesen, sprechen und wieder lesen und sprechen. Die nächsten acht Wochen werde ich meine Kenntnisse weiter vertiefen und auf das von mir gewünschte Niveau bringen.

Über den Autor

Seit mehr als 20 Jahren forscht Sven Frank bereits an der Entwicklung spezieller Techniken für effektives Lernen. Er hielt bereits unzählige Vorträge und Workshops zu dem Thema Lernen im Business und Alltag, trat in Radio- und TV-Sendungen auf und übernahm Beratertätigkeiten im Advisory Board internationaler Unternehmen. Er leitet die Speedlearning Academy, beherrscht zehn Sprachen fließend und war bis 2014 Präsident der Interlingua Union.

Literaturverzeichnis

Beyer, Günther »Gedächtnis- und Konzentrationstraining« (2000)
Beyer, Günther »Brain Fitness« (2014)
Beyer, Günther »So lernen Schüler leichter« (1986)
Birkenbihl, Vera F. »Kommunikationstraining« (2013)
Birkenbihl, Vera F. »Sprachen lernen leicht gemacht« (2010)
Birkenbihl, Vera F. »Stroh im Kopf« (2013)
Birkenbihl, Vera F. »Trotzdem lernen« (2013)
Bopp, Franz »Vergleichende Grammatik des Sanskrit ...« (2003)
Capal, Will »Collins – Business Vocabulary ...« (2012)
Capras, Deborah »Collins Business Skills ...« (2014)
Cortright, Bran »Das bessere Gehirn« (2017)
Fazzioli, Edoardo »Gemalte Wörter« (2004)
Federhofer, Judith »Mehrsprachigkeit in der EU« (2012)
Ferriss, Timothy »4-Stunden-Woche« (2015)
Frank, Sven »Hypnosetherapie in der Praxis« (2008)
Geisselhart, Oliver »Schieb das Schaf« (2013)
Geisselhart, Oliver »Liebe am Ohr« (2013)
Geisselhart, Oliver »Mannis Geld« (2013)
Geisselhart, Oliver »Wasch die Kuh« (2013)
Geisselhart, Oliver »Lutsche das Licht« (2013)
Geisselhart, Oliver »30 Minuten Power Gedächtnis« (2011)
Heisig, James W. »Die Kanji lernen und behalten« (2013)
Hortlik, Jaqueline »International Communication Strategies of Volkswagen« (2015)
Jones, Leo »New International Business English«(2000)
Kilian, Susanne »Don't let me be misunderstood« (2015)
Kleinschroth, Robert »Flüssiges Französisch« (2001)
Kleinschroth, Robert »Französisch für Büffelmuffel« (2004)
Kleinschroth, Robert »Sprachen lernen« (2009)
Kleinschroth, Robert »Stop Making Mistakes« (2003)
Maier, Christian »Erfolg durch Superlearning« (1997)
McMaster, Ian »Communication for international Business« (2013)
Pinker, Steven »The Language Instinct« (2007)
Pinker, Steven »Wie das Denken im Kopf entsteht« (2011)
Sanders, Ella »Lost in Translation«(2018)
Wiese, Harald »Eine Zeitreise zu den Ursprüngen unserer Sprache« (2007)
Wyner, Gabriel »Fluent Forever« (2014)

Stichwortverzeichnis

Anmerkungen

1 https://www.duden.de/rechtschreibung/Zweitschrift

2 https://de.wikipedia.org/wiki/Rekonvaleszenz

3 BGB § 873

4 www.mysystemx.com

5 The Royal Society Publishing »When more equals less: overtraining inhibits perceptual learning owing to lack of wakeful consolidation«, Soren Ashley & Joel Pearson

6 https://www.youtube.com/watch?v=tmqu2Uzj0WE&t=2327s

7 https://de.wikipedia.org/wiki/Parkinsonsche_Gesetze

8 https://de.wikipedia.org/wiki/Paretoprinzip

9 Benjamin Franklin Autobiographie (Verlag C.H. Beck, Seite 116f.

10 https://www.klavier-lernen.de/

11 https://tim.blog/2009/01/20/learning-language/

12 https://www.mystipendium.de/studium/lerntypen

13 https://de.wikipedia.org/wiki/Brain_Trust

14 https://www.business-wissen.de/artikel/braintrust-wie-unternehmer-voneinander-lernen-koennen/

15 http://www.aufsteiger.ch/braintrust-prinzip/

16 https://de.wikipedia.org/wiki/Vergessenskurve

17 https://de.wikipedia.org/wiki/Onomatopoesie

18 Duale Reihe Psychiatrie, Psychosomatik und Psychotherapie von Hans-Jürgen Möller und Gerd Laux

19 http://www.fruehling-gedichte.net/moerike/fruehlingsgedichte.html

20 www.interlingua.com

21 http://www.interlingua.com/novas/2018-02-24-viage

22 www.interlingua.com

23 https://www.mosalingua.com/de/sprachen-lernen-durch-hypnose/

Wenn Sie **Interesse** an
unseren Büchern haben,

z. B. als Geschenk für Ihre Kundenbindungsprojekte, fordern Sie unsere attraktiven Sonderkonditionen an.

Weitere Informationen erhalten Sie von unserem Vertriebsteam unter +49 89 651285-154

oder schreiben Sie uns per E-Mail an: vertrieb@redline-verlag.de

REDLINE | VERLAG